처음 배우는
스위프트

처음 배우는 스위프트

초보자를 위한 나만의 iOS 앱 만들기

초판 1쇄 발행 2020년 12월 4일

지은이 탠메이 박시 / **옮긴이** 우정은 / **펴낸이** 김태헌
펴낸곳 한빛미디어(주) / **주소** 서울시 서대문구 연희로2길 62 한빛미디어(주) IT출판부
전화 02-325-5544 / **팩스** 02-336-7124
등록 1999년 6월 24일 제25100-2017-000058호 / **ISBN** 979-11-6224-372-5 93000

총괄 전정아 / **책임편집** 서현 / **기획 · 편집** 안정민
디자인 표지 조현덕, 김연정 내지 김연정 전산편집 이경숙
영업 김형진, 김진불, 조유미 / **마케팅** 박상용, 송경석, 조수현, 이행은, 고광일 / **제작** 박성우, 김정우

이 책에 대한 의견이나 오탈자 및 잘못된 내용에 대한 수정 정보는 한빛미디어(주)의 홈페이지나 아래 이메일로 알려 주십시오. 잘못된 책은 구입하신 서점에서 교환해드립니다. 책값은 뒤표지에 표시되어 있습니다.

한빛미디어 홈페이지 www.hanbit.co.kr / 이메일 ask@hanbit.co.kr

지금 하지 않으면 할 수 없는 일이 있습니다.
책으로 펴내고 싶은 아이디어나 원고를 메일(writer@hanbit.co.kr)로 보내주세요.
한빛미디어(주)는 여러분의 소중한 경험과 지식을 기다리고 있습니다.

처음 배우는 스위프트

초보자를 위한 나만의 iOS 앱 만들기

탠메이 박시 지음 우정은 옮김

MANNING 한빛미디어 Hanbit Media, Inc.

지은이 · 옮긴이 소개

지은이 **탠메이 박시**Tanmay Bakshi

탠메이 박시는 인공지능Artificial Intelligence(AI), 머신러닝 시스템 아키텍트입니다. 오픈 소스 커뮤니티의 주요 기여자이자 TED 연사로 유튜브 채널, 블로그, 연설 등을 통해 지식을 열심히 공유하기로 유명합니다. 국제 연합, IBM, 애플, KPMG, SAP, NASSCOM, 리눅스 재단, 월마트 등 전세계 다양한 콘퍼런스의 기조연설을 했습니다.

대학교, 단과 대학, 일반 학교 등에서 셀 수 없이 많은 워크숍을 진행하며 세계 곳곳에서 컴퓨터 과학과 기술 강연을 했으며 애플 교육Apple Education, HSBC, 시티그룹, 크레디트 스위스Credit Suisse 등의 기관에서도 강연했습니다. 유튜브 채널 'Tanmay Teaches'에서 다양한 연령층에게 자신의 연구와 지식을 공유합니다. 도움이 필요한 사람들과 이야기하고 질문에 답변하기를 좋아한 덕분에 트윌리오 실천가 어워드Twilio Doer Award, 지식 전파자 어워드Knowledge Ambassador Award, 링크드인LinkedIn의 글로벌 선행 전파자Global Goodwill Ambassador 등을 수여했으며, 클라우드의 IBM 클라우드 챔피언이기도 합니다.

현재 그는 4차 산업 혁명 기관4th Industrial Revolution Organization에서 컴퓨팅 사고 코치computational thinking coach로 그라드밸리 데이터 사이언스Grad Valley Data Science의 리드 학부생입니다.

옮긴이 **우정은**realplord@gmail.com

인하대학교 컴퓨터공학과를 졸업하고 LG전자, 썬마이크로시스템즈, 오라클 등에서 모바일 제품 관련 개발을 하다가 현재는 뉴질랜드 웰링턴에 있는 Flux Federation사에서 모바일 앱 개발자로 새로운 인생을 즐기고 있습니다. 2010년 아이폰의 매력에 빠져들면서 번역 및 개발을 취미로 삼고 꾸준히 서적을 번역하고 있습니다.

옮긴이의 말

직접 앱을 만들고 많은 사람이 이용할 수 있도록 출시하는 것은 상상만으로도 멋진 일입니다. 하지만 앱을 만들려면 프로그래밍을 배워야 하는 등 수많은 난관이 기다립니다. 막상 앱을 만들려고 시도하면 예상하지 못한 여러 문제를 겪게 됩니다. 그런 점에서 이 책은 앱을 개발하고 싶지만 경험이 부족한 독자에게 훌륭한 가이드를 제공합니다.

인터넷에도 프로그래밍과 앱 개발에 관한 자료는 수없이 많습니다. 그러나 경험이 부족한 사람들의 눈높이를 맞추면서 앱 개발을 쉽게 설명하는 자료는 찾기 어렵습니다. 저자 텐메이 박시도 어린 시절부터 앱을 개발하기 시작했습니다. 텐메이는 본인의 경험을 바탕으로 이 책을 읽는 누구라도 쉽게 앱을 개발할 수 있도록 차근차근 설명했습니다. 특히 예제를 따라 개발하다 보면, 어느새 몇 개의 앱을 직접 완성할 수 있습니다! 이 책을 통해 좋은 앱 개발자가 될 수 있는 밑거름을 마련하고 나아가 더 많은 경험을 쌓으며 중급, 고급 개발자가 되어봅시다.

옮긴이는 현재 뉴질랜드의 수도 웰링턴에 살고 있는데 여기서도 개발자는 인기가 좋은 직업입니다. 특히 코로나 시대에도 소프트웨어 개발의 특성상 크게 영향을 받지 않는 직업이기도 하죠. 앱 개발에 관심이 있는 독자라면 이 책을 통해 큰 유익을 얻길 바랍니다.

이 책을 번역하면서 여러 가지 교정과 도움을 주신 안정민 편집자 님에게 감사드립니다. 그리고 집에서 여러모로 옮긴이를 지원해준 아내 서윤정 양과 많은 시간을 놀아주지 못한 반려견 호두에게도 감사합니다.

우정은

지은이의 말

집필은 열정과 애정 없이는 수행하기 어려운 비이성적 여행입니다. 필자는 프로그래밍과 컴퓨터를 잘 모르는 사람들도 프로그래밍을 이해하고 의미 있는 앱을 만들며 한 걸음 더 나아갈 수 있도록 하고 싶습니다. 앱을 만들고 싶어서 책이나 자료를 구했으나 시작부터 길이 막혀버린 독자에게 도움을 주고 싶어서 집필을 시작했습니다. 인터넷 여기저기에 흩어져 있는 스위프트Swift 프로그래밍 지식을 한 묶음으로 제공하고자 합니다. 또한 책 출간과 동시에 라이브북 디스커션 포럼liveBook Discussion Forum에 여러분이 공부하면서 궁금했던 질문을 올려주면, 필자의 모든 지식을 동원하겠습니다.

오브젝티브 C는 필자에게 큰 의미가 있는 언어입니다. 8살에 처음 오브젝티브 C를 배우기 시작해서 9살에는 'tTables'이라는 첫 번째 앱을 앱스토어에 성공적으로 출시했습니다. 학습에 큰 도움을 주는 앱이기에 여러 사람과 공유하고 싶었습니다. 또한 10만 명이 넘는 초보자들이 코드를 구현하는 방법을 배우도록 돕는 목표를 달성하려고 오브젝티브 C 책을 집필하기 시작했습니다. 애플에서 새로운 앱 개발 언어로 스위프트를 출시했을 때 필자 역시 큰 관심이 쏠려 살펴보기 시작했습니다. 스위프트는 오브젝티브 C보다 쉽고 빠르게 배울 수 있었으며, 애플의 전폭적인 지원을 받으면서 큰 인기를 끌었습니다. 애플은 그래픽, 애니메이션, 게임, 인공지능 기반 앱을 개발할 수 있도록 CoreML 등의 라이브러리를 제공합니다. 오늘날 스위프트는 많은 학생과 전문가가 배우고 싶어하는 인기 언어 중 하나입니다. 스위프트를 배워서 아이폰, 아이패드, 맥OS, 애플 TV, 애플 워치 등에서 동작하는 앱을 개발할 수 있습니다. 스위프트는 오픈소스이므로 리눅스, 윈도우, 안드로이드 등의 앱도 개발할 수 있습니다.

스위프트와 함께라면 자신만의 아이디어를 앱으로 손쉽게 만들 수 있습니다. 우리는 할 수 있습니다!

필자는 10만 명의 초보자가 프로그래밍 언어를 배우고 코딩의 세계로 빠져들어 자신의 아이디어를 실현할 수 있게 돕고 싶었습니다. 점점 더 많은 사람이 프로그래밍을 배우려 하지만 필요를 충족하는 리소스가 충분하지 않다는 사실을 알게 되었습니다. 이들에게 필요한 리소스와 초석 제공을 목표로 이 책의 집필을 시작했습니다.

대상 독자

프로그래밍을 배워 번뜩이는 아이디어를 앱으로 만들고자 하는 모든 초보자가 대상 독자입니다. 누군가에게 필요한 앱을 만들거나 앱스토어에 출시하는 걸 목표로 앱을 만들 수 있습니다. 그러기 위해서는 삶이 더 편리하고, 좋아지도록 생산적인 도움을 주는 앱을 만들어야 합니다.

구성

필자와 함께 스위프트와 iOS 앱 프로그래밍 학습의 여정을 선택해준 것을 고맙게 생각합니다! 이 여정은 14개의 이정표(장)으로 구성되어 있습니다. 먼저 하드웨어, 소프트웨어, 개발자 계정 등 여정에 필요한 준비물을 갖춥니다. 애플 워치용 앱을 만드는 방법을 배운 다음 리소스, 참고 문헌, 온라인 포럼을 통한 연습 등을 통해 앞으로 더 나아가는 데 필요한 모든 것을 제공합니다. 하지만 여행을 시작하기 전에 어디를 향하고 있는지 확인해야 합니다.

먼저 프로그래밍 언어 스위프트를 배워서 앱을 만듭니다. 책을 읽고 난 다음에는 〈템플 런Temple Run〉처럼 멋진 게임을 설계하고 구현하고 싶겠지만 그 전에 배울 것이 많습니다. 먼저 스위프트와 iOS 기본 개념뿐 아니라 간단한 그래픽 조작을 배웁니다. 프로그래밍, 게임과 관련한 정보는 방대하지만 무엇부터 시작해야 할지 정하기 어렵습니다. 이 책을 읽은 다음 고품질 게임을 구현하는 데 필요한 기술을 익혀 앱스토어에 직접 출시할 수 있도록 필요한 내용을 목록으로 정리했습니다.

본문 중간중간에 다양한 상자가 있습니다. TIP 상자는 핵심 용어를 설명하고 간단한 정보를 제공합니다. ? 상자는 독자가 궁금할 만한 내용을 먼저 물어보고 해답을 알려줍니다.

NOTE 상자는 추가로 알고 활용하면 좋은 정보를 알려줍니다. Quiz 상자는 공부한 내용을 쉽고 빠르게 응용할 수 있도록 문제를 제공합니다.

무엇을 먼저 배우고 어떤 것을 나중에 배우는 것이 좋은지를 따져 순서대로 필요한 기술을 정리했습니다. 즉 기술의 순서가 각 장의 순서를 결정했습니다. 다만 이 목록은 쉬운 기술에서 어려운 기술 순으로 정리한 것이 아니며 회사에서 가장 필요로 하는 기술을 먼저 나열한 것도 아니고 필요하다고 생각되는 기술 순으로 나열했습니다. 일부 독자 여러분은 게임류를 개발하는데 필요한 대부분의 기술을 이미 알고 있을 것입니다. 그런 분들은 필요한 기술을 잘 활용하면서 게임 개발의 여행을 떠나시면 됩니다!

1 Xcode의 디버거 사용: Xcode 내장 디버거로 예외와 버그 고치기
2 REST API와 네트워킹: 인터넷의 다양한 서비스를 활용해 정보를 얻고 웹사이트, 다른 사용자와 상호작용하기
3 비동기 이벤트: 오래 걸리는 작업은 UI를 정지시키지 않도록 그랜드 센트럴 디스패치Grand Central Dispatch(GCD)로 백그라운드에서 실행하기
4 오디오: 필요한 때에 필요한 사운드 재생하기
5 자이로스코프, 가속도계, GPS, 카메라, 블루투스: iOS 게임과 현실을 섞기
6 공간 감각: 3D 세계를 이해하고 이를 그래픽으로 표현하기
7 3D 기하학: 3D 세계의 기하학과 차원(위도, 경도, 고도와 x, y, z 좌표) 이해하기
8 운동, 역학, 중력의 물리: 2D, 3D 환경에서 물체가 다른 물체와 어떻게 상호작용하는지 이해하기
9 애니메이션: 사용자가 물체와 상호작용할 때 물체가 어떻게 움직이고 전이되는지 이해하기
10 스프라이트킷SpriteKit: 애플의 스프라이트킷 라이브러리로 2D 게임 쉽게 개발하기
11 신킷SceneKit: 애플의 신킷 라이브러리로 3D 게임 쉽게 개발하기
12 AR킷: 애플의 AR킷 라이브러리로 증강현실 앱 쉽게 개발하기

처음 10장까지는 완벽하게 학습할 것을 권장합니다. 11장에서 13장까지는 필요한 내용을 골라 학습하고 부록은 모든 장을 끝낸 후에 확인하세요. 끈기를 갖고 한 단계씩 잘 배워가시기 바랍니다.

- 1장에서는 스위프트로 앱 개발을 준비합니다. 앱이란 무엇이며 왜 앱이 유용한지 이해할 수 있습니다. 앱 중에는 잘 만들어진 앱도 있고, 그렇지 않은 앱도 있습니다. 우리는 사용자 입장에서 두 가지 앱이 어떻게 다른지 구별할 수 있습니다. 우선 사람들이 좋아하는 앱의 설계 요소가 무엇이며 어떤 앱을 싫어하는지 간단하게 살펴봅니다. 앱이 동작하는 원리, 앱을 만드는 방법을 설명하고 프로그래밍 언어를 소개합니다. 또한 필요한 하드웨어와 소프트웨어를 설명하고 스위프트를 배워 앱을 만드는 여정에 필요한 디바이스를 설정하는 방법을 알아봅니다.
- 2장에서는 기본 앱을 활용해 실제 앱을 개발하는 듯한 경험을 제공합니다. 2장에서는 복잡한 앱을 만드는 데 자주 사용하는 화면, 명령, 옵션 등을 설명합니다. 여러 화면을 가진 앱에서 특히 자주 사용하는 세그웨이segues로 앱을 만드는 방법을 배웁니다.
- 3장에서는 어떻게 변수를 만들고, 어떤 형식의 변수가 있으며, 어떻게 변수를 활용하는지 확인하면서 실제 앱을 프로그래밍하는 방법을 배웁니다. 그리고 데이터가 무엇인지 이해합니다. 변수에 포함된 데이터를 처리하는 방법을 배웁니다. 의미 있는 앱을 만들 뿐 아니라 수학 실력을 향상할 수 있도록 기본 수학 지식도 배웁니다.
- 4장에서는 앱과 사용자가 상호작용하는 방법을 배웁니다. 사용자에게 입력을 요구한 다음 텍스트, 숫자, 탭 등의 반응을 얻습니다. 디바이스의 화면에 표시되는 텍스트 필드, 버튼, 레이블 등을 사용하는 방법도 배웁니다.
- 5장에서는 미리 정해진 경로가 아니라 사용자의 동작에 따라 의사를 결정하도록 앱을 구현하는 방법을 배웁니다. 어떤 조건을 평가하고 이 조건의 결과에 따라 응답하도록 프로그램을 만듭니다. 예제 앱을 활용해 조건을 확인하는 다양한 방법을 살펴봅니다. 프로그래머가 쉽게 코드를 구현할 수 있도록 모든 언어는 조건문을 제공합니다.
- 6장에서는 루프를 설명합니다. 이 루프도 중요한 구문입니다. 루프를 이용해 어떤 조건을 만족할 때까지 특정 작업을 반복 실행할 수 있습니다. 세 가지 종류의 루프를 설명하며 예제

앱을 통해 루프를 어떻게 활용하는지 배웁니다.

- 7장에서는 변수를 다시 들여다봅니다. 여러 변수를 배열로 바꿔서 더 쉽게 처리하는 방법을 배웁니다. 또한 딕셔너리도 소개합니다. 이번에도 예제 앱을 이용해 배열과 딕셔너리의 개념, 사용 방법을 배우며 데이터를 추가, 변경, 삭제하는 방법도 배웁니다.
- 8장에서는 프로그래밍을 하다 보면 앱의 여러 장소에서 특정 명령어 집합을 실행해야 할 때를 대비한 함수를 익힙니다. 이 함수를 이용하면 프로그램과 앱을 간결하고 유지보수하기 쉬우며 자신을 포함한 다른 프로그래머가 앱 동작 원리를 쉽게 이해할 수 있습니다.
- 9장에서는 클래스의 개념을 도입하여 진짜 프로그래머가 되는 듯한 기분을 느낄 수 있습니다. 클래스를 활용해 앱을 만들고 유지보수와 재사용할 수 있는 객체지향 코드를 만드는 방법을 배웁니다.
- 10장에서는 디바이스의 파일을 읽고 바꾸고 기록(생성)하므로 이후 필요한 시점에 저장된 정보를 활용하는 방법을 배웁니다.
- 11장에서는 다른 앱에서 재사용할 수 있도록 컴파일된 코드 집합 즉, 프레임워크를 배웁니다.
- 12장에서는 스프라이트킷을 이해하고 사용합니다. 스프라이트킷은 애플이 만든 프레임워크로 이를 이용해 화면의 물체에 애니메이션을 추가할 수 있습니다. 복잡한 그래픽, 물리 등의 개념을 직접 처리할 필요가 없습니다.
- 13장에서는 애플 워치용 앱을 만드는 데 필요한 워치킷을 설명합니다.
- 마지막으로 14장은 여러분에게 필요한 분야로 더 발전할 수 있도록 도움을 줍니다.

이제 집중해서 학습하세요. 즐거운 배움의 여정이 되길 희망합니다!

소프트웨어와 하드웨어 요구 사항

프로그래밍과 iOS 앱 개발을 배우려면 적절한 소프트웨어와 하드웨어가 필요합니다. 하드웨어로는 맥OS 모하비 10.14 이상이 실행되는 맥 컴퓨터가 필요합니다. 맥에는 프로젝트를 저장할 수 있도록 최소 15GB의 공간이 필요합니다. 앱을 만들고 디버깅하고 실행하는 데 필요한 무료 소프트웨어 Xcode(버전 10)를 내려받아야 합니다. Xcode는 모바일 디바이스의 에뮬레이터가 내장 제공되므로 실제 모바일 디바이스 없이도 프로그램을 개발할 수 있습니다. iOS 12도 필요합니다. 또한 애플 워치에서 앱을 실행하려면 watchOS 5가 필요합니다. 이 책을 집필할 때는 지금까지 나열한 버전을 사용했지만, 이후로 최신 버전이 나왔다면 최신 버전을 사용해도 문제가 없습니다. 특히 애플은 iOS, watchOS를 예전 버전으로 바꾸는 다운그레이드를 지원하지 않기 때문입니다.

온라인 및 기타 자료

누구나 도움이 필요할 때가 있습니다. 때로는 해결 방법을 목전에 두고도 알아채지 못하고 헤매기도 합니다. 이럴 때는 온라인 자료를 이용하면 좋습니다. 온라인으로 도움을 얻고, 자료를 통해 배울 수 있을 뿐 아니라 다른 사람을 도와줄 수도 있습니다. 다음과 같은 온라인 자료를 추천합니다.

- 스택 오버플로Stack Overflow: `https://stackoverflow.com`
- 깃허브GitHub: `https://github.com`
- 『처음 배우는 스위프트』 라이브북 디스커션 포럼: `https://livebook.manning.com/#!/book/hello-swift/discussion`
- 유튜브 채널: `https://www.youtube.com/c/tanmaybakshiteaches`

『iOS Development with Swift』(Manning, 2017) 같은 책으로 더 많은 것을 배울 수 있습니다.

다음 과정을 진행하는 데 필요한 온라인 및 기타 자료를 알고 싶다면 14장을 확인하세요.

CONTENTS

CHAPTER 02 첫 앱 만들기

CONTENTS

CHAPTER 03 변수를 사용한 첫 스위프트 코드

CHAPTER 04 입출력 실험실

CONTENTS

CHAPTER 05 컴퓨터의 의사 결정

CHAPTER 06 반복 작업은 컴퓨터로

CONTENTS

CONTENTS

CONTENTS

CHAPTER 10 파일 입출력

CHAPTER 11 프레임워크: 클래스로 가득한 책장

CHAPTER 12 스프라이트킷: 재미있는 애니메이션

CONTENTS

CHAPTER 13 워치킷 코드 확인

CHAPTER 14 스위프트 여행

01 스위프트로 앱 개발하기

Chapter

앱을 개발하고 싶은데 무엇부터 시작해야 할지 난감하죠?

이 장의 학습 목표

- 앱이란?
- 스위프트는 무엇일까?
- 이 책을 활용하려면 무엇이 필요할까?
- Xcode는 어떻게 설치할까?
- 플레이그라운드playground는 무엇일까?

아마 여러분은 매일 컴퓨터를 사용할 것입니다. 숙제를 하거나, 친구들과 온라인 채팅을 하거나, 음악을 듣거나, 게임을 즐기는 등 컴퓨터와 모바일 기기를 늘 사용합니다.

프로그램을 사용하는 것에 그치지 않고 사람들이 원하는 프로그램을 직접 만들어보면 어떨까요? 프로그램을 만드는 방법만 알면 못할 것도 없습니다. 준비되었나요? 그럼 바로 시작하세요!

1.1 "할 수 있다!" 여행의 시작

아홉 살 때 직장에 계신 아버지께 전화를 걸어 깜짝 뉴스를 발표했습니다. 제 생애 첫 앱으로 구구단 암기를 도와주는 tTables(그림 1-1)이 앱스토어에 출시되었다는 사실 말이죠!

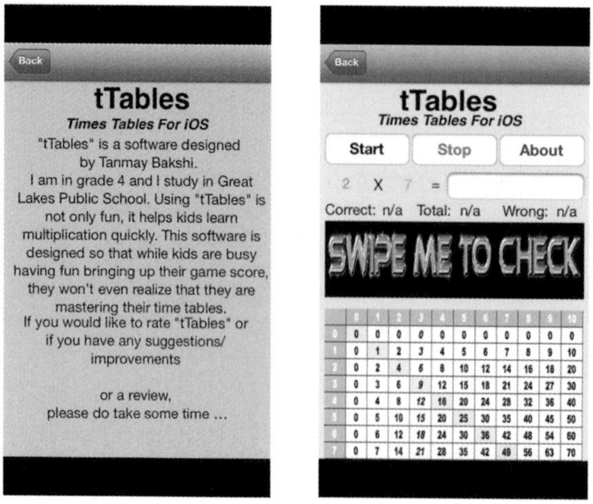

그림 1-1 앱스토어에 출시한 첫 번째 앱 화면

이 책은 여러분에게 직접 앱을 만들어 출시하는 기쁨을 선사합니다. 이 책과 함께 앱 개발이라는 미지의 세계로 여행을 떠나세요. 이 책을 읽으면서 Xcode 도구, 스위프트 언어, iOS 플랫폼이라는 친구들을 만날 것이며 "나는 할 수 있다!"라고 소리치게 될 것입니다.

여러분의 여행을 보여주는 지도입니다. 첫 번째 이정표는 '스위프트로 앱 개발하기'입니다. 우선 앱이란 무엇이며 프로그램, 코드를 구현한다는 의미가 무엇인지 확인하고 스위프트 프로그래밍 언어를 조금씩 배우기 시작합니다. 그리고 첫 번째 코드 행을 구현하는 데 필요한 소프트웨어를 설치합니다.

NOTE_ 여러분의 여행 그리고 그 이후

'이 책에 대하여'에서도 설명했듯이 앱 개발에 필요한 많은 지식을 쌓는 여행은 총 14개의 이정표를 따라가도록 구성되어 있습니다. 하지만 꼭 여행이 끝나야 앱을 만들 수 있는 것은 아니니 걱정하지 마세요. 여행을 시작하면서 바로 의미 있고 생산적인 앱을 만들기 시작합니다. 이 책을 읽고 나면 〈템플 런〉 같은 멋진 게임을 설계, 구현하고 싶은 마음이 들 것입니다. 하지만 그 전에 배울 것이 많습니다.

먼저 스위프트와 iOS 기본 개념 그리고 간단한 그래픽 조작 방법을 배웁니다. 프로그래밍, 게임과 관련한 정보는 방대하지만 무엇부터 시작해야 할지 정하기가 어렵습니다. 이 책을 읽은 다음 고품질 게임을 구현하는 데 필요한 기술을 익혀 앱스토어에 출시하는 데 필요한 내용을 따로 정리했습니다.

어떤 기술을 먼저 배우는 것이 좋을지 논리적으로 따져 순서대로 정리했습니다. 만약 이 책이 그 기술을 설명하는 책이라면 기술의 순서가 각 장의 순서와 일치했을 겁니다. 하지만 이 목록은 쉬운 기술에서 어려운 기술 순서로 정리하진 않았으며 회사에서 가장 필요로 하는 기술을 먼저 나열한 것도 아니고 오직 필요하다고 생각되는 기술 순으로 나열했습니다. 일부 독자 여러분은 게임류를 개발하는 데 필요한 대부분의 기술을 이미 알고 있을 것입니다. 그런 분들은 필요한 기술을 잘 활용하면서 게임 개발 여행을 떠나시면 됩니다!

1 Xcode의 디버거 사용: Xcode 내장 디버거로 예외, 버그 고치기
2 REST API와 네트워킹: 인터넷의 다양한 서비스를 활용해 정보를 얻고 웹사이트, 다른 사용자들과 상호작용하기
3 비동기 이벤트: 오래 걸리는 작업은 UI를 정지시키지 않도록 그랜드 센트럴 디스패치Grand Central Dispatch(GCD)로 백그라운드에서 실행하기
4 오디오: 필요한 때에 필요한 사운드 재생하기
5 자이로스코프, 가속도계, GPS, 카메라, 블루투스: iOS 게임과 현실을 섞기
6 공간 감각: 3D 세계를 이해하고 이를 그래픽으로 표현하기
7 3D 기하학: 3D 세계의 기하학과 차원(위도, 경도, 고도와 x, y, z 좌표) 이해하기
8 운동, 역학, 중력의 물리: 2D, 3D 환경에서 물체가 다른 물체와 어떻게 상호작용하는지 이해하기
9 애니메이션: 사용자가 물체와 상호작용할 때 물체가 어떻게 움직이고 전이되는지 이해하기
10 스프라이트킷SpriteKit: 애플의 스프라이트킷 라이브러리로 2D 게임 쉽게 개발하기
11 신킷SceneKit: 애플의 신킷 라이브러리로 3D 게임 쉽게 개발하기
12 AR킷: 애플의 AR킷 라이브러리로 증강현실 앱 쉽게 개발하기

1.1.1 그런데 앱이 무엇인가요?

앱app은 애플리케이션application의 줄임말입니다. 개발자가 어떤 의도로 만든 프로그램을 앱이라 합니다. 개발자는 오락, 교육, 정보 제공 등 다양한 종류의 앱을 개발합니다. 아이디어를 생각해내세요! 누구나 앱을 사용할 수 있으니까요! 보통 앱이란, 모바일 디바이스에서 실행되는 프로그램을 가리킵니다.

?_ 모바일 디바이스란 뭐죠?

많은 사람들은 휴대할 수 있는(모바일이란 휴대할 수 있음을 의미) 폰으로 앱을 사용합니다. 아이폰iPhone, 아이패드iPad, 아이팟(그 밖에 다양한 태블릿, 패블릿, 폰)으로 어디서든 앱을 사용할 수 있습니다. 상점이나 카페에서 식사하거나 교실에서도 모바일 디바이스를 사용할 수 있습니다. 데스크톱이나 노트북은 이 정도로 휴대가 편리하지 않습니다(그림 1-2)!

그림 1-2 모바일 디바이스와 노트북 들고 걷기 비교

1.1.2 좋은 앱의 특징

앱이 모바일 디바이스에서 실행된다는 것 말고도 이해해야 할 중요한 사실이 있습니다. 최고의 앱을 만들려면 사람들이 사용하고 싶어하게 만드는 몇 가지 기본 요구 사항을 만족해야 합니다.

[그림 1-3]은 좋은 앱을 만드는 요소가 무엇인지 보여줍니다. 여러분이 가장 좋아하는 앱을 떠올리면서 그 앱은 어떻게 이 요소를 만족하는지 확인하세요.

- **좋은 그래픽:** 사람들이 좋아할 만한 앱이라면 좋은 그래픽을 갖춰야 합니다. 사람들은 흑백 그래픽보다는 더 기억하기 쉽고, 화려한 그래픽을 선호합니다(물론 상황에 따라 달라질 수 있습니다).
- **오류가 없음:** 앱에 버그나 오류 없이 필요한 기능을 제대로 수행해야 합니다.
- **읽기 편함:** 항상 텍스트를 읽기 쉽게, 적절한 폰트로 보여줘야 합니다. 또한 텍스트를 쉽게 읽을 수 있도록 배경색과 텍스트가 뚜렷이 구별되는 폰트 색상을 사용합니다.
- **유용한 목적:** 앱은 목적이 있어야 합니다. 사용자를 즐겁게 하거나, 뭔가를 알려 주거나, 최신 정보를 제공하거나, 특정 문제를 해결하는 등의 유용한 목적이 필요합니다.
- **빠른 응답성:** 버튼 하나로 너무 많은 일을 수행하려 하지 않습니다. 앱이 느려질 수 있으니까요. 사용자는 앱의 응답을 기다리는 것을 싫어합니다.
- **편리한 사용:** 깨끗하고 군더더기 없는 디자인으로 단순하고 쉽게 사용할 수 있어야 합니다. 하지만 동시에 어떤 목적을 달성할 의도가 아니라면 빈 화면은 사용하지 말아야 합니다.

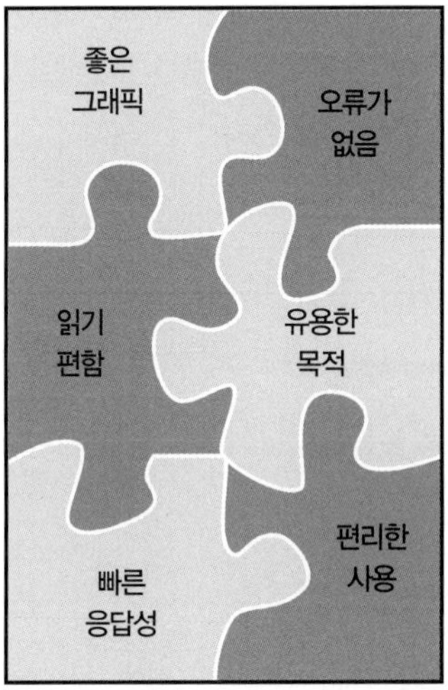

그림 1-3 앱의 필수 요소

1.1.3 프로그래밍이란 무엇인가요?

앱을 만들기 전에 프로그래밍이 무엇인지 이해해야 합니다. 프로그램을 만들 때 컴퓨터가 특정 작업을 처리하도록 일련의 명령어를 작성합니다. 이렇게 작성한 명령어를 코드라 부릅니다.

프로그램을 만들 때 다음처럼 여러 명령어를 작성합니다.

```
instruction 1
instruction 2
instruction 3
instruction 4
instruction 5
...
...
```

컴퓨터에 작업을 지시할 때는 어떤 일을 원하는지 정확하게 지시해야 합니다. 컴퓨터가 이해할 수 있는 언어로 만들어진 명령어를 차례로 제공하는 일을 프로그래밍이라 합니다(그림 1-4).

그림 1-4 프로그래밍 과정

이는 마치 동생에게 자동차를 세차하는 법을 지시하는 것과 비슷합니다.

- 양동이에 비눗물을 받는다.
- 스폰지에 비눗물을 적신 다음 차의 표면을 부드럽게 문지른다.
- 수도꼭지를 열어 강력한 물줄기로 차를 씻어낸다.

• 마른 헝겊으로…

컴퓨터는 특히 계산에 강합니다. 큰 숫자를 입력해도 컴퓨터는 금방 계산합니다. 29174×28039와 같은 계산은 눈 깜짝할 새에 끝납니다!

컴퓨터는 사람이 하기 힘든 반복 작업도 잘합니다. 즉 이런 반복 작업을 수행하도록 프로그램을 만든 다음 우리는 여가를 즐길 수 있습니다.

1.1.4 아이디어를 앱으로

아이디어를 앱으로 만들어 앱스토어에 출시하려면 여러 과정을 거쳐야 합니다. [그림 1-5]는 이 과정을 보여주는 지도입니다.

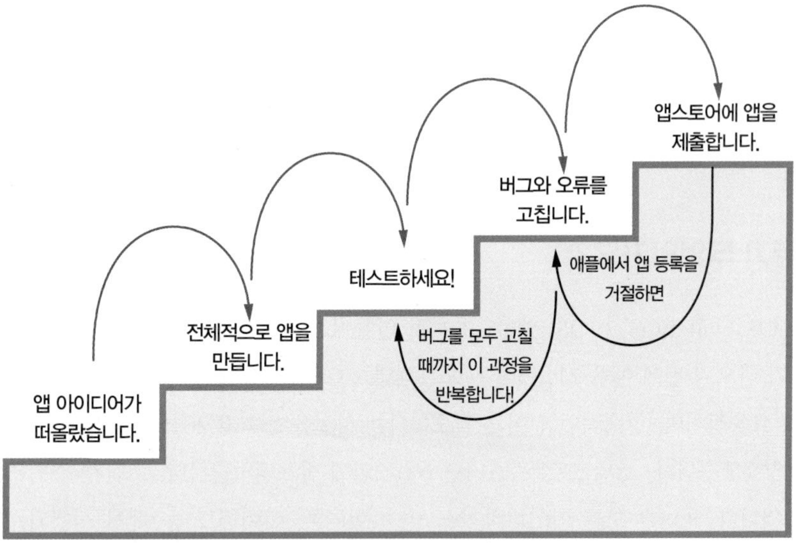

그림 1-5 앱을 만드는 과정

1 앱 아이디어가 떠올랐습니다. 앱을 만들 수 있어요!
2 원하는 기능을 제공하는 앱을 우선 만듭니다. 처음에는 몇 가지 문제가 있을 수 있지만 곧 이런 문제를 고칠 겁니다.
3 앱을 테스트합니다. 테스트한 다음 고쳐야 할 문제(버그와 오류)를 적습니다.
4 확인한 모든 버그와 오류를 고칩니다. 그리고 앱도 멋지게 개선합니다.
5 테스트하면서 발견한 모든 버그와 오류를 고칠 때까지 3, 4번 과정을 반복합니다.

6 앱을 iOS 앱스토어에 제출합니다.

7 애플이 앱 등록을 거절하면 3, 4번 과정을 반복하면서 애플의 피드백도 반영합니다.

8 애플이 앱 등록을 승인할 때까지 3, 4번 과정과 앱 제출을 반복합니다. 인내심이 필요해요!

TIP_ 버그와 오류는 앱이 예상과 다르게 실행되는 문제를 가리킵니다.

?_ 좋은 앱의 특징을 설명했잖아요. 그렇다면 이 특징은 언제 만들죠?

1번 과정부터 좋은 앱의 특징을 염두에 두는 것이 중요합니다. 2번 과정에서 좋은 디자인을 만들려 노력합니다. 그리고 3, 4번 과정에서 앱을 테스트하고 문제를 고치면서 사용자들이 쉽고 재미있게 앱을 이용할 수 있도록 외관(룩앤필look and feel)도 꾸준히 개선해야 합니다.

지금까지 1단계 앱 아이디어 얻기를 완료했습니다. 이제 2단계 스위프트를 배울 차례입니다. 바로 시작합니다.

1.2 스위프트가 무엇인가요?

스위프트Swift는 iOS, watchOS, tvOS, 맥OS 용으로 만들어진 애플의 새 프로그래밍 언어입니다. 스위프트가 나오기 전에 애플 개발자들은 오브젝티브 C로 프로그램을 개발했습니다. 애플은 새롭고, 더 효율적이며, 현대적인 언어가 필요하다는 사실을 느끼고 2010년 비밀리에 스위프트 개발에 착수했습니다. 스위프트는 2014년 6월 2일에 발표되었습니다. 조만간 스위프트로 앱을 만들겁니다. iOS는 모든 아이디바이스iDevices(아이폰, 아이패드 등)에서 실행되는 소프트웨어입니다. iOS는 윈도우나 맥OS 같은 운영 체제입니다.

1.2.1 스위프트가 특별한 이유?

여러분은 이 책을 읽으면서 스위프트 프로그래밍 언어로 iOS 앱을 개발하는 방법을 배웁니다. 스위프트 개발자의 경험을 바탕으로 스위프트를 사용하면서 느낀 점을 나열해보겠습니다.

1 프로그램이 짧아졌습니다. 즉 타이핑해야 할 코드가 적어지므로 버그와 오류가 발생할 확률이 줄었습니다.

2 프로그램 문법이 영어와 아주 비슷하며 이해하기 쉽고 기억하기도 쉽습니다.

3 스위프트 언어는 애플이 만들었으므로 애플이 완벽하게 언어를 제어합니다. 또한 현재 스위프트는 오픈 소스 즉 누구나 스위프트 언어의 발전에 기여할 수 있습니다. 많은 프로그래머가 어떤 문법(프로그래밍 문법) 때문에 문제를 겪고 있다면 오픈 소스 커뮤니티나 애플이 바로 스위프트를 수정할 수 있습니다.

4 플레이그라운드라는 새로운 기능이 추가되었습니다. 플레이그라운드는 코드를 실시간으로 테스트할 수 있는 놀라운 기능을 제공합니다. 코드를 실제 앱에 적용하기 전에 코드를 테스트하고, 실험해보고, 많은 것을 배울 수 있습니다.

스위프트 언어를 배우면서 앱을 만들 때 참고할 수 있는 자료가 충분하지 않았습니다. 이 책을 집필하게 된 이유 중 하나입니다.

TIP_ 스위프트로 프로그램을 개발할 때 플레이그라운드(놀이터라는 의미)를 이용하는 데 이름이 플레이그라운드라고 해서 스위프트가 전문가용 언어가 아님을 의미하지 않습니다. 초보자, 전문가 모두 플레이그라운드로 코드를 테스트합니다.

1.2.2 스위프트가 만능은 아니에요

스위프트는 좋은 언어지만 다른 언어처럼 모든 것을 할 수 있는 것은 아닙니다. 숙련된 개발자들은 자신의 스위프트 프로그램에 다른 언어의 기능을 종종 사용합니다. 프로그래밍 여행을 어느 정도 진행하다보면 오브젝티브 C(그림 1-6)와 코코아 터치Cocoa Touch를 사용해야 하는 상황이 발생합니다. 스위프트가 릴리스되기 전에는 오브젝티브 C로 앱을 개발했습니다. 지난 삼십 년간 오브젝티브 C를 사용했습니다.

코코아는 오디오, 비디오, 그래픽, 애니메이션, 사용자 애플리케이션, 데이터 관리, 네트워킹과 인터넷 등 무겁고 복잡한 작업을 제공하는 프레임워크 집합입니다(음악을 재생하는 프로그래밍처럼 복잡한 작업을 편리하게 구현할 수 있도록 애플이 구현한 수많은 코드).

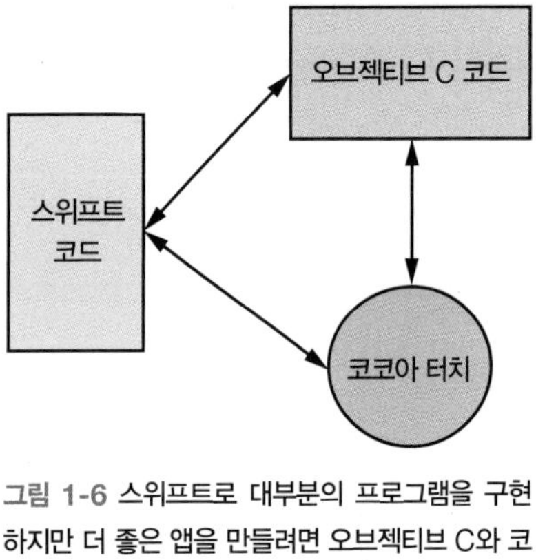

그림 1-6 스위프트로 대부분의 프로그램을 구현하지만 더 좋은 앱을 만들려면 오브젝티브 C와 코코아가 필요할 때도 있습니다.

1.3 앱 도구상자 준비

이번에는 체크리스트를 만들어 앱을 만드는 데 필요한 하드웨어와 소프트웨어를 준비합니다. 이 절에서는 정확하게 어떤 하드웨어가 필요하며, 소프트웨어를 어떻게 설치하고, 애플에서 무슨 계정을 만들어야 하는지 배웁니다.

1.3.1 하드웨어 준비

Xcode 10, 스위프트 5로 앱을 개발하려면 다음 하드웨어(컴퓨터 장비)가 필요합니다(화면은 Xcode 9 기준이므로 여러분의 화면은 조금 다를 수 있지만 중요한 문제는 아닙니다).

- 최소 모하비(10.14) 맥OS가 설치된 6GB 이상의 하드 디스크 여유 공간을 가진 맥 데스크톱이나 노트북 필요. 스위프트 앱을 만들려면 반드시 맥이 필요함
- (선택 사항) 아이폰(5c 또는 이후 버전), 아이팟 터치(6세대 이상), 아이패드(5 이후 버전), 아이패드 미니(2, 3, 4 또는 이후 버전), 아이패드 에어(전 기종), 아이패드 프로(전 기종). 보유한 아이디바이스가 없으면 Xcode에 포함된 무료 시뮬레이터를 이용할 수 있습니다.

NOTE_ 앞에서 언급한 하드웨어, 소프트웨어 버전은 최소 사양일 뿐이므로 항상 본인의 하드웨어에 맞는 최신 버전을 사용하세요.

TIP_ 시뮬레이터simulator는 아이디바이스를 흉내 내는 맥 소프트웨어입니다. 시뮬레이터로 앱의 기본 기능을 테스트하며 Xcode는 시뮬레이터를 포함합니다. 아이폰과 아이팟 터치는 크기가 상대적으로 작으므로 아이패드 앱보다는 아이폰이나 아이팟 앱이 코딩을 배우기에 좋습니다. 아이패드 화면 크기는 매우 커서 디자인을 만들고 취급하기가 다소 어렵습니다. 아이패드의 화면은 한 눈에 잘 들어오지 않습니다(그림 1-7). Xcode 윈도우에서 아이패드 화면 전체를 보려면 확대/축소 기능을 꼭 이용해야 하는 것도 불편한 점입니다.

그림 1-7 맥북 에어와 맥 미니로 앱을 개발할 수 있습니다(왼쪽 그림). 아이패드, 아이폰, 아이팟 터치로 앱을 테스트할 수 있습니다(오른쪽 그림)

1.3.2 Xcode 설치

다음 단계로 진행하기 전에 두 가지를 확인해야 합니다.

- 맥 사용자명과 비밀번호, 애플 ID가 필요합니다.
- 맥OS 모하비(10.14) 이후 버전에서만 Xcode 10을 사용할 수 있다는 점도 명심하세요.

스위프트 4로 앱을 만들려면 하드웨어뿐 아니라 Xcode라는 무료 프로그램이 필요합니다. 앱 스토어에서 Xcode를 검색한 다음 설치하세요. [표 1-1]의 과정을 참고하세요.

표 1-1 Xcode 받아 설치하기

<table>
<tr><td>1. 독에서 앱스토어 아이콘을 클릭해 앱스토어를 실행합니다.</td><td></td></tr>
<tr><td>2. 검색창(오른쪽 위에 위치함)에 Xcode를 입력하고 리턴 키를 누릅니다.</td><td>
</td></tr>
<tr><td>3. 앱스토어에서 Xcode 아이콘이 나타납니다. Get 버튼을 눌러서 앱을 설치하세요.</td><td>
</td></tr>
<tr><td>4. 애플 ID로 로그인하라는 창이 나타납니다. 필요한 정보를 입력하고 Sign In 버튼을 눌러 진행하세요. 20 Mbps 인터넷 연결 속도 기준으로 약 한 시간 정도가 걸리지만 여러분의 인터넷 환경에 따라 더 짧거나, 오래 걸릴 수 있습니다.</td><td>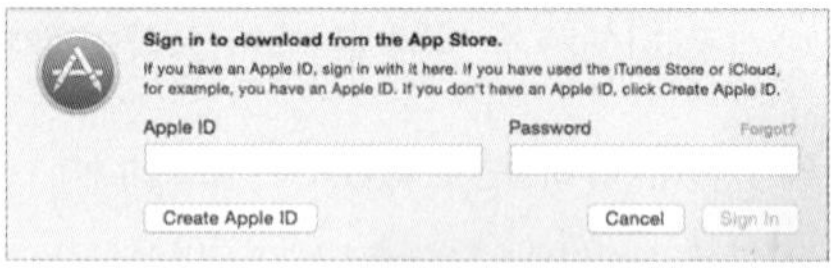
</td></tr>
<tr><td>5. 앱을 다 내려받으면 런치패드Launchpad의 Xcode 아이콘이 빛나는 것을 볼 수 있습니다. 독에서 은색 로켓 아이콘으로 표시된 런치패드를 실행하세요.</td><td> 
</td></tr>
<tr><td>6. 라이선스 동의 문구를 확인하고 내용에 동의하면 Agree를 클릭하세요.</td><td>
</td></tr>
</table>

7. 컴퓨터의 관리자 사용자명과 비밀번호를 입력해야 합니다. 이 정보를 입력한 다음 리턴 키인 OK 버튼을 누르세요.	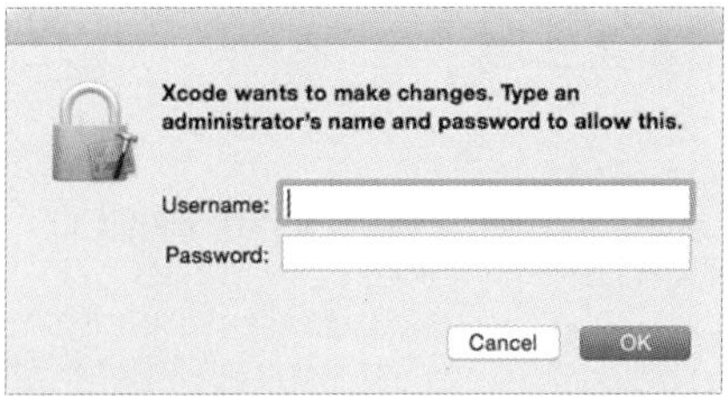
8. Xcode 설치가 시작됩니다. 설치가 완료되면 'Welcome to Xcode'가 나타납니다. 끝났습니다. 이제 스위프트로 앱을 만드는 데 필요한 소프트웨어를 모두 설치했습니다.	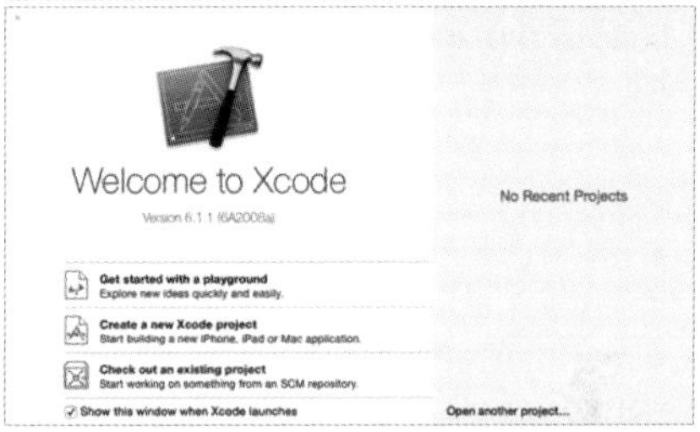

1.3.3 개발자 계정 설정(선택 사항)

하드웨어(맥)와 소프트웨어(Xcode)를 준비했으면 개발자 계정을 구입할 수 있습니다. 이는 선택 사항이지만 개발자 계정을 구입하지 않으면 iOS 앱스토어에 앱을 올릴 수 없습니다. 하지만 걱정하지 마세요. 앱 개발을 마친 다음에 계정을 구입하고 앱스토어에 앱을 등록해도 늦지 않습니다.

첫 실행

Xcode를 처음 실행하면 [표 1-2]에서 설명하는 특별한 과정을 따라야 합니다.

표 1-2 처음 Xcode를 실행해서 플레이그라운드 이용하기

1. Xcode 아이콘을 클릭하여 Xcode를 실행합니다.	

2. Get Started with a Playground를 클릭합니다.

3. iOS 플랫폼의 Blank 템플릿을 선택하고 Next를 클릭합니다.

4. 플레이그라운드 이름을 입력하고, 저장 위치를 결정한 다음 Create를 클릭합니다(여러분의 화면과 책은 조금 다를 수 있어요).

플레이그라운드가 만들어졌습니다! 이제 맥에서 개발자 모드Developer Mode를 활성화할 차례입니다. 다행히 이 과정은 스위프트 플레이그라운드를 처음 실행할 때 한 번만 진행하고 다음부터는 이 과정이 필요 없습니다.

5. Create를 클릭하면 오른쪽과 같은 팝업이 나타납니다. Enable을 클릭하세요!

6. 관리자 사용자명과 비밀번호를 입력하는 창이 나타납니다(필요하면 부모님의 도움을 받으세요).

이제 스위프트 플레이그라운드에 코드를 입력할 수 있습니다.

Xcode를 설치하고 첫 실행을 마쳤으니 스위프트 플레이그라운드에 코드를 구현할 수 있습니다.

1.4 스위프트 플레이그라운드로 코드 구현하고 실행하기

이번 절에서는 앞으로 장을 쉽게 진행할 수 있도록 본인의 환경을 이해합니다. 또한 Xcode의 플레이그라운드Playgrounds 기능을 이용해 스위프트 코드를 구현해서 실제 실행합니다.

1.4.1 플레이그라운드란?

Xcode 플레이그라운드란 iOS 개발자가 스위프트로 여러 실험을 해볼 수 있는 놀이터입니다. 플레이그라운드를 이용해 코드를 구현하면 실시간으로 한 행씩 코드를 실행합니다.

플레이그라운드를 이용하면 코드가 어떻게 동작하는지 쉽게 확인할 수 있으며 대화형이므로 쉽게 스위프트를 배울 수 있습니다. 플레이그라운드는 3장에서 더 자세히 설명합니다.

1.4.2 플레이그라운드 만들기

지금까지의 과정을 잘 따라왔다면 [그림 1-8]처럼 플레이그라운드를 사용할 수 있는 상태일 것입니다.

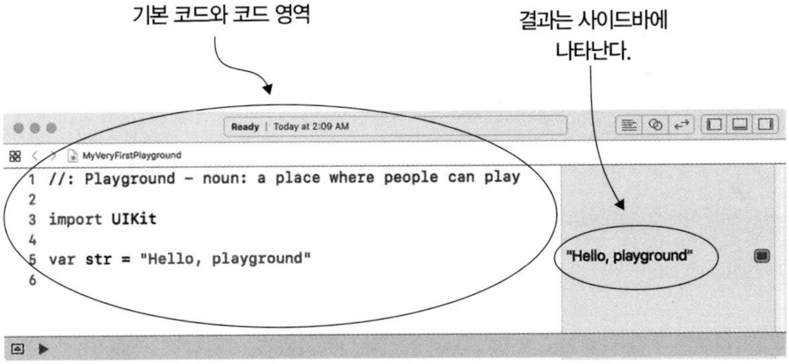

그림 1-8 기본 플레이그라운드

1.4.3 플레이그라운드에서 코드 실험하기

이제 첫 스위프트 코드를 구현하고 실행합니다! Hello Swift Apps라는 메시지를 화면에 출력하는 것이 목표입니다. 그러려면 먼저 스위프트 플레이그라운드 사용 방법을 알아야 합니다.

우선 화면 코드 영역에 있는 모든 내용을 제거해 빈 화면을 만듭니다.

그리고 [그림 1-9]처럼 print("Hello Swift Apps")를 입력합니다.

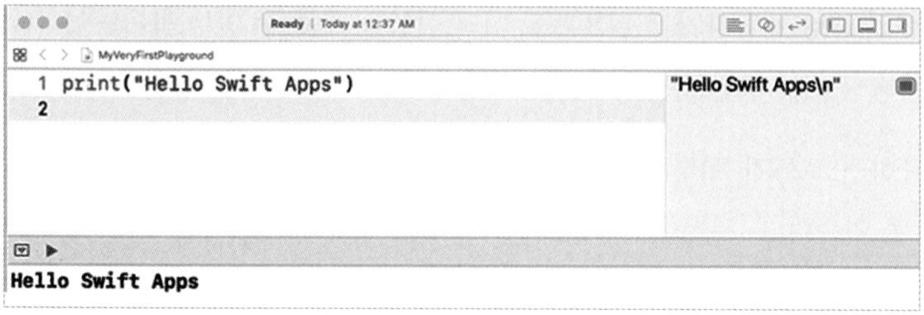

그림 1-9 첫 번째 코드 행을 입력한 화면

코드의 의미는 뒤에서 더 자세히 설명하겠지만 일단 print를 이용하면 원하는 메시지를 화면에 출력할 수 있다는 사실을 기억하세요.

화면 오른쪽에 여러분이 구현한 첫 번째 행의 결과 Hello Swift Apps이 출력되는 것을 확인할 수 있습니다.

Quiz_ 연습 문제

큰따옴표 안에 다음처럼 다른 내용도 입력해보세요.

```
print("How are you, Frank?")
```

[그림 1-10]처럼 여러분이 입력한 내용이 사이드바에 나타나는 것을 확인할 수 있습니다.

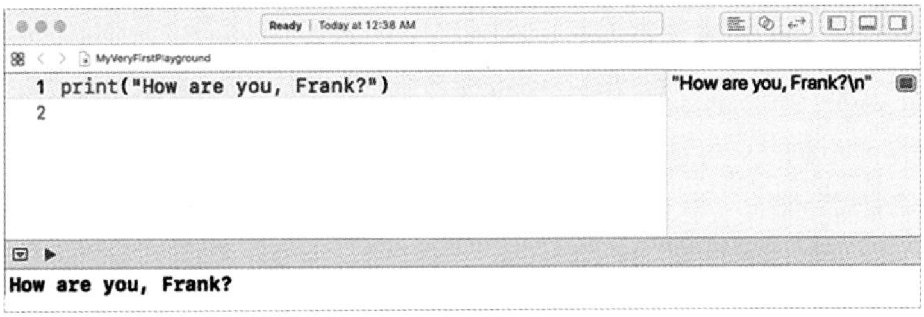

그림 1-10 사이드바에 텍스트가 바뀌었죠?

축하합니다! 처음으로 스위프트 코드를 구현해서 실행했습니다! 2장에서는 진짜 iOS 앱을 개발하는 방법을 배웁니다. 앱을 실행하는 방법, 사용자 인터페이스(어려운 용어지만, 그렇게 어렵지 않습니다)가 무엇인지 배웁니다.

여행의 첫 번째 이정표를 완료했습니다!

?_ 그냥 "Hello Swift Apps"만 입력하면 안되나요?

"Hello Swift Apps"만 입력하면 스위프트는 우리가 무엇을 원하는지 정확하게 이해할 수 없습니다. 메시지를 출력하고 싶은지 아니면 친구에게 이메일을 보내려는지 아니면 어떤 계산을 하려는 것인지 명확하지 않기 때문입니다. 따라서 print라는 명령을 이용해 스위프트에 하단 바(콘솔 로그)로 무언가를 출력하고 싶다고 표현할 수 있습니다. 또한 이 결과는 사이드바에도 표시됩니다.

?_ print가 무슨 의미죠?

print는 함수입니다(함수는 뒤에서 자세히 배웁니다). 함수를 이용해 스위프트에 어떤 동작을 수행하도록 지시합니다. 보통 영어권 언어에서 함수란 어떤 작업을 수행함을 의미합니다.

print() 함수는 스위프트의 내장 기능 즉 개발자가 사용할 수 있도록 애플에서 만든 기능입니다. print 함수는 스위프트 컴파일러에 함수 괄호 안에 입력한 내용을 출력하도록 지시합니다. 코드를 테스트할 때 이 기능을 자주 사용하므로 이 기능을 익숙하게 사용할 수 있도록 준비하세요!

?_ 플레이그라운드를 어떻게 종료하죠?

플레이그라운드를 충분히 사용했으면 다음과 같은 방법으로 프로그램을 종료할 수 있습니다. 커맨드+Q(커맨드 키와 q키를 동시에 누름)를 누릅니다. 그러면 플레이그라운드 윈도우와 Xcode 윈도우가 모두 닫힙니다. 플레이그라운드 윈도우만 닫고 싶으면 커맨드+W를 누르세요.

1.5 정리하기

다음 문제를 풀어보세요.

1 플레이그라운드로 `"Good morning Swift"`를 출력하세요.

2 `print("5+4")`를 입력하면 무엇이 표시될까요?

3 `print(5+4)`를 입력하면 무엇이 표시될까요? 결과를 추측해본 다음 실제 플레이그라운드에 명령을 입력해 결과를 확인해보세요.

4 좋은 앱을 만들려면 어떤 특징을 포함해야 하며 그 이유는 뭘까요?

02 첫 앱 만들기

Chapter

첫 앱을 만들 준비가 되었나요? 앱을 만들기 전에 1장에서 제대로 프로그래밍 환경을 설정했는지 확인하세요!

이 장의 학습 목표

- 간단한 앱 만들기
- 앱을 테스트하고 실행하기
- 사용자 인터페이스란 무엇이며 왜 중요한지 이해하기

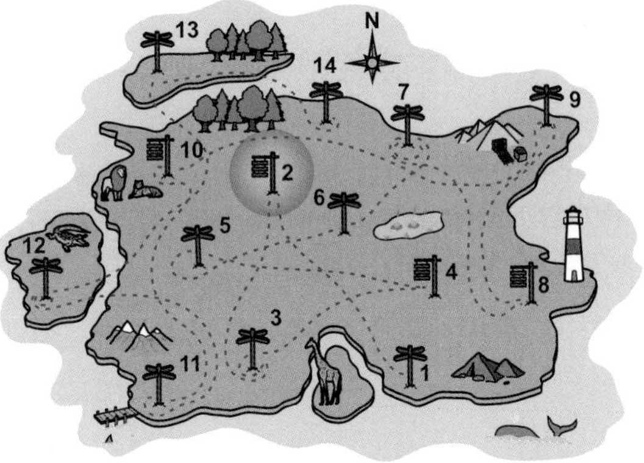

두 번째 여정 즉, 첫 번째 앱을 만들 준비를 마쳤습니다. 아이디바이스를 갖고 있는 독자 여러분은 그 기기로 앱을 실행할 수 있습니다. 아이디바이스가 없다면 시뮬레이터를 이용합니다. 출발합니다!

2.1 Hello 앱!

앱을 만들 때 사용하는 소프트웨어 Xcode를 설치하면서 첫 번째 이정표를 마쳤고 여행을 떠날 준비가 되었습니다.

2장에서는 아이폰이나 아이패드에서 실행하는 간단한 앱을 만드는 방법을 배웁니다. 시뮬레이터라는 특별한 프로그램으로 앱을 시험하는 방법도 배웁니다. 또한 사용자가 좋아할 만한 앱을 만드는 데 도움을 주는 몇 가지 디자인 팁도 제공합니다.

이 책에서 아이디바이스iDevice란 아이폰 또는 아이패드를 가리킵니다. 'iOS 앱을 실행할 수 있는 모든 애플 디바이스'를 가리키는 말이기도 합니다.

2.2 첫 번째 앱: Hello World!

첫 번째 앱을 만들어봅시다!

어떤 프로그래밍 언어든 첫 프로그램은 화면에 `Hello World!`를 출력하는 방법부터 배웁니다.

첫 번째 앱으로 `Hello World!`를 아이디바이스에 출력하는 앱을 만듭니다.

> **NOTE_** 2장의 코드는 깃허브에서 내려받은 `Hello-Swift-Code-master` 폴더의 `Chapter02_HelloWorld` 폴더에서 확인할 수 있습니다. 아직 코드를 내려받지 않았다면 `https://github.com/tanmayb123/Hello-Swift-Code/archive/master.zip`에서 책 전체 장의 코드를 내려받을 수 있습니다.

2.2.1 앱의 기능

[그림 2-1]은 아이폰에서 Hello World! 앱을 실행한 모습입니다.

9:47
Hello World!
앱을 만든 다음 시뮬레이터로 직접 컴퓨터에서 실행할 수 있습니다. 시뮬레이터는 나중에 설명합니다.
앱이 표시할 단어입니다. (Hello World!)

그림 2-1 빈 화면에 `Hello World!`라는 단어를 출력하는 첫 번째 앱입니다. 아이디바이스가 없으면 시뮬레이터로 앱을 실행할 수 있습니다.

?_ 잠깐만요! 앱이 화면에 단어를 출력한다고요? 너무 평범해요. 조금 더 재미있는 앱을 만들 순 없나요?

실제로 앱은 특별한 일을 하지 않습니다. 하지만 복잡한 앱을 만들기 전에 먼저 간단한 앱을 만들어보는 것이 좋습니다. 한 개씩 앱을 만들어보면서 앱을 만드는 데 필요한 많은 기본 기능을 배울 수 있습니다. 자신이 입력한 단어가 화면에 나타나는 것을 보는 것도 신기한 일이에요! 곧 재미있는 앱을 만드니까 너무 걱정하지 마세요.

2.2.2 프로젝트 설정하기

앱을 만들기 전에 몇 가지 간단한 설정을 해야 합니다. 조금 지루할 수 있지만 앱을 만들 때마다 해야 하죠.

- 새 프로젝트 만들기
- 프로젝트 옵션 선택하기
- 프로젝트 저장하기

새 프로젝트 만들기

[표 2-1]의 과정을 따라 새 프로젝트를 만듭니다. 뒤에서도 다시 설명하지만 이 표를 참고하면 기억을 떠올리는 데 도움이 됩니다.

표 2-1 새 프로젝트 만들기

Launchpad 아이콘을 클릭해서 프로그램을 확인하세요.	
Xcode 아이콘을 클릭해서 프로그램을 실행합니다.	
Create a new Xcode project를 클릭하세요.	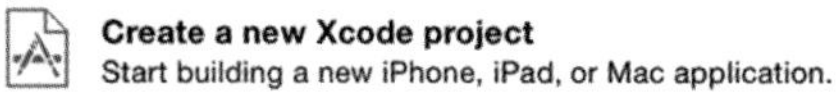
새 프로젝트에 사용할 템플릿을 선택하는 창이 나타납니다. 왼쪽 윗부분에 있는 iOS를 선택하세요. 아래에 Application 부분에서는 Single View App을 선택합니다. 마지막으로 오른쪽 아래의 Next 버튼을 클릭합니다.	

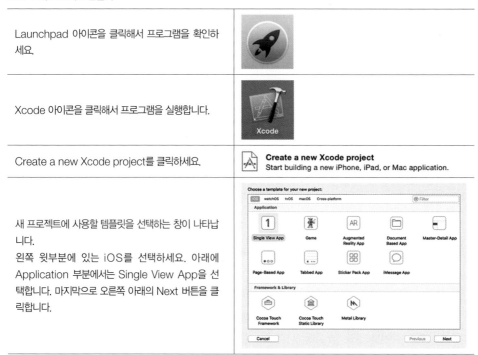

Next를 클릭하면 프로젝트 옵션을 선택하는 창이 나타납니다. 아직 창을 닫지 마세요.

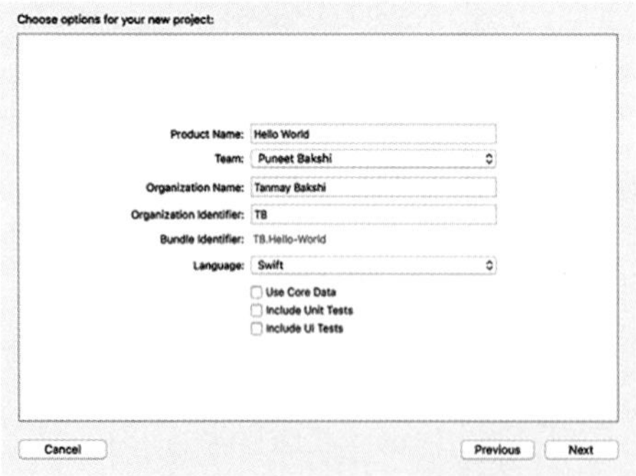

입력할 모든 정보는 [표 2-2]에서 자세히 설명합니다. 이제 거의 완료했어요!

> **NOTE_** Xcode를 쉽게 실행할 수 있게 하세요. 이 책에서 Xcode를 자주 사용하므로 빨리 실행할 수 있게 준비합니다. Xcode를 실행한 다음 Dock의 아이콘에서 오른쪽 버튼을 클릭하고 'Dock에 유지'를 선택합니다.

그러면 Dock에 아이콘이 유지되므로 다음 번엔 빠르게 앱을 실행할 수 있어요.

> **?_ 뷰가 뭐죠? 왜 Single View Application을 선택했나요?**
>
> 뷰는 앱 사용자가 보는 화면으로 생각하세요. 첫 앱은 `Hello World!`를 출력하는 한 개의 뷰를 가집니다. 2장의 뒷부분에서는 두 개의 뷰를 가진 앱을 만들겁니다.

프로젝트 옵션 선택

아직 두 개의 설정 화면이 남았습니다. 먼저 프로젝트 옵션 과정에서 컴퓨터에 저장할 앱 이름을 Xcode에 알려 줘야 합니다.

표 2-2 프로젝트 옵션 선택

입력해야 할 폼입니다. [표 2-1] 과정에서 이미 여기까지 진행한 상태입니다.	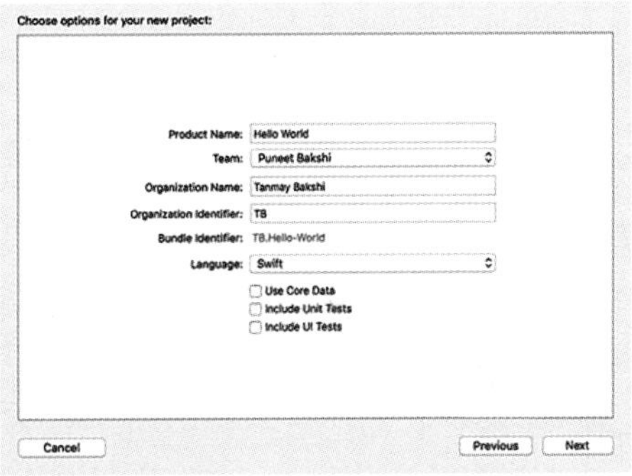
Product Name	앱의 이름을 입력합니다. Hello World를 입력합니다.
Team	애플 ID나 개발자 계정에 붙은 이름을 입력합니다. 화면에서는 제 개인 개발자 계정으로 연결된 Puneet Bakshi를 선택했습니다.
Organization Name	여러분의 회사명을 입력합니다. 회사가 없다면 이름을 입력해도 됩니다.
Organization Identifier	회사의 이니셜을 입력합니다. 회사가 없다면 이름의 이니셜을 입력해도 됩니다.

Bundle Identifier	다른 입력란에 입력한 값에 따라 값이 달라집니다. 앱스토어에 앱을 제출할 때 애플은 이 값을 고유 식별자로 사용합니다. 보통 이 값은 Organization Identifier.Product Name으로 정해집니다. 따라서 예제에서는 TB.Hello-World가 입력되었습니다.
Language	오브젝티브 C와 스위프트 중에 어떤 언어로 앱을 개발할 건지 선택합니다. 예제처럼 스위프트를 선택하세요.
폼 작성을 완료했으면 Next를 클릭하세요. 그러면 다음처럼 프로젝트를 저장하는 데 필요한 입력 폼이 나타납니다. 이 폼은 [표 2-3]에서 진행할 거니까 닫지 마세요.	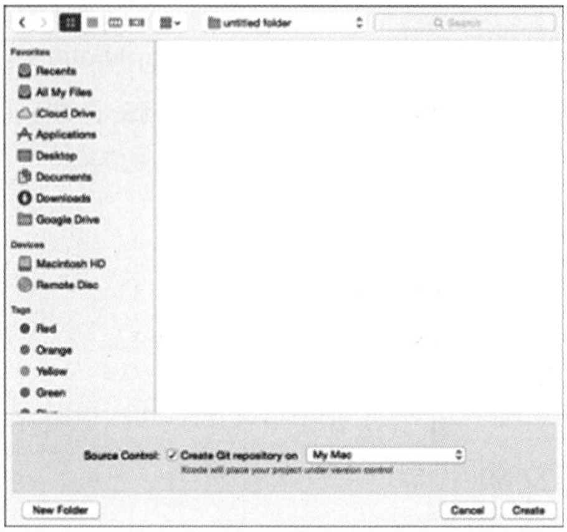

프로젝트 저장

드디어 앱의 파일과 설정을 저장할 차례입니다.

[표 2-3]처럼 프로젝트를 어디에 저장할지 결정하는 단계까지 진행했습니다. 저는 `Documents`라는 폴더 안에 `Apps`라는 폴더를 만들고 그곳에 앱을 저장했습니다. 여러분이 원하는 곳에 프로젝트를 저장하면 됩니다. 다만 나중에 찾을 수 있게 어떤 폴더에 저장했는지 기억해야 합니다!

표 2-3 프로젝트 저장

이전 과정을 잘 진행했다면 다음과 같은 폼이 나타났을 것입니다. 이제 Xcode에 프로젝트를 저장할 위치를 알려줍니다.	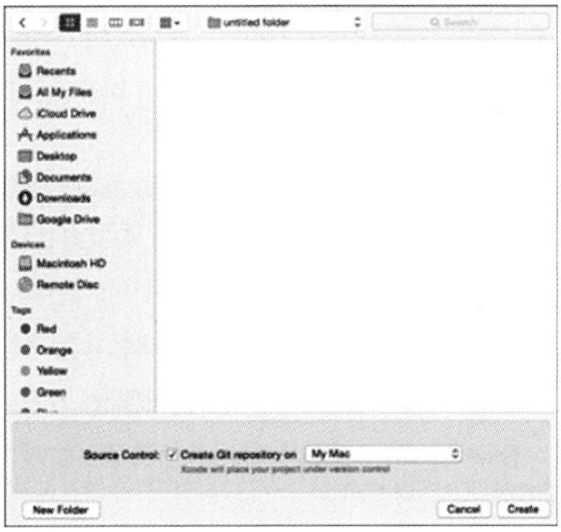
폼의 왼쪽에서 Documents 폴더를 클릭합니다. 앱을 저장하고 싶은 위치로 이동하세요.	저는 Apps라는 폴더 안에 앱을 저장했습니다.
New Folder를 클릭하세요.	
폴더의 이름을 입력합니다(Apps 등). Create 버튼을 눌러 새 폴더를 만드세요.	
첫 번째 과정에 등장했던 폼이 다시 나타납니다. Create를 눌러 프로젝트를 저장하세요. 드디어 끝났습니다!	

잘했습니다! 지금까지 진행한 내용은 다음과 같습니다.

- 새 프로젝트 만들기
- 프로젝트 옵션 선택
- 프로젝트 저장

앱을 만들 때마다 이 과정은 딱 한 번만 진행하면 됩니다.

2.2.3 Xcode 인터페이스

이제 [그림 2-2]처럼 Xcode 프로젝트의 General 탭이 나타납니다. 앱을 만들면서 이 화면의 여러 기능을 가리켜야 하므로 각각의 이름을 기억해야 합니다. [그림 2-2]는 화면의 각 기능의 이름을 설명합니다.

- **내비게이터**navigator: 프로젝트의 파일, 에러, 경고 등의 정보를 확인하는 영역입니다.
- **인스펙터**inspectors: 메인 스테이지에서 어떤 항목을 선택하면 관련된 설정을 확인할 수 있는 영역입니다.
- **라이브러리**library: 라이브러리에서 필요한 요소(텍스트, 버튼 등)를 찾아 앱에 추가합니다.
- **스테이지**stage: 앱을 만드는 작업을 진행하는 가운데 영역입니다.
- **툴바**toolbar: Xcode에서 앱을 실행하고 중단할 때 이 영역의 버튼을 이용합니다.

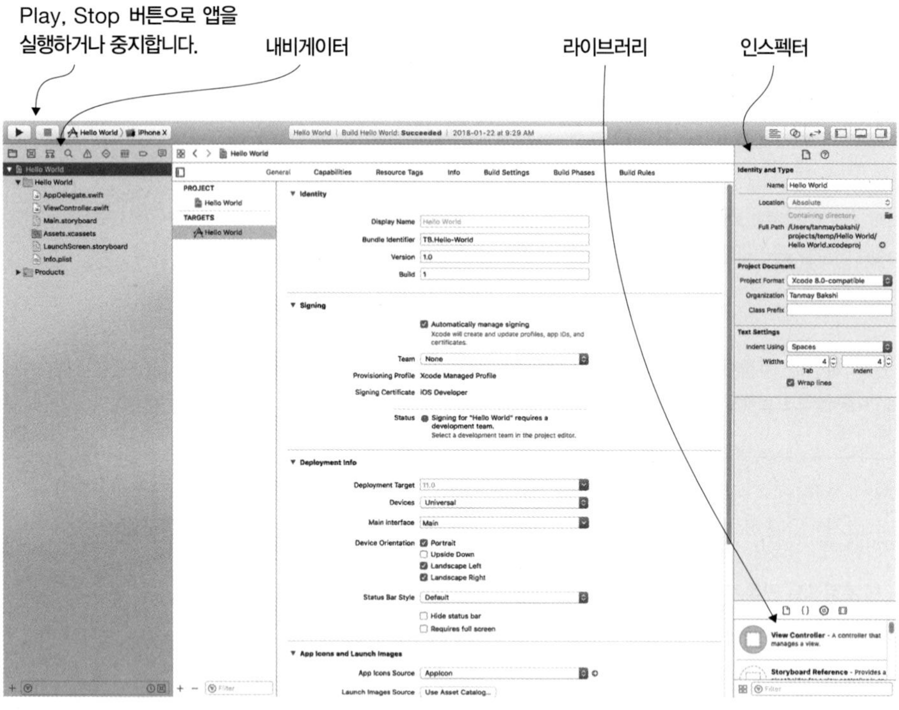

그림 2-2 Xcode 프로젝트의 General 탭

?_ 화면이 정말 복잡하네요. 모두 배워야 하나요?

갑자기 소화하기 어려울 정도로 새로운 내용이 많이 등장했습니다. 하지만 걱정하지 마세요. 뒤에서 이 화면의 각 부분을 자세히 배웁니다. 지금은 첫 앱을 만드는 데 필요한 기능만 간추려 설명하겠습니다.

2.2.4 UI 만들기

작업 공간을 설정했으니 `Hello World!`를 만들 차례입니다. 먼저 사용자 인터페이스[User Interface](UI)를 만듭니다.

다음 순서로 진행합니다.

1 메인 스토리보드 열기

2 화면 크기 조정

3 레이블을 뷰로 드래그

4 레이블의 텍스트를 `Hello World!`로 변경

5 앱 실행!

메인 스토리보드 열기

현재 Xcode에 Hello World! 프로젝트가 열린 상태입니다. Xcode 인터페이스의 왼쪽 부분에서 Main.storyboard(그림 2-3)를 클릭합니다. 그러면 앱의 뷰를 설계할 수 있는 뷰컨트롤러[View Controller]가 나타납니다.

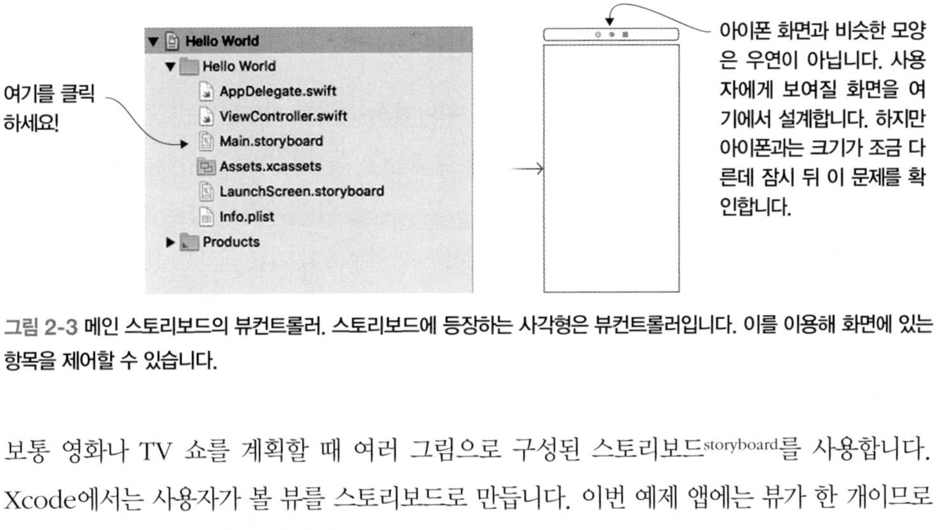
여기를 클릭
하세요!
Hello World
Hello World
AppDelegate.swift
ViewController.swift
Main.storyboard
Assets.xcassets
LaunchScreen.storyboard
Info.plist
Products
아이폰 화면과 비슷한 모양은 우연이 아닙니다. 사용자에게 보여질 화면을 여기에서 설계합니다. 하지만 아이폰과는 크기가 조금 다른데 잠시 뒤 이 문제를 확인합니다.

그림 2-3 메인 스토리보드의 뷰컨트롤러. 스토리보드에 등장하는 사각형은 뷰컨트롤러입니다. 이를 이용해 화면에 있는 항목을 제어할 수 있습니다.

보통 영화나 TV 쇼를 계획할 때 여러 그림으로 구성된 스토리보드[storyboard]를 사용합니다. Xcode에서는 사용자가 볼 뷰를 스토리보드로 만듭니다. 이번 예제 앱에는 뷰가 한 개이므로 오직 한 개의 장면[scene]을 포함합니다.

[그림 2-3]은 아이폰 8 화면 크기를 보여줍니다. 하지만 이 책에서는 아이폰 X 화면을 사용합니다. 아이폰 8을 사용하는 독자라면 아이폰 8의 화면 크기를 유지하세요. 아이폰 X나 다른 아

이폰을 사용하는 독자 여러분은 뷰컨트롤러에서 화면 크기를 바꿀 수 있습니다. 다음 단계를 참고하세요.

이 책에서 소개하는 앱을 만들 때마다 다음과 같이 짧은 과정을 거쳐야 합니다.

화면 크기 설정

먼저 스토리보드 뷰의 왼쪽 아래를 살펴봅니다. [그림 2-4]와 같은 영역을 발견할 수 있습니다.

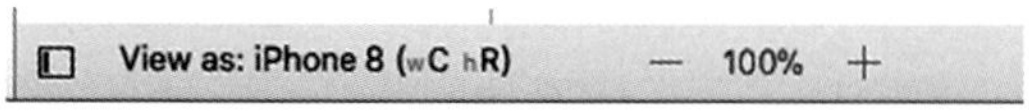

그림 2-4 이 영역을 누르면 다양한 화면 크기를 확인할 수 있습니다.

이 영역을 찾았으면 View as: iPhone 8으로 표시된 부분을 클릭하세요. 그러면 [그림 2-5]처럼 다양한 화면 크기가 나타납니다.

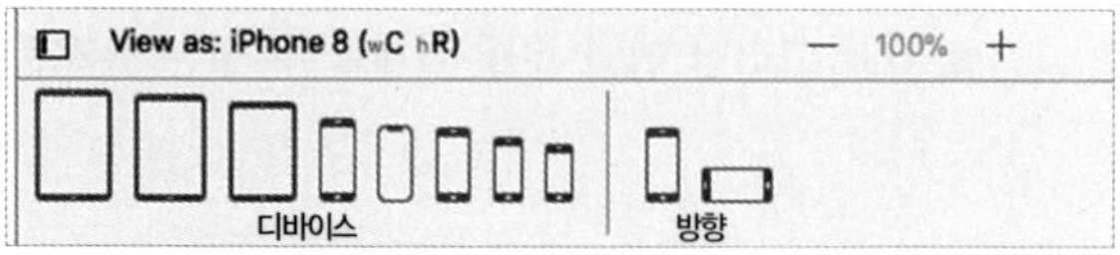

그림 2-5 화면 크기 선택

디바이스 위에 커서를 올리면 각각이 가리키는 디바이스 크기를 확인할 수 있습니다. 하지만 조금 이상한 점이 있는데 예를 들어 아이폰 7을 갖고 있는 독자 여러분은 아이폰 8 크기를 선택해야 한다는 점입니다. 이는 아이폰 6, 7, 8이 모두 같은 화면 크기를 갖고 있는데 가장 최신 모델은 아이폰 8이기 때문입니다. Xcode에서는 아이폰 8이 이들 모델을 대표합니다. [표 2-4]에서 디바이스의 크기를 확인할 수 있습니다.

표 2-4 화면 크기에 맞는 디바이스 찾는 법

디바이스	Xcode에서 이 디바이스를 선택하세요
아이폰 XS 맥스, 아이폰 11 프로 맥스	아이폰 11 프로 맥스
아이폰 XR, 아이폰 11	아이폰 11
아이폰 X, 아이폰 XS, 아이폰 11 프로	아이폰 XS, 아이폰 11 프로
아이폰 6 플러스, 아이폰 6S 플러스, 아이폰 7 플러스, 아이폰 8 플러스	아이폰 8 플러스

아이폰 6, 아이폰 6S, 아이폰 7, 아이폰 8	아이폰 8
아이폰 5S, 아이폰 SE	아이폰 SE
3세대 12.9인치 아이패드 프로	아이패드 프로 12.9인치(3세대)
모든 11인치 아이패드 프로	아이패드 프로 11인치
1세대 또는 2세대 12.9인치 아이패드 프로	아이패드 프로 12.9인치
모든 10.5인치 아이패드	아이패드 프로 10.5인치
모든 9.7인치 아이패드	아이패드 프로 9.7인치

이제 여러분에게 필요한 디바이스를 선택하면 뷰컨트롤러의 크기가 선택한 디바이스에 맞게 조절됩니다. 저는 아이폰 X를 선택했으므로 뷰컨트롤러에 아이폰 X 화면에 있는 상당 노치가 나타납니다(그림 2-6).

다 됐어요! 뷰컨트롤러를 설정했으니 즐겁게 프로젝트를 만들 수 있습니다.

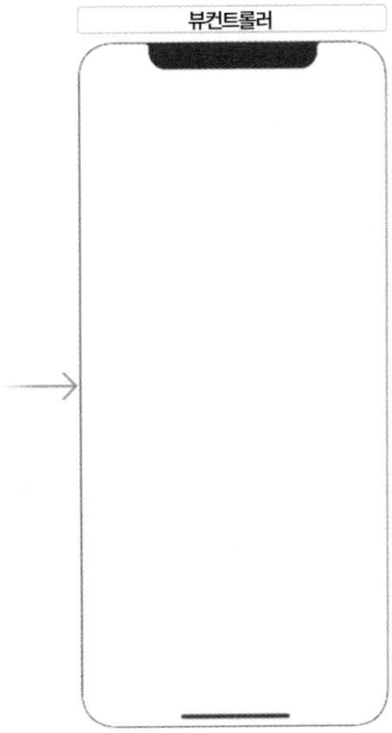

그림 2-6 뷰컨트롤러를 아이폰 X로 표시한 모습

Label 객체를 뷰로 드래그하세요

라이브러리 영역은 Xcode의 오른쪽 아래에 있습니다(그림 2-7). 객체 라이브러리Object Library에서 앱에 필요한 객체와 컨트롤을 얻을 수 있습니다. 특히 이 예제에서는 사용자에게 텍스트를 보여주어야 하므로 Label 객체가 필요합니다.

객체Object란 앱 사용자가 보고 상호작용할 수 있는 대상을 가리킵니다. 앱에 추가하려는 텍스트 레이블도 객체입니다.

사용자가 상호작용할 수 있는 특별한 종류의 객체를 **컨트롤**control이라 부릅니다. 여러분이 평소 사용하는 앱을 떠올려 보세요. 보통 앱은 버튼, 슬라이더,

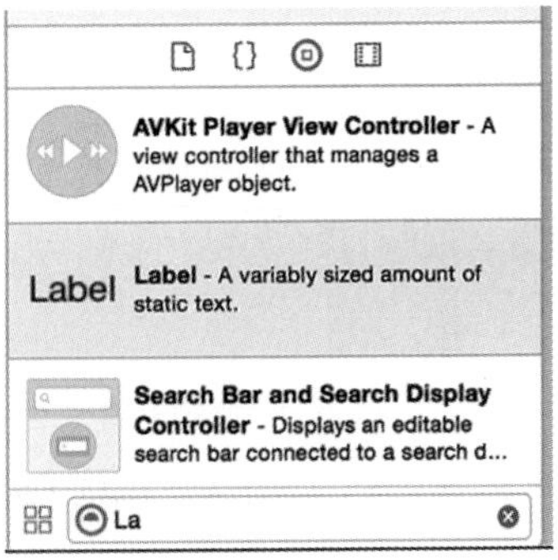

그림 2-7 라이브러리 영역은 앱에 필요한 객체와 컨트롤을 제공합니다.

텍스트 입력 박스 등을 포함하는 데 이들은 모두 컨트롤입니다.

다음 방법으로 애플리케이션에 첫 객체(레이블)를 추가할 수 있습니다.

1 작은 사각형을 포함하는 원을 클릭하면 객체 라이브러리가 열립니다.

2 Label 객체를 찾아야 합니다. 패널에서 스크롤하거나 검색할 수 있습니다. 패널 아래쪽에 있는 검색창에 `Label`을 입력해 검색할 수 있습니다. `Label`이라는 글자를 포함하는 박스와 함께 간단한 설명이 나타납니다.

3 [그림 2-8]처럼 레이블을 뷰로 드래그합니다.

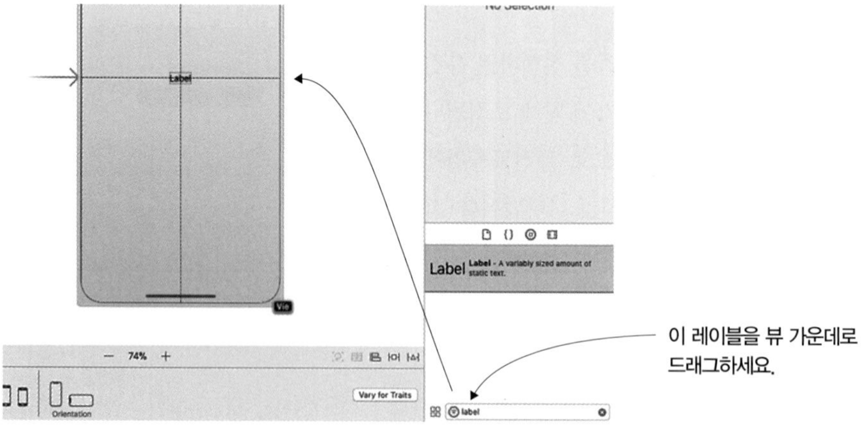

그림 2-8 레이블을 뷰로 드래그하세요.

NOTE_ 사용자는 컨트롤로 앱과 상호작용합니다. 컨트롤은 입력을 받아 출력을 제공합니다.

4 두 개의 점선이 나타날 때까지 레이블을 뷰의 가운데로 드래그하세요. 이 책에서는 이 선을 가이드 그리드라 부릅니다. **가이드 그리드**는 뷰에 컨트롤을 정렬할 때 도움이 됩니다. 예를 들어 지금처럼 화면의 가운데에 레이블을 배치할 수 있습니다. 이 선이 나타난다면 뷰의 가운데에 레이블 컨트롤이 위치했다는 의미입니다.

5 레이블을 더블 클릭하면 텍스트 편집 모드로 들어갑니다.

6 Label이라는 내용을 지우고 "Hello World!"를(따옴표는 입력하지 않습니다) 입력하세요.

?_ 잠시만요. 꼭 `Hello World!`를 입력해야 하나요? 다른 내용을 입력하면 안되나요?

물론 원하는 내용을 입력할 수 있습니다. 시도해보세요!

2.2.5 앱 실행하기

앱을 실행하기 전에 Xcode에 앱을 시뮬레이터로 실행할지 물리 아이디바이스로 실행할지 지정해야 합니다. iOS 11 및 이후 버전(아이폰 5S 및 상위 모델)을 탑재한 아이디바이스가 있다면 아이디바이스를 이용하고 그렇지 않으면 시뮬레이터로 앱을 실행하세요.

?_ 시뮬레이터로 앱을 실행해야 하나요? 제 아이폰으로는 실행할 수 없나요?

물론 가지고 있는 아이폰으로 실행할 수 있습니다. 하지만 계정 설정이 조금 까다로워요. 이 과정은 부록 F에서 설명합니다.

TIP_ 그런데 이 시뮬레이터의 정체는 뭐죠?

시뮬레이터는 아이디바이스 없이도 iOS 앱을 맥에서 실행할 수 있게 해주는 컴퓨터 프로그램입니다. 하지만 컴퓨터 화면은 터치스크린이 아니므로 터치 액션(멀티제스쳐 액션)은 테스트할 수 없습니다. 컴퓨터의 마우스로 간단한 터치 액션을 입력할 수 있습니다. 아이디바이스 하드웨어(카메라, 마이크로폰 등) 기능은 사용할 수 없어요.

다음과 같은 기능은 시뮬레이터로 이용할 수 없습니다.

- **가속도계**Accelerometer: 가속도나 속도 변화를 측정
- **자이로스코프**Gyroscope: 회전 같은 변화를 측정합니다. 〈템플 런〉 같은 앱을 플레이하려면 디바이스를 왼쪽, 오른쪽으로 기울여 캐릭터를 조종해 코인과 포인트를 획득할 수 있는데 바로 이 기울임을 감지하는 것이 자이로스코프입니다.
- **카메라**Camera: 사진이나 비디오 촬영
- **마이크**Microphone: 목소리 등의 소리를 녹음
- **근접 센서**Proximity sensor: 디바이스에 물체가 접근했는지 확인하는 센서
- **지문 센서**Fingerprint sensor: 터치 ID(홈) 버튼을 통해 지문을 대조

이런 기능이 없어도 큰 문제가 되지 않음을 알 수 있습니다. 하지만 이런 기능이 있고 시뮬레이터에서는 지원되지 않음을 기억하세요.

시뮬레이터에서 앱 실행

이 절에서는 새 앱을 시뮬레이터에서 실행합니다.

시뮬레이터에서 다양한 종류의 아이디바이스를 선택할 수 있습니다. 예를 들어 아이패드, 아이폰 SE에서 각각 앱이 어떻게 보일지를 확인할 수 있습니다.

다음 방법으로 시뮬레이터에서 앱을 실행합니다.

1 시뮬레이터에 어떤 종류의 아이디바이스를 사용할지 알려 줘야 합니다. [그림 2-9]처럼 큰 재생 버튼을 포함하는 영역을 화면 왼쪽 상단에서 확인하세요.

그림 2-9 시뮬레이터를 선택하고 재생play 버튼을 눌러 앱을 실행하세요.

저는 아이폰 X를 사용하므로 아이폰 8 Plus를 다른 기기로 바꿔야 합니다. 아이폰 8 Plus를 클릭하면 [그림 2-10]처럼 팝업 목록이 나타나는 데 여기서 아이폰 X를 선택합니다.

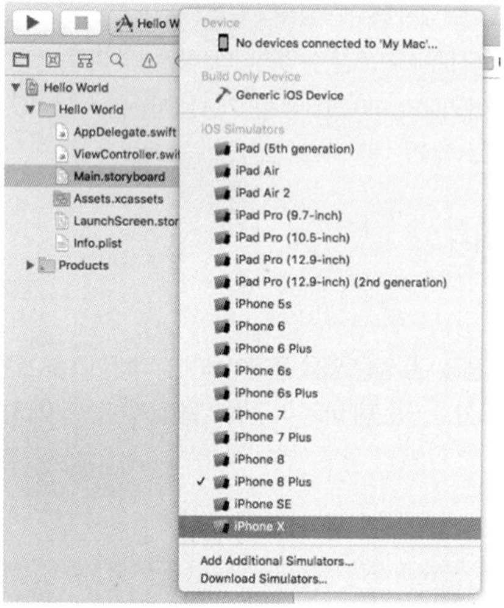

그림 2-10 팝업 메뉴에서 원하는 기기를 선택하세요.

2 화면의 왼쪽 위에 있는 재생 버튼(그림 2-11)을 클릭합니다. 관리자 비밀번호를 요구하면 입력하세요(앱을 처음 실행할 때 한 번만 요구합니다).

그림 2-11 재생 버튼을 클릭해 시뮬레이터로 앱을 실행합니다.

[그림 2-12]처럼 시뮬레이터로 앱을 확인합니다.

3 재생 버튼의 오른쪽에 있는 정지stop 버튼을 눌러 시뮬레이터의 앱 실행을 종료할 수 있습니다.

그림 2-12 시뮬레이터로 앱을 실행하는 모습입니다.

아이디바이스로 앱 실행하기(추가 사항)

계정 설정은 어렵지 않습니다. 시뮬레이터로 앱을 실행하는 데 큰 불만이 없다면 이 과정은 생략하세요. 실제 아이디바이스로 앱을 실행하려면 다음 과정을 수행합니다.

1 부록 F를 확인해 개발자 계정을 제대로 설정했는지 확인합니다(애플 웹사이트에서 이 과정을 잘 설명하므로 관련 링크를 제공합니다).

2 라이트닝 케이블로 아이디바이스를 맥과 연결합니다.

3 화면의 왼쪽 상단에서 재생 버튼의 오른쪽에서 시뮬레이터 디바이스 종류를 선택했듯이 다시 디바이스 종류 선택 버튼을 누릅니다. 이번에는 디바이스 이름이 항목으로 추가된 것을 확인할 수 있습니다. 보통 실제 디바이스는 가장 위에 나타납니다.

4 프로비저닝 프로파일 관련 안내가 나타나면 Fix Issue 버튼을 클릭하세요. 목록에서 여러분의 애플 ID를 선택한 다음 Choose를 클릭합니다. 그러면 여러분의 새 개발자 계정에 프로비저닝 프로파일이 추가됩니다.

5 "아직 개발자 계정을 만들지 않았는데 어떻게 된 거지?"라는 의문이 들 겁니다. 애플 ID로 Xcode를 설정하는 순간 Xcode가 자동으로 개발자 계정을 생성하며 Xcode가 디바이스(여러분의 디바이스에만 설치할 수 있어요)에 앱을 설치할 수 있도록 키를 추가한 것입니다.

6 코드사인codesign이나 키체인keychain 관련 안내가 나타나면 항상 허용함 버튼을 클릭하세요.

7 화면 왼쪽 위에 있는 재생 버튼을 클릭하세요. 아이디바이스에서 앱이 실행됩니다.

NOTE_ Co-design이 아니라 code-sign을 의미합니다.

축하합니다. 아이디바이스에서 첫 앱을 실행하는 데 성공했습니다.

2.3 사용자 인터페이스 둘러보기

사용자는 UI를 통해 앱과 상호작용합니다. 앱을 구성하는 요소는 다양하지만 그중에서도 UI는 가장 중요한 요소 중 하나입니다. UI를 자세히 살펴보겠습니다.

TIP_ 눈치채지 못했을 수도 있지만 여러분은 이미 UI를 만들었습니다! 레이블을 뷰로 드래그해서 Hello World!를 표시했을 때 이미 사용자 인터페이스를 만든 것입니다.

2.3.1 UI가 뭐죠?

사용자 인터페이스User Interface (UI)는 사용자가 컴퓨터(우리 예제에서는 아이디바이스)와 상호작용하는 수단입니다. **앱과 상호작용한다**는 말은 사용자가 앱에서 정보를 얻거나, 앱에 응답, 명령을 전달할 수 있음을 의미합니다. 텍스트, 그림, 그래픽, 버튼, 소리, 진동 그리고 화면의 모든 것이 UI입니다(그림 2-13).

그림 2-13 사용자가 보고, 상호작용할 수 있는 모든 것을 UI라 합니다. 이 그림에는 여러 UI 컨트롤을 예로 추가했습니다. 이 외에도 다양한 UI 요소를 사용할 수 있습니다.

예제 앱은 "Hello, World!"라는 문구를 사용자에게 보여주도록 단순한 UI로 만들어 졌습니다. 하지만 대부분의 앱에서는 보다 다양한 UI가 필요합니다. 예를 들어 〈앵그리버드Angry Birds〉는 더 다양한 UI를 포함합니다. 화면에 새, 돼지, 구조물 등 다양한 물체가 화면에 나타납니다. 또한 사용자는 화면을 터치해 명령을 입력할 수 있습니다.

2.3.2 자신만의 앱 개발

먼저 [그림 2-14]처럼 버튼, 레이블, 텍스트 필드를 포함하는 앱을 만듭니다.

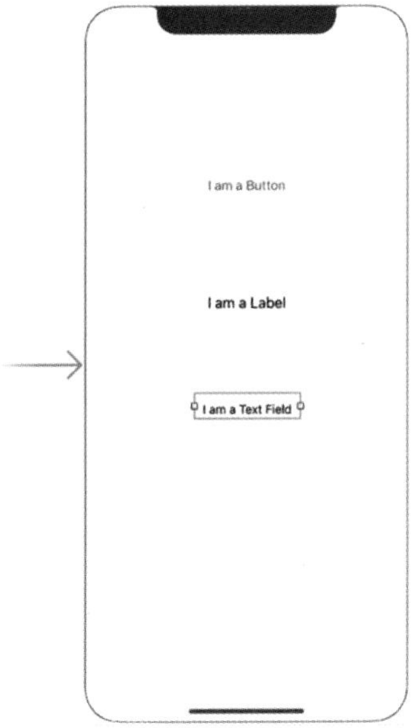

그림 2-14 버튼, 레이블, 텍스트 필드를 포함하는 앱 만들기

다음 팁을 참고하세요.

- 객체 라이브러리에서 필요한 컨트롤을 뷰로 드래그해서 컨트롤을 추가하세요.
- 컨트롤을 클릭하고 드래그해서 뷰 내의 원하는 위치로 이동할 수 있습니다.
- 버튼 레이블 등 텍스트를 포함하는 컨트롤을 더블 클릭한 다음 원하는 텍스트를 입력할 수 있습니다. 이 과정은 4장에서 자세히 설명합니다.
- Xcode의 객체 라이브러리(그림 2-15)에서 더 다양한 UI 요소도 확인할 수 있습니다.

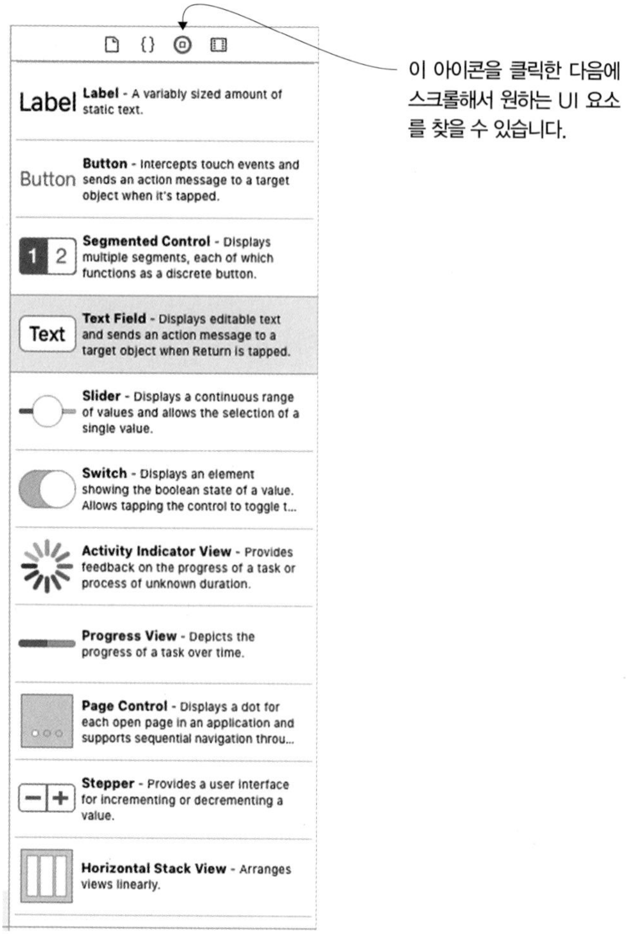

그림 2-15 객체 라이브러리에서 제공하는 다양한 UI 인터페이스 요소

좋습니다. 이제 조금 더 재미있는 UI를 만들 수 있지 않을까요?

잘했습니다! 이번에는 앱에 색을 추가합니다. 텍스트, 컨트롤, 전체 뷰의 배경색을 바꾸는 방법을 알려드릴께요. 다만 이는 몇 가지 예제에 불과할 뿐 방법은 무궁무진합니다!

2.3.3 텍스트 색 바꾸기

다음과 같은 방법으로 레이블, 버튼, 텍스트 필드 및 기타 UI 컨트롤의 텍스트 색을 바꿀 수 있습니다.

1 레이블, 텍스트 필드, 버튼 등 텍스트를 포함하는 컨트롤을 클릭합니다.

2 Attributes Inspector 버튼(Xcode 인터페이스의 오른쪽에 위치함)을 클릭하세요. [그림 2-16]에서 보여주는 Attributes Inspector를 이용해 앱의 모든 인터페이스 요소의 폰트 크기, 색, 정렬 등을 조절할 수 있습니다.

3 Label 헤더 아래의 Color 메뉴를 클릭하면 Colors 팔레트가 나타납니다.

4 Colors 팔레트를 클릭하고 원하는 색을 선택합니다.

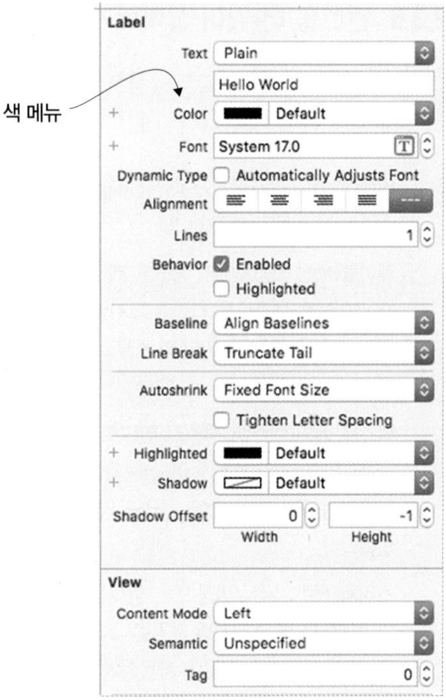

그림 2-16 Attributes Inspector

2.3.4 컨트롤의 배경색 바꾸기

버튼 또는 배경색을 가진 다른 컨트롤의 배경색은 다음과 같은 방법으로 바꿀 수 있습니다.

1 배경색을 가진 버튼, 스위치, 기타 컨트롤을 클릭합니다.

2 Attributes inspector가 열려 있지 않다면 버튼을 클릭해 Attributes inspector를 엽니다.

3 View 헤더의 Background Color 메뉴를 클릭해 Colors 팔레트를 엽니다.

4 Colors 팔레트를 클릭한 다음 원하는 색을 선택합니다.

2.3.5 뷰의 배경색 바꾸기

전체 뷰의 색도 다음처럼 쉽게 바꿀 수 있습니다.

1 컨트롤을 포함하지 않는 뷰의 영역을 클릭합니다.

2 Attributes inspector 가 열려 있지 않다면 버튼을 클릭해 Attributes inspector를 엽니다.

3 View 헤더의 Background Color 메뉴를 클릭해 Colors 팔레트를 엽니다.

4 Colors 팔레트를 클릭한 다음 새로운 배경색을 선택합니다.

2.3.6 컨트롤 더 깊이 살펴보기: 다음을 시도하세요

지금까지 버튼과 레이블을 살펴봤는데 [그림 2-17]에서 보여주는 것처럼 다른 컨트롤도 앱에 사용해야 할 때가 생깁니다. 대표적으로 다음과 같은 컨트롤을 꼽을 수 있습니다.

- **버튼**Button : 앱 사용자가 액션(피자 주문 등)을 수행할 수 있도록 버튼을 제공합니다.
- **레이블**Label : 사용자에게 정보를 제공하거나 질문을 물을 때 레이블로 텍스트를 화면에 표시합니다. 예를 들어 "당신의 이름은 무엇입니까?"라는 텍스트를 레이블로 표시할 수 있습니다.
- **텍스트 필드**TextField : 텍스트 필드로 사용자의 입력을 받을 수 있습니다. 예를 들어 사용자의 이름을 요구할 때 사용자가 텍스트 필드에 응답을 입력하도록 요청할 수 있습니다.
- **스위치**Switch : 켜짐/꺼짐 또는 참/거짓 같은 값을 사용자가 설정하도록 스위치를 제공합니다. 예를 들어 "피자를 좋아합니까?"라는 질문에 사용자가 스위치로 응답할 수 있습니다.
- **텍스트 뷰**TextView : 사용자에게 긴 답변을 받으려면 텍스트 뷰를 사용하세요. 예를 들어 "최근에 먹었던 피자 얘기 좀 해주세요" 같은 물음의 답을 텍스트 뷰로 받을 수 있습니다.

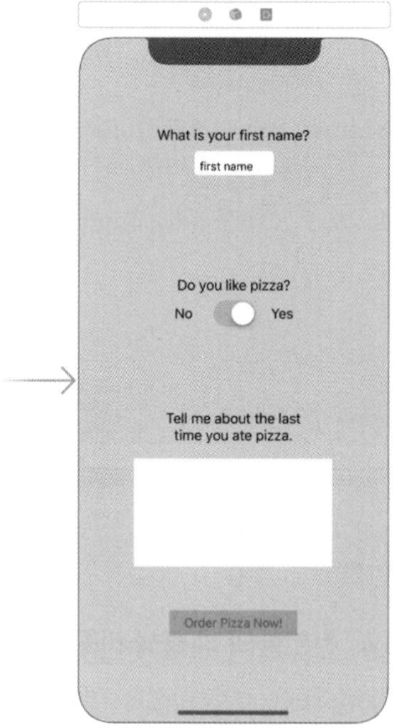

그림 2-17 다양한 컨트롤로 이런 기능을 만들 수 있습니다. 여러분도 시도해보세요.

2.3.7 Attributes inspector가 제공하는 추가 기능

Attribute inspector에는 더 다양한 옵션이 제공한다는 사실을 알았을 것입니다. 다음처럼 컨트롤의 다양한 속성을 바꿀 수 있습니다.

- **폰트**Font : 폰트, 폰트 스타일(이탤릭, 볼드 등), 폰트 크기를 바꿀 수 있습니다.
- **정렬**Alignment : 텍스트를 왼쪽, 가운데, 오른쪽 등으로 정렬할 수 있습니다.
- **섀도**Shadow, **섀도 오프셋**Shadow Offset : 드롭 쉐도우를 추가하거나 컨트롤, 텍스트 레이블에 후광 효과를 추가할 수 있습니다.

다양한 옵션을 시도해보세요. 이들 옵션은 뒤에서 자세히 설명합니다.

2.3.8 세그웨이: 컨트롤로 화면 전환(내비게이션)하기

내비게이션은 앱의 가장 기본 기능 중 하나입니다. 화면을 탐색하는 동작을 세그웨이segues라 부르기도 합니다.

과연 세그웨이가 무엇인지 궁금할 겁니다. 앱 개발에서 말하는 세그웨이란 부드럽게 뷰를 이동하는 것을 의미합니다. 첫 번째 노래가 끝나고 다음 노래로 이동할 때 세그웨이를 이용해 중간에 멈추거나, 노래가 뚝 끊기거나, 볼륨이 바뀌지 않고 부드럽게 이동할 수 있습니다.

많은 앱(제가 개발한 tTables을 포함)에서 버튼을 클릭하면 새로운 화면이나 뷰가 나타날 때 이 기능을 확인할 수 있습니다. 예를 들어 tTables에서 Let's Start 버튼을 클릭하면 메인 퀴즈 화면이 나타납니다. 이렇게 다른 화면이나 뷰로 부드럽게 전환하는 상황을 세그웨잉이라 합니다.

세그웨이는 다음처럼 아주 간단하게 구현할 수 있습니다.

1 세그웨이를 시작할 뷰에 버튼을 추가합니다.
2 두 개의 뷰가 없으면 객체 라이브러리에서 뷰컨트롤러를 찾아 빈 화면으로 드래그합니다(기존 뷰로 드래그하지 마세요).
3 첫 번째 뷰의 버튼에 오른쪽 마우스 버튼을 클릭한 다음 두 번째 뷰로 드래그합니다. 파란 석이 두 번째 뷰로 연결되는 것을 확인하고 드래그를 마칩니다. 세그웨잉을 구현하는 방법은 다양하지만 여기서는 가장 간단한 방식(모달modal)을 이용합니다.
4 마우스 버튼을 놓았을 때 나타나는 어두운 메뉴에서 모달을 선택하세요.

짜잔! 세그웨이를 구현했습니다. 두 번째 뷰에서 첫 번째 뷰로 돌아가는 세그웨이도 같은 방법으로 구현할 수 있습니다.

2.3.9 추가 도전 과제

조금 더 어려운 문제에 도전하고 싶은 독자분들은 Hello World! 앱을 만들었던 것처럼 다음 화면을 앱으로 직접 만들어보세요. 먼저 UI를 설계해야 하는데 여러분의 수고를 덜 수 있도록 UI는 제가 이미 설계했습니다. [그림 2-18]의 UI를 그대로 옮기세요.

NOTE_ 필요하다면 사파리, 크롬 같은 앱에서 사용했던 멀티터치 기능으로 스토리보드를 스크롤하거나 확대, 축소해보세요.

다음 단계로 진행하기 전에 주요 기능을 확인합니다.

- 첫 번째 뷰(Question)에 질문, 답변을 추가합니다.
- 사용자가 잘못된 답변을 선택하면 두 번째 뷰(Wrong Answer)를 보여줍니다.
- 사용자가 정답을 선택하면 세 번째 뷰(Correct Answer)를 보여줍니다.
- 정답은 누를 수 있는 버튼으로 구현합니다. 예를 들어 첫 화면의 Lunch & Dinner는 버튼으로 표시합니다. 각 결과 화면에는 Back 버튼이 있습니다.
- 첫 뷰의 질문과 결과 뷰의 결과(Wrong 또는 Correct)는 레이블로 구현합니다.

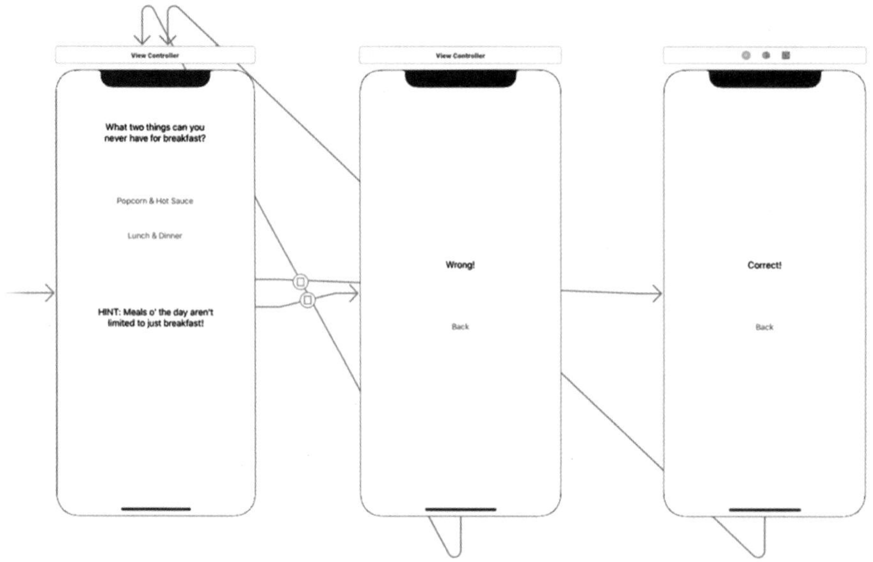

그림 2-18 세그웨이를 적용할 수 있도록 세 개의 화면 UI를 가진 앱

NOTE_ 모든 뷰에는 왼쪽에 화살표가 있습니다. 다른 뷰에서 연결되지 않은 화살표는 앱이 시작할 때 해당 뷰가 가장 먼저 나타난다는 의미입니다. 앱에 두 개 이상의 뷰가 있으면 이 화살표는 여러 뷰 간에 이동할 수 있는 경로를 나타냅니다.

이제 다음 과정을 따라 세그웨이를 만듭니다.

1 Question 뷰에서 Popcorn & Hot Sauce 버튼을 오른쪽 마우스 버튼으로 클릭한 다음 Wrong Answer 뷰로 드래그합니다.

2 회색 목록 팝업이 나타나면 Present Modally를 선택합니다.

3 Question 뷰의 Lunch & Dinner 버튼을 오른쪽 마우스 버튼으로 클릭한 다음 Correct Answer 뷰로 드래그합니다.

4 이번에도 목록에서 Present Modally를 선택합니다.

5 Wrong Answer 뷰에서 Back 버튼을 오른쪽 마우스 버튼으로 클릭한 다음 Question 뷰로 드래그하고 Present Modally를 선택합니다.

6 Correct Answer 뷰에서 Back 버튼을 오른쪽 마우스 버튼으로 클릭한 다음 Question 뷰로 드래그하고 Present Modally를 선택합니다.

완성했습니다! 앱을 실행하면 [그림 2-19]처럼 동작합니다.

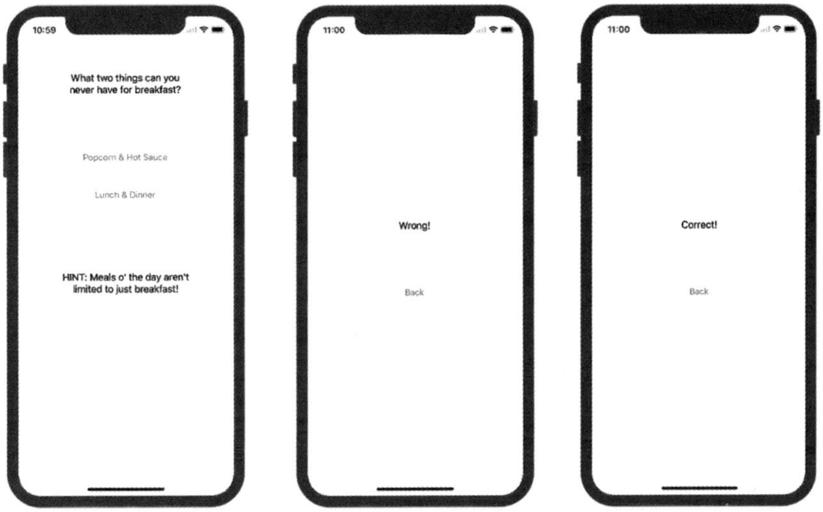

그림 2-19 세그웨이 기능 확인

2.4 좋은 UI 설계하기

이제 UI가 무엇인지 배웠으니 이번에는 좋은 UI를 가진 앱을 만들기 위한 모범 사례를 살펴봅니다.

- 레이블, 버튼, 텍스트 필드 등 컨트롤에 적당한 폰트 크기를 사용합니다. 사용자가 글자를 쉽게 읽을 수 있어야 하죠!
- 특별한 용도로 폰트를 사용하는 상황이 아니라면 되도록 시스템 폰트를 사용하는 것이 좋습니다.

- 일관적으로 색을 사용합니다. 예를 들어 각각의 버튼을 다른 색으로 바꾸지 마세요. 메모 앱이 좋은 예입니다. 메모 앱은 모든 버튼을 노란색으로 통일했습니다. 하지만 게임에서는 다양한 색으로 사용자를 매료시킬 수도 있으므로 이런 규칙을 무시할 수 있습니다(예를 들어 〈후르츠 닌자Fruit Ninja〉 게임).
- 화면 전체를 활용하세요! 너무 작은 영역에 많은 정보를 모으고 다른 곳을 빈 공간으로 남겨두지 마세요. 최신 아이폰은 더 큰 화면을 탑재하므로 컨트롤의 크기를 더 크게 보여줄 수 있습니다. 또한 한 개의 뷰에 더 많은 기능을 추가할 수 있습니다. 하지만 이 규칙은 언제나 반드시 지켜야 하는 것은 아닙니다. 때로는 한 곳에 사용자의 이목을 끌어야 하는 상황도 있습니다. 예를 들어 타이머 앱이라면 뷰의 가운데에 크게 남아있는 시간을 표시하고 나머진 비워둘 수 있습니다.
- 앱의 80 퍼센트 사용자가 필요로 하는 것을 제공합니다. 일부 사용자에게만 필요하거나 일반 사용자가 거의 사용하지 않을 기능을 구현하지 마세요.

> **TIP_** 앞의 내용 중 일부는 iOS 휴먼 인터페이스 가이드라인Human Interface Guidelines에서 가져왔습니다. 전체 문서는 맥이나 아이디바이스의 도서 앱에서 내려받을 수 있습니다.

이 다섯 가지 UI 설계 원칙을 참고하면 사용자가 즐겨 사용하는 앱을 만드는 데 도움이 됩니다.

잘했습니다! 두 번째 이정표를 완료하면서 여러분의 여정의 목표에 한 걸음 다가섰습니다. 3장에서는 컴퓨터의 두뇌에 데이터를 삽입하는 방법을 배웁니다.

2.5 직접 만들기

[그림 2-20]처럼 버튼, 레이블, 텍스트 필드를 포함하는 앱을 만드세요.

1 화면의 가운데 위쪽에 My First App!이라는 레이블을 추가합니다.

2 화면의 가운데에 Play iSockey!라는 레이블을 추가합니다.

3 Play iSockey! 아래에 The mixed game of Hockey and Soccer! 라는 레이블을 추가합니다.

4 흰색 폰트로 Swipe here to start!라는 문구를 가진 검은색 레이블을 화면 아래에 꽉 차게 추가합니다.

5 슬라이더처럼 보이도록 검은색 레이블에 하얀색 레이블(텍스트는 없음)을 추가합니다.

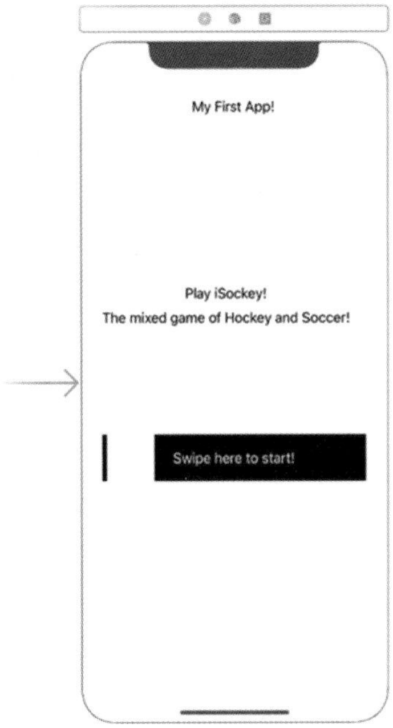
My First App!
Play iSockey!
The mixed game of Hockey and Soccer!
Swipe here to start!

그림 2-20 이 앱을 만들어보세요.

2.6 정리하기

이번 절에서는 여러분이 배운 지식을 시험합니다. 다음 질문에 답변하세요(2장에서 배운 내용을 다시 참고해도 좋습니다).

- 아이폰의 카메라를 사용하는 앱을 만들었습니다. 그런데 왜 시뮬레이터로는 카메라 기능을 테스트할 수 없을까요?
- iOS 휴먼 인터페이스 가이드라인의 목적은 무엇일까요?
- 이 책의 웹사이트에서 Bad App 예제를 내려받은 다음 좋은 UI 규칙을 적용해 이를 개선해보세요.
- UI란 무엇일까요?
- Attributes inspector는 어디있나요?

NOTE_ 깃허브에서 내려받은 Hello-Swift-Code-master 폴더 안의 Chapter02_BadAppEg 폴더에서 필요한 코드를 찾을 수 있습니다. 아직 코드를 내려받지 않았다면 https://github.com/tanmayb123/Hello-Swift-Code/archive/master.zip에서 코드를 내려받으세요. 한 번에 모든 장의 코드를 내려받을 수 있습니다.

03 변수를 사용한 첫 스위프트 코드

Chapter

이제 변수입니다! 변수를 살펴볼 차례예요. 변수가 무엇이며, 왜 필요한지 설명하고 프로그램에서 사용하는 방법을 배웁니다.

이 장의 학습 목표

- 프로그램에서 무언가를 기억하는 방법
- 어떤 형식의 데이터가 있으며 이들이 필요한 이유
- 한 데이터 형식을 다른 형식으로 바꾸는 방법
- 프로그램에서 계산하는 방법

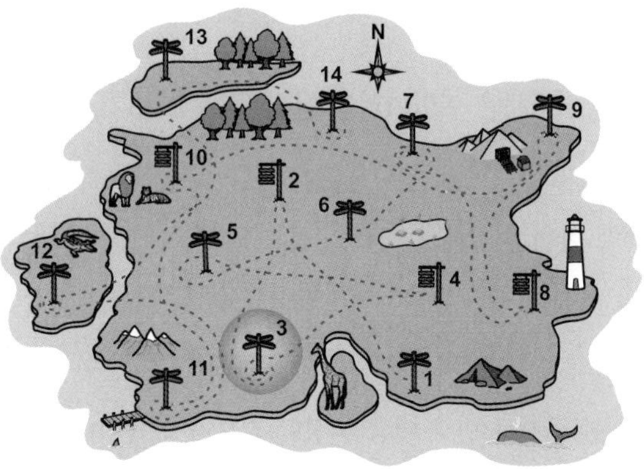

세 번째 여정에서는 변수를 사용한 첫 스위프트 코드를 구현합니다. 지금까지 여러분은 이 프로그래밍 세계가 그리 어렵지 않게 느껴졌을 것입니다. 스위프트 플레이그라운드에서 `print()` 함수로 화면에 단어를 출력했습니다. 플레이그라운드에서 한 두 행의 코드를 입력했습니다. 이제부터 배우는 내용은 조금 더 복잡하지만 더 흥미롭고 재미있습니다!

3장에서는 변수 사용방법과 앱에서 계산하는 방법을 배웁니다.

3.1 앱은 변수에 데이터를 저장해요

프로그래밍에서는 데이터를 저장해야 하는 상황이 종종 발생합니다. 예를 들어 50명의 친구의 이름, 이메일 주소, 핸드폰 번호를 모두 기억할 순 없으니 어딘가에 저장한다고 가정하세요. 이 정보를 저장하는 앱을 만들어 필요할 때 정보를 찾아볼 수 있습니다. 필요하면 이 데이터의 정보를 바꿀 수도 있어요(예를 들어 누군가 새 번호로 바꿈).

3.1.1 변수가 뭐예요?

다음 계산식을 살펴보세요.

```
x = 4
```

x의 값이 얼마냐 물으면 여러분은 아마 4라고 답할 겁니다. 여기서 x는 변수이며 4라는 값을 저장했습니다.

변수란 시간이 흐르면서 바뀌는 값을 가리키는 이름이라고 생각하세요. 하지만 x라는 이름 자체에는 큰 의미가 없습니다. x라는 의미가 무엇인지는 모르지만 x에 4가 저장되어 있다는 사실은 알고 있죠.

프로그래밍에서 x처럼 한 글자로 변수 이름을 정할 필요가 없습니다. 다음처럼 조금 더 서술적인 변수명을 사용할 수 있습니다. 다음 코드를 확인하세요.

```
numberOfPlayers = 4
```

여러분에게 몇 명의 플레이어가 있냐고 물으면 변수명을 확인하고는 아마 4명이라고 답할 것입니다. 하지만 이 정보를 변수로 저장하는 이유가 따로 있음을 짐작할 수 있을 것입니다.

?_ 앱은 왜 변수를 저장할까요?

이런 상황을 생각해보세요. 〈템플 런〉 같은 게임을 즐길 때 현재 점수를 변수에 저장해서 나중에 사용하거나 아니면 사용자에게 보여줄 수 있어요. 캐릭터가 죽기 전까지 점수는 계속 올라가죠.

3.1.2 실습!

이 절에서는 변수를 만들고 저장해봅니다.

NOTE_ 깃허브에서 내려받은 Hello-Swift-Code-master 폴더 안의 Chapter03_Ex1.playground 파일을 열면 필요한 코드를 찾을 수 있습니다. 아직 코드를 내려받지 않았다면 https://github.com/tanmayb123/Hello-Swift-Code/archive/master.zip에서 코드를 내려받으세요. 한 번에 모든 장의 코드를 내려받을 수 있습니다.

플레이그라운드를 열어 다음을 입력하세요.

```
var playerAge = 13
```

playerAge 변수를 만들고 13이라는 값을 저장했습니다.

언제든 변수에 저장된 값을 확인할 수 있습니다. 1장에서 배운 print() 함수로 변수의 값을 출력할 수 있습니다.

다음을 실행해보세요.

```
print(playerAge)
```

플레이그라운드의 오른쪽에 코드의 결과가 출력되는 것을 확인할 수 있습니다. 즉 playAge 변수에 저장된 값을 확인할 수 있죠.

더 쉬운 방법도 있습니다. 플레이그라운드에 변수명을 입력하면 스위프트가 Xcode 윈도우에 값을 출력합니다.

3.1.3 앱은 어떻게 변수를 사용하고 저장하나요?

앱에 정보를 저장할 수 있도록 변수를 선언합니다. 아이디바이스는 변수명을 이용해 중요한 데이터를 저장할 메모리를 확보합니다. 변수를 저장하는 이유는 물론 나중에 다시 사용해야 하기 때문입니다. [그림 3-1]을 예로 살펴보세요.

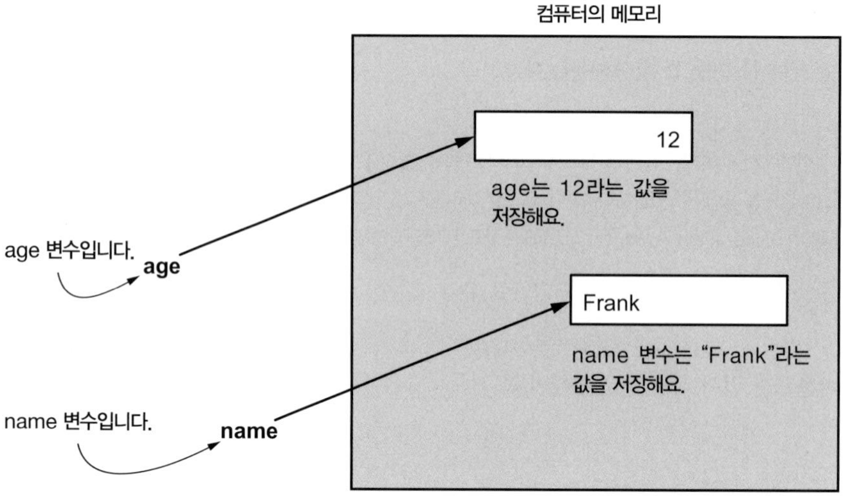
컴퓨터의 메모리
12
age는 12라는 값을
저장해요.
age 변수입니다.
age
Frank
name 변수는 "Frank"라는
값을 저장해요.
name 변수입니다.
name

그림 3-1 컴퓨터 메모리에 저장된 두 변수. age 변수가 가리키는 메모리에는 12라는 값이 저장되어 있고 name이 변수가 가리키는 메모리에는 'Frank'라는 값이 저장되어 있습니다.

TIP_ 변수는 유용한 도구입니다. 변수는 데이터를 저장할 수 있는 컴퓨터의 두뇌와 같습니다. 변수에는 이름, 주소, 성적, 나이, 비용 등 다양한 정보를 저장할 수 있습니다. 변수를 활용하면 어떤 값이 어떻게 바뀌는지 추적할 수 있습니다. age가 가리키는 메모리에 저장된 데이터의 값을 바꾸는 코드를 구현할 수 있습니다.

?_ 잠깐만요. 변수에 숫자를 저장할 수 있다고 생각했는데 이름도 저장할 수 있나요?

변수에는 정수, 텍스트, 실수 등 다양한 종류의 정보를 저장할 수 있어요. 잠시 뒤에서 변수로 저장할 수 있는 다양한 데이터 형식을 살펴봅니다.

3.1.4 변수의 종류?

변수에 숫자 이외의 정보도 저장할 수 있다는 사실을 배웠습니다. 앞으로 여러분은 다양한 종류의 데이터를 저장할 것입니다. 프로그래밍에서는 저장하려는 데이터의 종류를 알아야 합니다.

예를 들어 학생의 성적을 저장하려면 `Integer`라는 데이터 형식으로 저장합니다(학생의 성적은 1에서 12중 하나라고 가정). 학생의 이름은 `String`(문자열을 가리킴)이라는 형식으로 저장합니다. Double을 이용해 피자 가격 같은 실수를 저장합니다.

[표 3-1]은 여러분이 스위프트에서 가장 자주 사용하는 변수 형식을 나열했습니다. 책의 뒷부분으로 갈수록 더 많은 변수 형식이 등장합니다.

표 3-1 스위프트의 변수 형식

형식	스위프트명	사용 방법
정수	`Int`	12, 99, 200, 100000, -32, 0 같은 정수를 저장함
더블	`Double`	12.54, 8.23, -2.68, 89.99, 3.14159 같은 소수점 값을 저장함
불리언	`Bool`	true, false 같은 참, 거짓 값을 저장함
문자열	`String`	"yellow", "Today is Monday" 같은 텍스트를 저장함

왜 값의 데이터의 형식을 알아야 하는지 의아해할 수 있습니다. 이유는 많지만, 예를 들어 여러분의 숫자(정수나 더블)를 갖고 있다면 수학 연산을 할 수 있지만 텍스트로는 수학 연산을 할 수 없다는 점입니다. 때로는 숫자를 저장한 변수로 덧셈, 뺄셈, 곱셈, 나눗셈 등의 수학 연산을 수행해야 합니다.

하지만 이 때 텍스트를 저장한 변수가 있다면 이에 수학 연산을 적용할 수 없습니다. 스위프트는 "four"와 4를 전혀 다르게 취급하기 때문입니다!

Quiz_ 쪽지 시험

각각은 어떤 형식의 변수인가?

1 게임을 즐기고 있는 아이들의 수

2 나무의 높이

3 벌집에 있는 벌의 수

4 누군가의 성

정답 : 1. Int, 2. Double, 3. Int, 4. String

3.1.5 변수를 만드는 방법

우선 변수명을 정합니다.

수학과 달리 특별한 상황이 아닌 이상 변수명으로 x, y 등을 사용하지 않습니다. 조금 더 긴 이름을 사용할 수 있지만 변수명에도 규칙이 있습니다.

스위프트는 변수명에 다양한 기능과 유연성을 제공합니다. 하지만 변수명은 오직 영문자나 언더스코어 문자로 시작할 수 있으며 공백이나 특별 문자(%, $, &, *, ^)는 포함할 수 없습니다.

[표 3-2]는 사용할 수 있는 몇 가지 변수명과 사용할 수 없는 변수명을 보여줍니다.

표 3-2 사용할 수 있는 변수명과 사용할 수 없는 변수명

사용 가능	사용 불가	이유
`ageOfUser`	`User'sAge`	아포스트로피는 특수 문자임
`nameOfUser`	`User Name`	공백은 포함할 수 없음
`numberOfLikesOnPost`	`Number-Of-Likes-On-Post`	줄표(–)는 특수 문자임
`_fileName`	`Name of File`	공백은 포함할 수 없음
`Fifth_File`	`5thFile`	숫자로 시작할 수 없음
`_import`	`import`	'import'는 예약어임. 프로그래밍 언어에서 특수한 용도를 가짐(예를 들어 'import UIKit'). 스위프트 입장에서는 예약어인지 변수명인지 구별할 수 없으므로 예약어는 변수명으로 사용할 수 없음

다음은 스위프트의 예약어 목록입니다.

- class
- import
- struct
- func
- IBOutlet

3.1.6 실습!

플레이그라운드로 다양한 형식의 변수를 만들고 다음처럼 `print()`로 데이터를 확인하세요.

```
var playerName = "Anne"
print(playerName)
```

TIP_ 큰따옴표로 문자열을 만듭니다.

?_ 반드시 규칙을 지켜야 하나요? 그렇지 않으면 어떻게 되죠?

간단합니다. 코드가 동작하지 않죠. 다행히 여러분이 실수하면 Xcode가 에러를 알려 주니까 바로 고칠 수 있습니다. Xcode는 변수명이 잘못되었다고 알려 주진 않지만 [그림 3-2]처럼 에러 메시지를 보여줍니다.

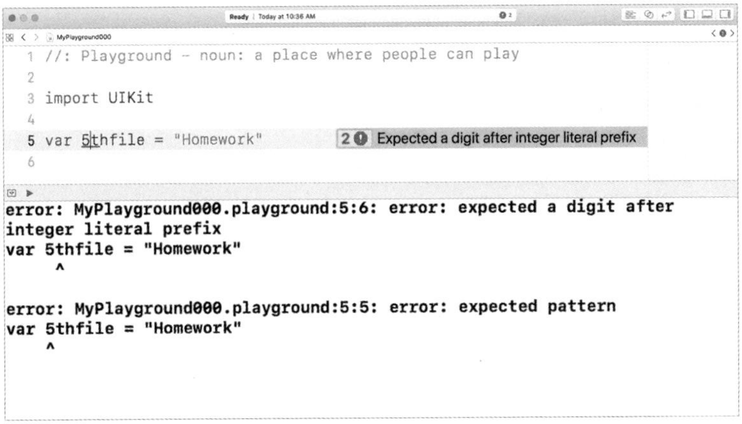

그림 3-2 플레이그라운드가 변수명 규칙에 문제가 있음을 알려준다.

3.2 변수 선언하고 값 바꾸기

이미 플레이그라운드로 변수를 선언해봤습니다. 이번 절에서는 변수를 만든다는 것이 어떤 의미인지 조금 더 자세히 살펴봅니다. 변수를 만든 다음 저장된 값을 바꾸는 방법도 배웁니다.

3.2.1 변수 선언

프로그래밍에서는 **선언**을 통해 변수를 만듭니다.

다음처럼 정숫값 23을 갖는 `someonesAge` 변수를 선언(만들기)할 수 있습니다.

```
var someonesAge: Int = 23
// 또는
var myAge = 11
```

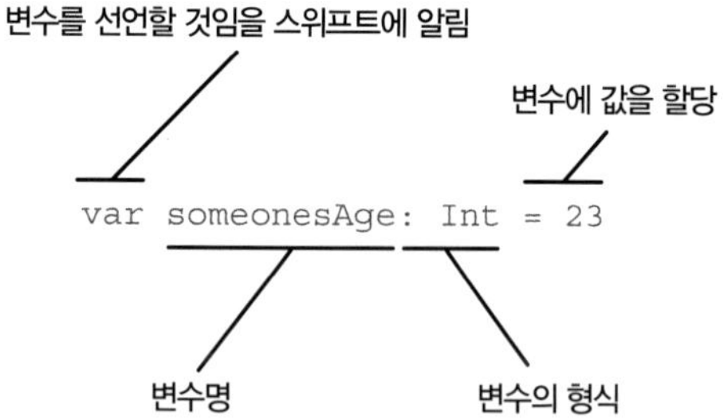

다음처럼 `String` 형식의 변수를 선언할 수 있습니다.

```
var someonesName: String = "Johnny"
// 또는
var name = "Julie"
```

> **?_ //는 무슨 표시일까요?**
>
> 코드에서 // 다음은 주석을 가리킵니다. // 뒤에는 어떤 문자든 기록할 수 있습니다. 스위프트는 이를 무시하며 코드로 취급하지 않습니다(반면 주석으로 처리하지 않으면 컴파일 에러가 발생하죠). 저는 이 책의 예제 코드에 주석을 추가했는데, 꼭 필요한 상황이 아니면 여러분은 주석을 따라 입력할 필요 없습니다. 주석은 특정 행이나 다음 행이 무엇을 수행하는지 설명합니다.

첫 번째 변수 선언은 `Int` 형식이며 숫자 23을 저장하라는 의미입니다. 반면 두 번째는 스위프트가 알아서 변수 형식을 결정합니다. 스위프트는 자동으로 변수의 형식을 `Int`로 설정합니다. 변수의 형식을 꼭 선언할 필요는 없지만 명시적으로 스위프트에 알려 주면 조금 더 안전하게 변수를 사용할 수 있습니다.

때로는 변수를 선언했지만 값이 준비되지 않은 상황이 발생합니다. 예를 들어 변수를 선언했지만 여기에 앱 사용자의 나이를 저장해야 하므로 아직 값을 저장할 수 없습니다. 이런 상황에선 어떻게 할까요? 이럴 때는 값이 없는 상태로 변수를 만들 수 있습니다. 다음을 확인하세요.

```
var someonesAge: Int!
// 하지만, 다음 행은 동작하지 않습니다.
var someonesAge
// 스위프트가 변수의 종류를 알 수 없기 때문이 이 행은 에러입니다.
```

이 변수에 초깃값을 지정하지 않을 것이라는 사실을 스위프트에 알려야 하므로 느낌표를 `Int` 뒤에 추가합니다. 이 변수는 `Optional`이라는 특별한 형식의 변수입니다.

Quiz_ 쪽지 시험

각 행의 코드에 알맞은 설명을 선택하세요.

1 `var someonesAge: Int = 10`

2 `var someonesGrade: Int!`

3 `someonesAge = 11`

4 `someonesGrade = 6`

A 값이 없었던 변수에 값이 할당됨
B 변수의 값이 다른 값으로 바뀜
C `Int` 형식으로 선언된 변수에 값을 할당함
D `Int` 형식으로 선언된 변수에 값을 할당하지 않음

이 퀴즈에서는 age, grade를 다른 방법으로 선언했다. 변수에 이미 값이 있으면 다른 값으로 바꿀 수 있다. 변수에 값이 없어도 변수의 값을 바꿀 수 있다.

정답 : 1. C, 2. D, 3. B, 4. A

3.2.2 변수의 값 바꾸기

변수에서 가장 중요한 작업 중 하나는 변수에 저장된 값을 바꾸는 일입니다. 주인공이 레벨업

을 할 수 있는 게임을 만들었다고 생각해보세요. 사용자가 게임을 처음 실행하면 레벨은 1로 시작합니다.

```
playerLevel = 1
```

레벨이 2로 올라가면 다음처럼 값을 바꿔줍니다.

```
playerLevel = 2
```

이 절에서는 age를 저장하고 갱신하는 방법을 배웁니다.

3.2.3 실습! 데이터 관찰

NOTE_ 깃허브에서 내려받은 Hello-Swift-Code-master 폴더 안의 Chapter03_Ex2.playground 파일을 열면 필요한 코드를 찾을 수 있습니다. 아직 코드를 내려받지 않았다면 https://github.com/tanmayb123/Hello-Swift-Code/archive/master.zip에서 코드를 내려받으세요. 한 번에 모든 장의 코드를 내려받을 수 있습니다.

Amy의 나이와 성적을 표시합니다(학년은 나중에 살펴볼 거에요).

데이터 관찰spying이란 아이디바이스나 시뮬레이터로 앱을 실행하는 동안에 변수에 저장된 데이터를 확인하는 동작을 의미합니다(이 예제에서는 앱 대신 플레이그라운드를 사용합니다).

하지만 아직은 앱을 만들지 않습니다. 전체 앱을 만들기 전에 코드를 변수를 만들고 사용하는 방법을 배워야 하므로 우선 플레이그라운드를 사용합니다. 다음을 출력하도록 플레이그라운드에 코드를 구현합니다.

```
Amy is 10 years old!
She is in grade 5!
1 year later...
Amy is now 11 years old!
She is in grade 6!
```

[예제 3-1]의 코드를 플레이그라운드에 입력하세요.

예제 3-1 데이터 관찰

```
var herAge = 10                                   ← ❶ herAge 변수를 선언하고 값 10을 할당
var herGrade = 5                                  ← ❷ herGrade 변수를 선언하고 값 5를 할당

print("Amy is \(herAge) years old!")              ← ❸ Amy의 age와 텍스트를 출력함
                                                       역슬레시의 의미는 곧 배울 것임
print("She is in grade \(herGrade)!")             ← ❹ Amy의 grade와 텍스트를 출력

print("1 year later...")                          ← ❺ 큰따옴표로 텍스트를 제공

herAge = 11                                       ← ❻ herAge를 11로 설정
herGrade = 6                                      ← ❼ herGrade를 6으로 설정
print("Amy is now \(herAge) years old!")          ← ❽ Amy의 새로운 나이와 텍스트를 출력
print("She is in grade \(herGrade)!")             ← ❾ Amy의 새 학년과 텍스트를 출력
```

TIP_ 출력이 너무 길어 화면에 전체 결과가 나오지 않을 수 있습니다. 이럴 경우 다음을 시도하세요. Shift, 커맨드 키를 동시에 누른 상태에서 Y 키를 누르세요. 팁 안의 팁. 이 키 조합을 한번 더 누르면 아래 콘솔 로그 창이 다시 사라집니다.

그러면 플레이그라운드가 수평(위, 아래)으로 분리되며 [그림 3-3]처럼 플레이그라운드 아래 창에서 출력을 확인할 수 있습니다.

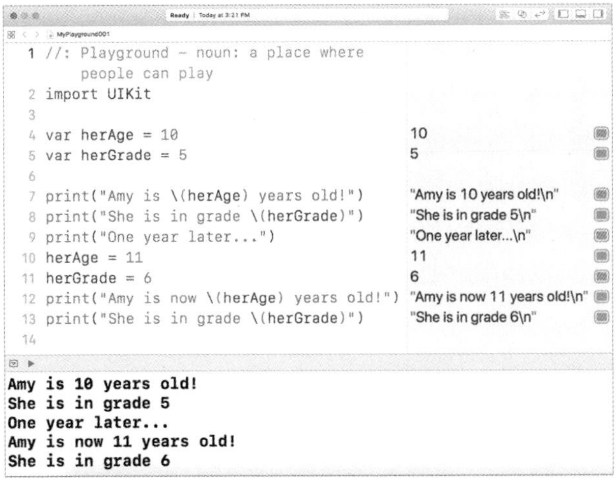

그림 3-3 플레이그라운드에 예제 3-1을 입력한 모습

3.2.4 \와 ()로 텍스트 출력 형식 설정

위 예제 코드에서는 \, "", ()를 사용해 출력 형식을 설정(포맷format)했습니다. 코드도 복잡해 보이고 왜 이렇게 출력 형식을 설정해야 하는지 궁금할 것입니다. 이를 이용해 변수의 값을 문자열에 추가할 수 있습니다. "\()"를 사용하지 않고 string1+string2를 입력하면 스위프트는 string1+string2라는 문자열을 그대로 출력합니다. 정수에도 같은 규칙이 적용됩니다. "\()"를 사용하지 말고 다음 코드를 입력해보세요.

```
var string1 = "102"
var string2 = "3"
print("my output is 102+3=string1+string2")
```

다음이 출력됩니다.

```
my output is 102+3=string1+string2
```

하지만 이는 우리가 원했던 출력 결과가 아닙니다. "\()"안의 코드를 다시 한번 살펴보세요.

```
var string1 = "102"
var string2 = "3"
print("my output is 102+3=\(string1+string2)")
```

다음이 출력됩니다.

```
my output is 102+3=1023
```

[그림 3-4]는 플레이그라운드에 코드를 입력한 모습입니다.

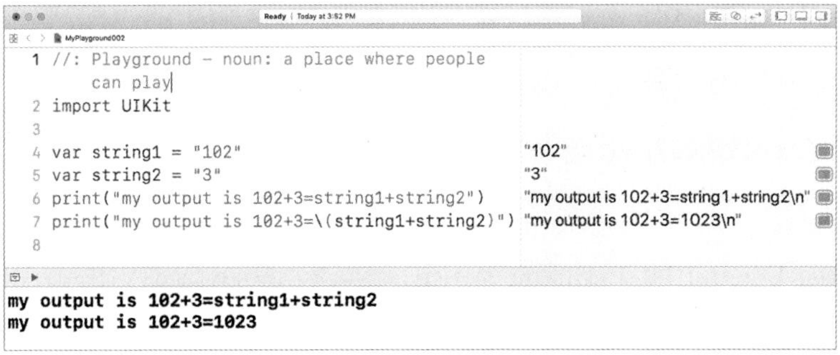

그림 3-4 \와 ()로 텍스트 출력의 형식을 설정하지 않으면 스위프트는 변수의 값을 출력하지 않습니다.

드디어 변수를 선언하고 값을 바꾸는 방법과 \()를 `print()`에 사용해 변수의 값을 출력하는 방법을 살펴봤습니다. 만약 앞의 코드가 105를 출력할 것이라 예상했다면 105가 출력되지 않은 이유를 다음 절에서 더 자세히 알 수 있습니다.

Quiz_ 쪽지 시험

다음 변수를 확인하세요.

```
var number1: Int = 1
var number2: String = "1"
var thing1: String = "Robot"
var thing2: String = "Sponge"
```

다음처럼 `print()`로 각 변수를 이용한 출력 결과를 맞혀보세요. 먼저 값을 예상해보고 난 다음 플레이그라운드로 값을 직접 확인해보세요(힌트: 모든 코드가 동작한다는 보장은 없습니다).

```
print(number1 + number1)
print("\(thing1 + thing2)")
print("\(thing1 + number1)")
print(thing1 + number1)
print(thing2 + thing1)
print(thing2 + number1)
print("(thing1 + number1)")
```

쪽지 시험의 결론은 무엇입니까? 메모해 두세요.

3.3 데이터 변형

〈트랜스포머Transformer〉에 나오는 멋진 변형 로봇을 얘기하는 것이 아닙니다. 이 절에서는 데이터를 변형하는 방법과 데이터를 변형하는 이유를 배웁니다.

변수가 저장한 값을 바꿀 수 있다는 사실은 이미 배웠습니다. 하지만 때로는 다른 방식으로 데이터를 바꿔야 할 때가 있습니다. 우선 데이터를 덧붙이는concatenation 방법을 배웁니다. 그리고 데이터를 다른 데이터 형식으로 변환하는 방법을 배웁니다.

3.3.1 데이터 덧붙이기

데이터를 변환해야 하는 이유를 설명하려면 먼저 데이터 덧붙이기를 살펴봐야 합니다. 데이터 덧붙이기란 두 개 이상의 문자열을 서로 연결하는 기능을 가리킵니다. 예를 "Spongebob"와 "Squarepants"를 연결하면 "SpongebobSquarepants"이 됩니다. 문자열 변수를 이용하면 데이터 덧붙이기 기능을 이용할 수 있습니다. 하지만 만약 숫자를 값으로 포함하는 두 문자열 변수를 이렇게 덧붙인다면 어떤 일이 벌어질까요?

1 더하기 1은 11 이라는 농담을 들어본 적이 있습니다. 프로그래밍에서는 이런 일이 정말 일어납니다. 문자열은 텍스트(문자, 기호, 숫자 등)를 저장하기 때문입니다. "1"이라는 값을 저장한 문자열을 다른 문자열 "1"과 더하면 결과는 "11"이 됩니다. 문자열을 연결할 때는 더하기 기호를 사용합니다.

```
var first: String = "ro"
var second: String = "bot"
print(first + second)
```

다음이 출력됩니다.

```
robot
```

3.3.2 실습!

데이터를 직접 연결해보세요. 플레이그라운드에 다음을 입력합니다.

```
var first: String = "home"
var second: String = "work"
print (first + second)
```

그러면 homework이 출력됩니다.

3.3.3 규칙을 시험해보세요

다음은 몇 가지 문자열 덧붙이기 규칙입니다. 현재 플레이그라운드에 있는 코드를 이용해 문자열을 바꾸어 출력하면서 이들 규칙을 시험하세요.

- 문자열에서는 + 연산자가 두 문자열을 연결하지만 정수에서는 두 정수를 더합니다. "2", "3"을 문자열로 더했을 때와 정수로 더했을 때를 비교하세요.
- 스위프트에서는 `-`, `*`, `/`를 문자열에 사용할 수 없습니다(정수는 사용할 수 있어요). `"icecream"`에서 `"ice"`를 빼는 연산을 수행하면 어떻게 될까요?
- 문자열은 다른 문자열과만 연결할 수 있으며 숫자와 문자를 연결할 수 없습니다. 2를 `"dogs"`와 연결해보세요.

3.3.4 데이터 변환

NOTE_ 깃허브에서 내려받은 `Hello-Swift-Code-master` 폴더 안의 `Chapter03_Ex2.playground` 파일을 열면 필요한 코드를 찾을 수 있습니다. 아직 코드를 내려받지 않았다면 `https://github.com/tanmayb123/Hello-Swift-Code/archive/master.zip`에서 코드를 내려받으세요. 한 번에 모든 장의 코드를 내려받을 수 있습니다.

문자열 형식의 데이터를 갖고 있다가 이를 정수로 변환해야 하는 상황이 생길 수 있습니다.

사용자가 두 숫자를 입력하면 이를 더하는 앱을 만들었다고 가정합니다. 앱은 사용자로부터 문자열 형식으로 숫자를 입력 받습니다(기본 동작임). 따라서 사용자가 입력한 문자열을 정수나 실수로 변환해야 두 수를 더할 수 있습니다.

다음은 데이터를 변환하는 또 다른 예제입니다. 스위프트에서 문자값을 더하면 이를 데이터 덧붙이기로 간주(즉 "2" + "18" = "218")하므로 제대로 덧셈을 계산할 수 없습니다. 다음은 지금까지 살펴본 몇 가지 데이터 형식을 변환하는 예입니다.

- String을 Double이나 Int로

  예: String "42"를 Int 42로, String "3.50"을 Double 3.50으로

- Int를 Double이나 String으로

  예: Int 2015를 Double 2015.0 또는 Int 2015를 "2015"로

- Double을 Int나 String으로

  예: Double 3.14를 Int 3 또는 Double 3.14를 String "3.14"로

이번에는 두 문자열을 두 정수로 변환하는 코드를 살펴봅니다. 이 코드에서는 새로운 코드를 사용하는 데 이는 잠시 뒤에 설명합니다. [예제 3-2] 코드가 어떻게 동작하는지 살펴보세요.

예제 3-2 문자열을 정수로 변환

```
var string1: String = "12"           ← ❶ "12"와 "34"라는 값을 가진 문자열 생성
var string2: String = "34"

print("\(string1 + string2)")        ← ❷ 두 개의 문자열 값을 연결한 결과 출력

var int1: Int = Int(string1)!        ← ❸ String을 Int 형식으로 변환한 int1, int2 두 정수를 출력
var int2: Int = Int(string2)!

print("\(int1 + int2)")              ← ❹ 두 정수를 더한 결과 출력
```

?_ 또 어떤 형식을 어떤 형식으로 변환할 수 있나요? 변환할 수 없는 형식도 있을까요?

데이터 변환은 아직 자세히 살펴보지 않습니다. 다만 데이터 형식을 변환할 때는 이치에 맞아야 합니다. 예를 들어 실수를 정수로 바꿀 수 있지만 대신 스위프트가 소수점 부분을 잘라냅니다. 또한 변수 형식에 따라 메모리 크기가 다르므로 이에 따른 문제도 발생할 수 있습니다. 예를 들어 3.14를 Int로 변환하면 소수점 이해 .14 부분이 사라집니다.

[그림 3-5]는 플레이그라운드에 이 코드를 입력한 결과입니다.

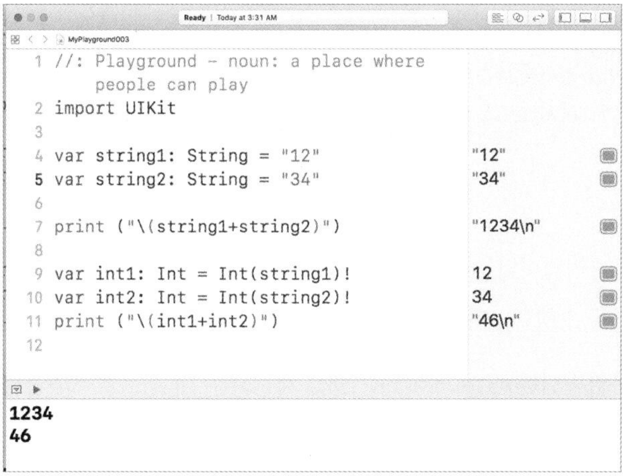

그림 3-5 플레이그라운드에서 문자열을 정수로 변환한 모습

?_ "Fred" 같은 문자열을 정수로 바꾸려 시도하면 어떻게 될까요?

간단해요. 앱이 크래시됩니다("Fred"는 숫자가 아니므로 정수로 변환할 수 없기 때문이죠). 문자를 정수로 변환하려면 문자는 숫자(예를 들어 "123", "-256", "23.41" 등)만 포함해야 합니다.

3.4 수학 연산 극장

이 절에서는 스위프트로 수학 연산을 수행하는 방법을 배웁니다(죄송합니다. 수학을 싫어하는 독자도 있겠지만 어쩔 수 없어요).

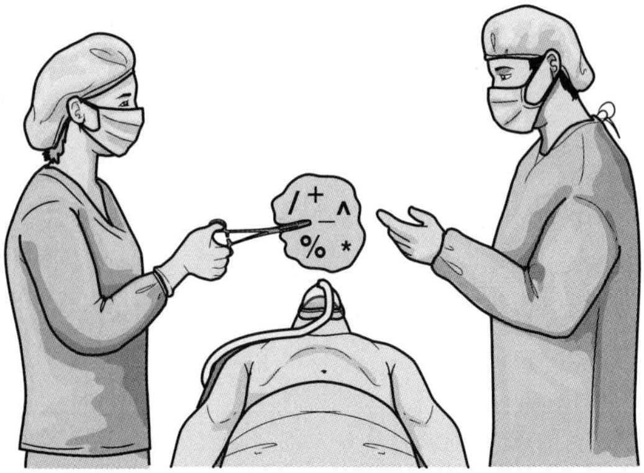

3.4.1 연산이란 무엇인가요?

NOTE_ 깃허브에서 내려받은 Hello-Swift-Code-master 폴더 안의 Chapter03_Ex2.playground 파일을 열면 필요한 코드를 찾을 수 있습니다. 아직 코드를 내려받지 않았다면 https://github.com/tanmayb123/Hello-Swift-Code/archive/master.zip에서 코드를 내려받으세요. 한 번에 모든 장의 코드를 내려받을 수 있습니다.

여기서 연산자는 +, -, *, / 등을 가리킵니다. *는 곱셈, /는 나눗셈을 의미합니다. 5 + 2 = 7처럼 숫자에 연산자를 이용해 연산을 수행합니다.

숫자나 변수에 연산자를 사용할 수 있습니다. 5 + 2로 7을 직접 계산하는 대신 프로그래밍으로 필요한 연산을 논리적으로 구현할 수 있습니다.

[그림 3-6]은 플레이그라운드에 연산을 구현하고 결과를 확인하는 모습입니다.

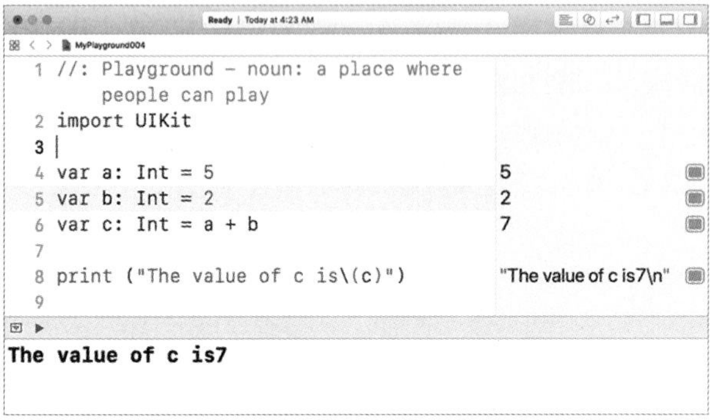

그림 3-6 플레이그라운드에서 숫자 계산하기

코드는 이렇게 동작합니다.

```
var a: Int = 5                          ← ❶ Int 형식의 변수 a를 선언하고 5를 할당
var b: Int = 2                          ← ❷ Int 형식의 변수 b를 선언하고 2를 할당
var c: Int = a + b                      ← ❸ Int 형식의 변수 c를 선언하고 a와 b의 합 7을 할당
print("The value of c is \(c)")         ← ❹ 마지막으로 c의 값 즉 7을 출력
```

변수 c를 확인해보면 5 + 2의 결과인 7을 갖고 있음을 알 수 있습니다.

스위프트는 더 다양한 연산자를 제공하는 데 다음 절에서는 그중에서 가장 흔히 사용되는 연산자를 소개합니다.

3.4.2 스위프트로 기본 수학 연산 수행하기(+, −, *, /)

이 절에서는 스위프트로 기본 수학 연산을 수행하는 방법을 배웁니다. 플레이그라운드로 몇 가지 수학 연산을 수행하면서 얼마나 쉽게 이를 사용할 수 있는지 확인합니다. 정수와 실수로 덧셈, 뺄셈, 곱셈, 나눗셈을 연산합니다.

먼저 결과는 보지 말고 [그림 3−7]의 코드만 살펴보세요. 결과를 예측해보세요.

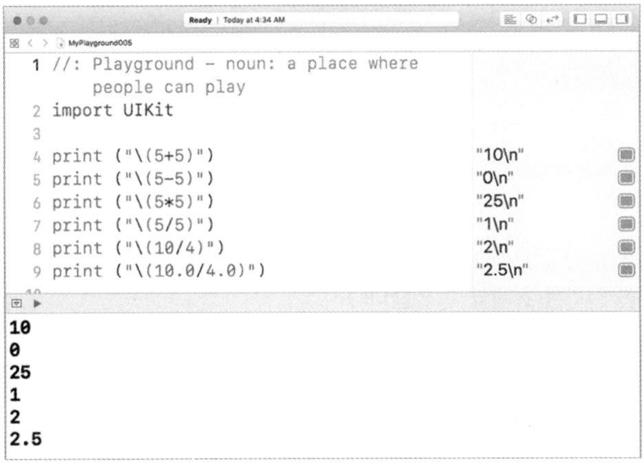

그림 3-7 플레이그라운드에서 수학 연산을 수행하는 모습

각 행은 다음과 같은 작업을 수행합니다. 결과를 올바로 예측했나요?

```
print("\(5 + 5)")          ← ❶ 더하기, 10 출력
print("\(5 - 5)")          ← ❷ 빼기, 0 출력
print("\(5 * 5)")          ← ❸ 곱하기, 25 출력
print("\(5 / 5)")          ← ❹ 나누기, 1 출력
print("\(10 / 4)")         ← ❺ Int를 Int로 나누기, 2 출력(Int 형식의 결과)
print("\(10.0 / 4.0)")     ← ❻ Double을 Double로 나누기, 2.5 출력(Double 형식의 결과)
```

+, -, *, /를 사용하려면 두 개의 숫자가 필요하므로 **바이너리** 연산자라 부릅니다. 연산자에 사용하는 숫자는 피연산자라 합니다.

스위프트로 기본 연산을 수행하는 방법을 배웠습니다. 참 쉽죠?

3.4.3 print() 함수에서 수학 계산하기

print() 함수에서만 수학을 계산할 수 있나요? 그렇지 않습니다. 다양한 코드에서 수학을 계산할 수 있습니다. 예를 들어 수학 계산 결과를 변수에 할당할 수 있습니다.

```
var myAnswer1: Double = 153 * 3
var myAnswer2: Double = myAnswer1 / 2
```

왜 이 예제는 Double을 사용하나요?

NOTE_ 조심하세요! 때로 예기치 못한 결과를 초래할 수 있습니다

15를 2로 나눈 결과를 생각해 보세요. 코드로는 다음처럼 표현합니다.

```
print("\(15 / 2)")
```

15 / 2는 7.5가 아니라 7입니다. 이유가 무엇일까요?
15와 2 둘 다 정수기 때문이 결과도 정수 7입니다. 스위프트에서 정수를 정수로 나누면 결과도 정수로 돌려줍니다. 스위프트에서는 반올림도 하지 않고 소수점을 그냥 잘라냅니다. 소수점 이하의 정확한 결과를 얻으려면 모든 변수 형식을 올바로 지정해야 합니다.

요점을 정리하면, 모든 연산은 숫자, 기호, 숫자 순으로 나열해 결과를 얻습니다. 조금 더 고급 연산에서는 이 순서를 적용하지 않습니다. 더 제세한 사항은 다음 절에서 확인하세요.

3.4.4 스위프트 고급 수학 연산(제곱근, 지수, 모듈로)

제곱근, 지수, 모듈로가 어떤 연산인지 기억하나요? [테이블 3-3]을 살펴보세요.

표 3-3 스위프트의 고급 수학 연산

수학 연산과 사용 방법	설명	스위프트 코드
제곱근 5X5 = 25 이므로 √25 = 5 4X4 = 16 이므로 √16 = 4	어떤 수를 제곱했을 때의 값은 제곱한 수의 제곱근과 같다.	`sqrt(25.0)` `sqrt(16.0)`
지수 5X5X5=125 이므로 53 = 125 2X2X2X2=16이므로 24 = 16	어떤 수를 몇 번 곱했는가?	`pow(5.0, 3.0)` `pow(2.0, 4.0)`
모듈로 25 / 4의 나머지는 1이므로 25 mod 4 = 1 15 / 3의 나머지는 0이므로 15 mod 3 = 0	나눗셈의 나머지 문제.	`25 % 4` `15 % 3`

3.4.5 실습!

플레이그라운드로 다음을 실행하세요.

```
print("Square root of 9 is: \(sqrt(9.0))")              ← ❶ 9의 제곱근 3.0 출력
print("3 to the power of 3 is: \(pow(3.0, 3.0))")       ← ❷ 3의 지수 3은 27.0 출력
print("Without the decimal, 7 / 2 is: \(7 / 2)")        ← ❸ 정수 7 / 2의 결과 3 출력
print("The remainder being: \(7 % 2)")                  ← ❹ 나머지 1 출력
print("With the decimal, 7.0 / 2.0 is: \(7.0 / 2.0)")   ← ❺ 실수 7.0 / 2.0의 결과 3.5 출력
```

첫 번째 예제는 9의 제곱근 3을 출력합니다. 두 번째 예제는 3의 지수 3인 27을 출력합니다. 세 번째 예제는 7을 2로 나눈 결과입니다. 다음 예제는 모듈로라 불리는 % 연산자로 7을 2로 나눈 나머지를 구합니다. 7을 2로 나눈 나머지는 1입니다. 마지막으로 `7.0`을 `2.0`으로 나눈 나머지는 `3.5`입니다. 스위프트에서 `Double`을 `Double`로 나누면 결과도 `Double`이 되므로 결과는 `3.5`입니다.

3.4.6 플레이그라운드로 고급 수학 연습하기

NOTE_ 깃허브에서 내려받은 Hello-Swift-Code-master 폴더 안의 Chapter03_Ex6.playground 파일을 열면 필요한 코드를 찾을 수 있습니다. 아직 코드를 내려받지 않았다면 https://github.com/tanmayb123/Hello-Swift-Code/archive/master.zip에서 코드를 내려받으세요. 한 번에 모든 장의 코드를 내려받을 수 있습니다.

플레이그라운드로 다음 연산을 시도해보세요. 일부 연산은 곧 만들 앱에서 사용합니다.

새 플레이그라운드를 열고 다음 코드를 입력하세요.

```
var squareRootOf9 = sqrt(9.0)
var power5to3 = pow(5.0, 3.0)
print("5 + 5 = \(5 + 5)")
print("5 - 5 = \(5 - 5)")
print("5 × 5 = \(5 * 5)")
print("5 / 5 = \(5 / 5)")
print("SQUARE ROOT of 9 = \(squareRootOf9)")
print("5 to the POWER of 3 = \(power5to3)")
print("5 MODULUS 3 = \(5 % 3)")
```

[그림 3-8]처럼 결과를 확인할 수 있습니다.

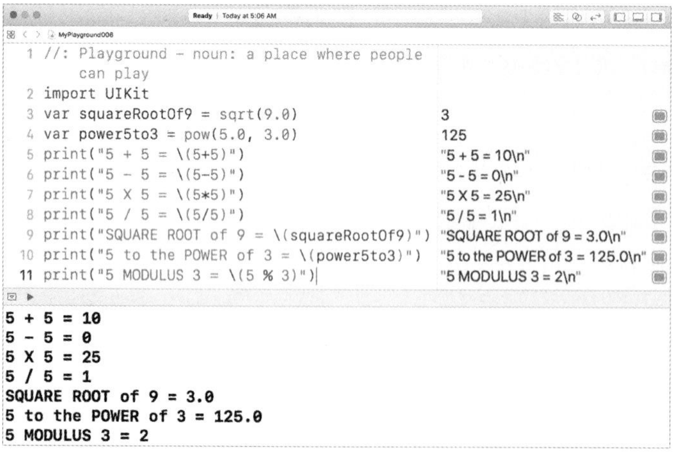

그림 3-8 플레이그라운드로 고급 수학 연산하기

3장에서는 변수와 수학 연산을 배우면서 세 번째 이정표를 마쳤습니다. 이제 플레이그라운드를 벗어나 앱을 코딩할 시간이 왔습니다.

3.5 정리하기

다음 문제를 풀어보세요.

1 변수는 무엇인가요?

2 두 문자열을 연결하는 것을 무엇이라 부르나요?

3 왜 변수를 변수라 부를까요?

4 데이터 변환은 무엇을 의미하나요?

5 왜 데이터를 변환해야 할까요?

6 다음 데이터를 저장하는 변수를 선언하는 코드를 구현하세요.

```
"That pizza was so good!"
17
2.23
"15.49"
```

7 다음 코드의 결과는? (힌트: 일부 코드는 동작하지 않습니다. 어떤 에러가 발생하는지 맞춰보세요)

```
print("\("moon" + "light")")
print("\(25 % 4)")
print("\("Squarepants"-"pants")")
print("\(2 + 3 * 4)")
print("\("fifty" + 5)")
print("\("fifty" + "5")")
```

8 `String` 형식의 변수 `var1`, `var2`가 있으며 각각 "13", "25"라는 값을 갖습니다. `print()`와 두 변수를 이용해 두 변수의 합을 출력하는 코드를 구현하세요. 합계는 `print()` 함수 안에서 계산해야 합니다.

```
13+25=38
```

9 String 형식의 변수 var3, var4가 있으며 각각 "15", "4"라는 값을 갖습니다. print()와 두 변수를 이용해 두 변수를 나눈 나머지를 출력하는 코드를 구현하세요. 연산은 print() 안에서 이루어져야 합니다.

```
15 / 4로 나누면 나머지는 3입니다.
```

04 입출력 실험실

Chapter

사용자와 앱이 서로 상호작용하는 방법을 배웁니다.

이 장의 학습 목표

- 입력Input: 사용자가 앱과 상호작용하는 방법
- 출력Output: 앱이 사용자와 상호작용하는 방법
- 텍스트 필드로 입력한 값을 출력으로 보여주는 방법
- 뭔가 잘못되었을 때 대처 방법

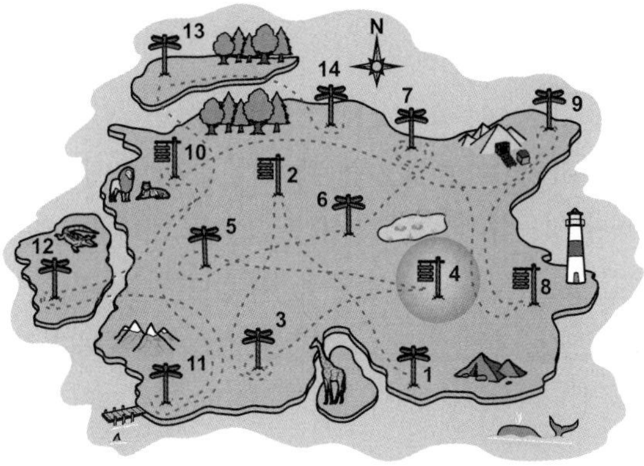

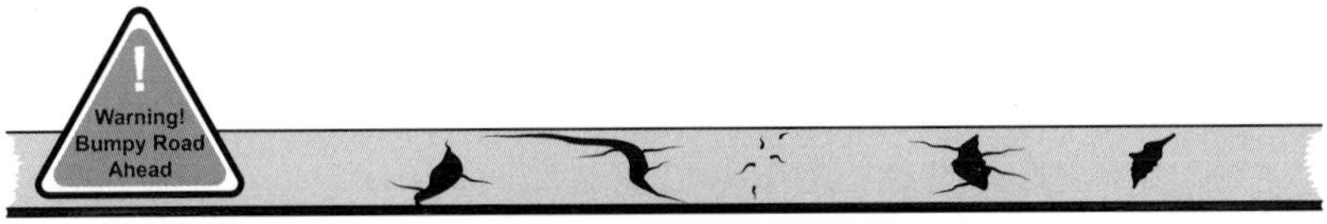

앱을 설정하는 방법은 이미 배웠습니다. 이제 기본 지식을 어느 정도 쌓았으니 사용자의 입력에 대응해 뭔가를 출력하는 앱을 만들 수 있습니다. 4장에서는 입출력에 집중합니다. 앱에 코드를 추가해야 하므로 문제가 발생하거나 규칙을 어겼을 때 어떻게 앱을 고치는지 배웁니다. 4장에서 앱을 만드는 방법을 배우고 나면 여러분은 사용자가 입력한 내용을 화면에 출력하는 방법을 알 수 있습니다. 여러 단계로 나눠서 앱을 만들 것입니다. 중간에 에러가 발생하는 데 이

는 의도된 것입니다. 이들 에러를 고치는 방법을 설명하려 의도한 것이므로 걱정하지 마세요.

다음과 같은 여정을 떠납니다.

1 텍스트를 출력하는 앱 만들기
2 앱 실행하고 에러 확인하기
3 에러 고치기
4 텍스트 필드 추가하기
5 사용자가 텍스트 입력할 수 있도록 코딩하기
6 입력을 출력으로 표시하기

많은 내용이지만 그리 어렵지 않아요.

4.1 앱이 사용자와 상호작용하는 방법

인터넷 탐색, 이메일 답장, 일정 알림, 친구와 대화, 게임 플레이 등 우리는 매일 컴퓨터를 사용합니다. 이 모든 작업은 사용자가 화면을 터치하거나, 마우스 버튼을 클릭하거나, 키보드를 입력하거나, 기타 방법으로 컴퓨터에 이를 지시했기 때문입니다. 이런 동작을 입력input이라 합니다. 입력을 받으면 컴퓨터는 이를 처리해 결과 보여주기, 음악 재생, 메일 전송 등 지정된 작업을 수행합니다. 입력에 대응하는 컴퓨터의 응답을 출력output이라 합니다. [그림 4-1]은 이 과정을 보여줍니다.

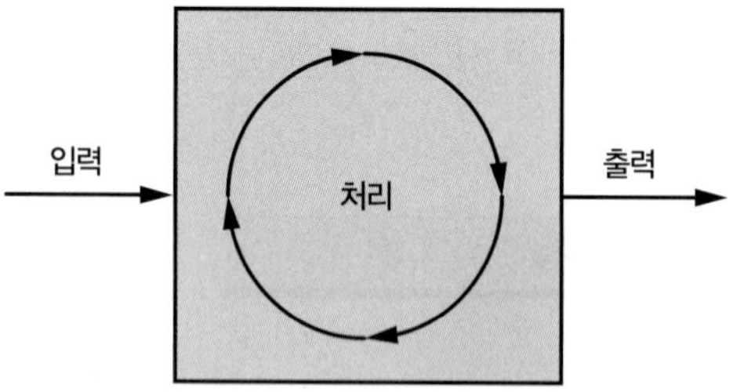

그림 4-1 입력을 처리해 출력하는 컴퓨터

컴퓨터는 사용자로부터 입력을 받아 출력하는 일종의 장치를 내장하거나 추가 장치를 갖습니다. 예를 들어 마우스는 입력 장치입니다. 키보드, 카메라, 마이크 등도 입력 장치입니다. 출력 장치로는 프린터, 모니터, 스피커 등이 있습니다. 일부 장치는 입출력을 동시에 지원합니다.

예를 들어 터치스크린은 입력과 출력을 모두 지원합니다.

4.2 사용자에게 출력 보여주는 방법

NOTE_ 깃허브에서 내려받은 Hello-Swift-Code-master 폴더 안의 Chapter04_MessageMagic 파일을 열면 필요한 코드를 찾을 수 있습니다. 아직 코드를 내려받지 않았다면 https://github.com/tanmayb123/Hello-Swift-Code/archive/master.zip에서 코드를 내려받으세요. 한 번에 모든 장의 코드를 내려받을 수 있습니다.

이 절에서는 사용자에게 출력을 보여주는 Message Magic이라는 앱을 만듭니다.

4.2.1 Hello World!를 시작합니다

1장에서 만들었던 Hello World! 앱에 기능을 추가해봅시다. Hello World!를 만드는 방법을 잊었다면 다시 설명을 읽고 만들어보세요. 이번에는 앱의 이름을 Message Magic이라 부르고 레이블의 텍스트는 Message Magic으로 설정합니다.

?_ 왜 Hello World! 앱을 다시 만들죠?

반복은 가장 좋은 학습 방법 중 하나입니다. 연습을 통해 완벽해질 수 있기 때문이죠! 새 앱을 만들 때 진행했던 지루하지만 꼭 필요한 과정을 기억하나요? 아마 생각보다 더 잘 기억할 수 있을 겁니다. 새 앱을 만드는 과정을 연습해볼 수 있는 좋은 기회에요. 다음은 1장에서 살펴봤던 요점 정리입니다.

참고로 아래 순서로 프로젝트를 만듭니다.

1 새 프로젝트 만들기

2 프로젝트 옵션 선택

3 프로젝트 저장

4 메인 스토리보드 열기

5 화면 크기 조절

6 레이블을 뷰로 드래그

4.2.2 레이블을 저장할 변수 추가

이번에는 Message Magic 앱 메인 화면을 조금 바꿉니다.

앱을 실행해보면 Message Magic이라는 레이블이 나타납니다. 이를 'Hey, Frank!'라고 바꿀 겁니다. 레이블의 텍스트를 직접 바꾸는 방법도 있지만 이번에는 코드로 레이블의 텍스트를 바꿉니다.

앱 파일에 두 행을 추가해 'Hey, Frank!'를 보여줄 수 있습니다.

뷰컨트롤러 열기

Xcode에서 앱을 열고 ViewController.swift라는 파일을 클릭하세요(그림 4-2). 코드가 나타납니다. 놀라지 마세요! 단 두 행만 추가하면 되니까요.

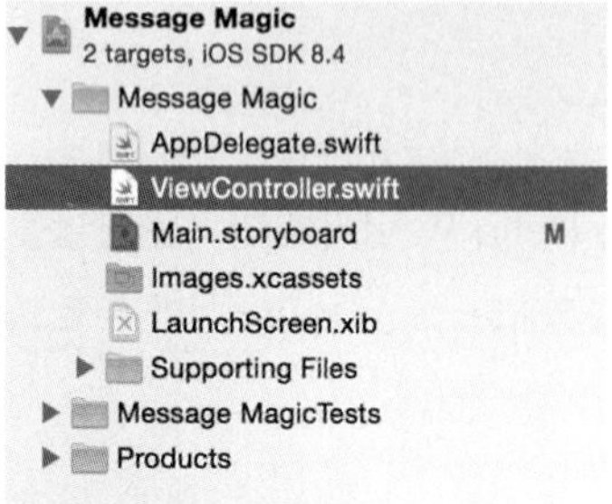

그림 4-2 이 파일은 Xcode의 왼쪽 창의 Project Navigator에 표시됩니다. 이 파일을 클릭하면 메인 패널에 코드가 나타납니다. 여기서 새 코드를 추가할 수 있어요.

레이블 내용 바꾸는 코드 추가하기

다음 두 행의 코드를 추가합니다. 어디에 추가할 지는 곧 알려 줄게요. 레이블에 표시할 텍스트를 변수에 저장하는 코드입니다.

```
@IBOutlet var outputLabel: UILabel!   ← ❶ UILabel 형식의 IBOutlet인 outputLabel을 선언
outputLabel.text = "Hey, Frank!"      ← ❷ outputLabel 변수에 'Hey, Frank!' 텍스트를 저장
```

첫 번째 행은 `UILabel` 형식의 `outputLabel` 변수를 선언합니다. `UILabel`이란 **사용자 인터페이**

스 레이블을 가리킵니다. 느낌표(!)는 스위프트에 레이블의 값이 아직 미정임을 암시합니다. @IBOutlet은 사용된 코드가 인터페이스 빌더와 연결됨을 지시하는 키워드입니다. IBOutlet은 **인터페이스의 아웃렛**outlet을 가리킵니다. [그림 4-3]은 컨트롤과 코드가 IBOutlet으로 연결되는 관계를 보여줍니다.

두 번째 행에서는 새 변수 outputLabel에 Hey, Frank!를 저장합니다.

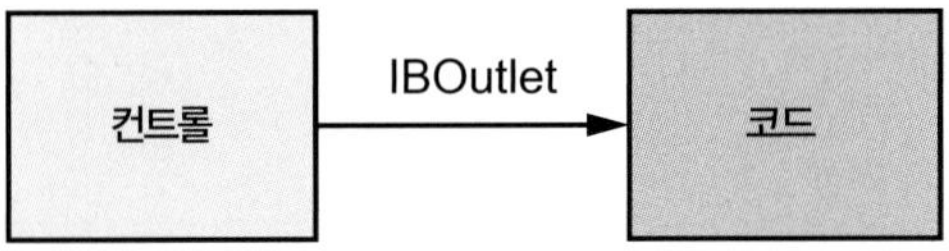

그림 4-3 레이블 컨트롤의 텍스트를 코드로 바꾸려면 컨트롤을 IBOutlet으로 코드와 연결해야 합니다. UILabel은 컨트롤입니다. UIButton, UITextField, UITextView도 컨트롤이에요.

ViewController.swift 파일 편집

다음 코드가 메인 패널에 나타납니다.

```
//
// ViewController.swift
// MessageMagic
//
// Created by Tanmay Bakshi on 2/13/15.
// Copyright (c) 2015 TBSS. All rights reserved.
//
import UIKit

class ViewController: UIViewController
  override func viewDidLoad() {
    super.viewDidLoad()
    // 뷰를 로딩(보통 nib에서 로딩)한 다음 필요한 추가 작업 수행
  }

  override func didReceiveMemoryWarning() {
    super.didReceiveMemoryWarning()
    // 재생성할 수 있는 모든 자원을 폐기
  }
```

다음 코드를 찾아 여는 중괄호 뒤로 커서를 이동하세요.

```
class ViewController: UIViewController {
```

리턴 키를 두 번 누른 다음 빈 행에 다음 코드를 입력합니다.

```
@IBOutlet var outputLabel: UILabel!
```

한 행을 더 추가해야 합니다. 다음 코드가 끝나는 부분으로 커서를 이동하세요.

```
super.viewDidLoad()
```

리턴 키를 한 번 입력하고 빈칸에 다음 코드를 입력하세요.

```
outputLabel.text = "Hey, Frank!"
```

[예제 4-1]은 두 행의 코드를 입력한 모습입니다.

예제 4-1 outputLable을 추가한 후의 Message Magic 코드

```
import UIKit

class ViewController: UIViewController

  @IBOutlet var outputLabel: UILabel!    ◀── ❶ 첫 번째 코드행을 여기에 추가하세요.

  override func viewDidLoad() {
    super.viewDidLoad()
    outputLabel.text = "Hey, Frank!"    ◀── ❷ 두 번째 코드행을 여기에 추가하세요.
    // 뷰를 로딩(보통 nib에서 로딩)한 다음 필요한 추가 작업 수행
  }

  override func didReceiveMemoryWarning() {
```

```
    super.didReceiveMemoryWarning()
    // 재생성할 수 있는 모든 자원을 폐기
  }
```

NOTE_ 경고

이 상태로 앱을 실행하면 예외가 발생합니다. 예외는 실행 중에 프로그램에 발생하는 문제를 가리킵니다.

?_ 예외란 무엇이고 에러와는 뭐가 다를까요?

예외exception는 런타임(앱을 실행하는 중)에 발견된 오류로 프로그램이 크래시되는 상황입니다. 코드에 에러가 있으면 에러를 고치기 전에는 앱을 실행할 수 없습니다. 예외가 발생하기 전까지는 앱을 실행할 수 있지만 일단 예외가 발생한 코드 행에서 앱 실행이 중지됩니다.

에러error는 잘못된 철자, 괄호 누락, 다양한 오타 등을 포함한 코드상의 오류로 발생합니다. 또한 변수를 잘못 선언하거나 String 형식으로 선언한 변수에 정수를 할당하는 등의 실수를 저질렀을 때도 에러가 발생합니다.

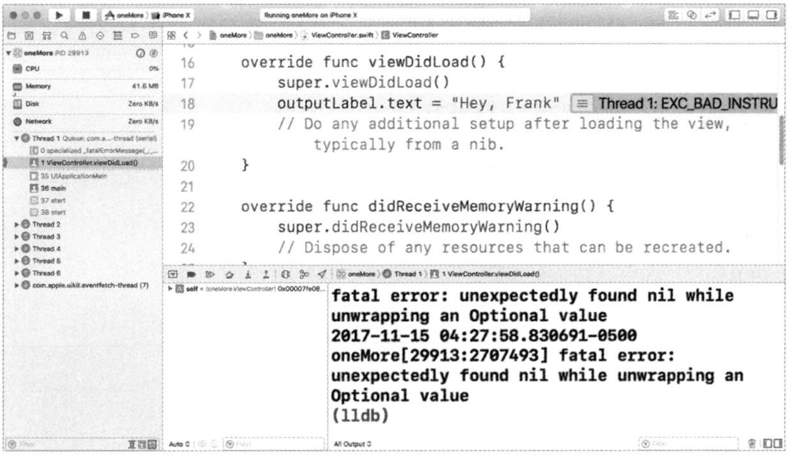

그림 4-4 Message Magic 앱을 처음 실행하면 예외가 발생합니다.

이 앱을 실행하면 예외가 발생하므로 이를 고칩니다

코드는 구현했지만 아직 할 일이 남았습니다. 프로그램을 실행하면 [그림 4-4]처럼 에러가 발생합니다. 이런 에러가 발생하면 시뮬레이터나 디바이스의 실행이 멈추면서 문제의 코드 행에 녹색 줄이 나타납니다. 보통 문제를 일으킨 행에 녹색 줄이 나타나지만 항상 실제 오류를 일으킨 행을 가리키는 것은 아닙니다. 화면의 오른쪽 아랫부분에 다음과 같은 에러 메시지를 확인할 수 있습니다.

```
Swift compiler: fatal error: unexpectedly found nil while unwrapping an Optional
value (lldb)
```

`outputLabel` 변수에 아무것도 설정하지 않은 상태에서 `"Hey, Frank!"`라는 텍스트를 설정하려 했으므로 이 에러가 발생합니다. 레이블 컨트롤에 텍스트를 바꾸라고 지시했지만 레이블이 실제 컨트롤과 연결되지 않았기 때문입니다. 레이블을 실제 `IBOutlet`과 연결하면 이 에러가 사라집니다.

?_ 컴파일러가 뭐죠?

컴파일러는 영어로 구현한 코드를 컴퓨터가 이해할 수 있는 **기계어**나 **바이너리**로 변환하는 "기적" 프로그램입니다.

4.2.3 레이블 변수를 뷰의 레이블과 연결하기

레이블 컨트롤을 `IBOutlet`과 연결해야 `outputLabel`의 텍스트 값을 설정할 수 있습니다.

메인 스토리보드 열기

[그림 4-2]처럼 Main.storyboard를 클릭하여 엽니다.

레이블과 변수 연결

노란색 아이콘(뷰컨트롤러)을 오른쪽 마우스 버튼으로 클릭해 레이블로 드래그합니다(그림 4-5). 그러면 뷰컨트롤러에서 `Message Magic`이라는 텍스트를 가진 레이블로 파란 선이 임시로 나타납니다.

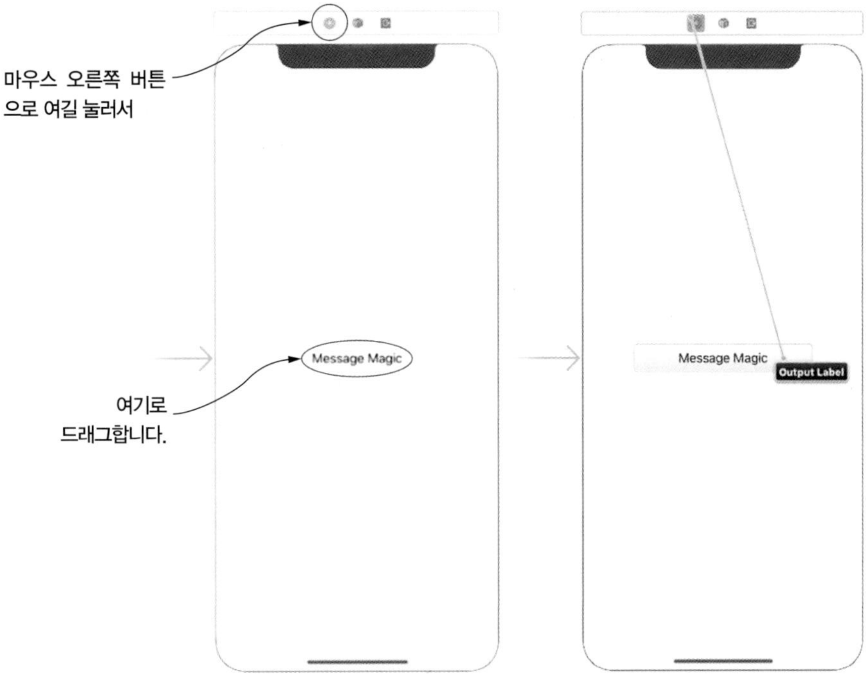

그림 4-5 `UILabel`을 `IBOutlet`으로 연결하기. `Label`을 오른쪽 마우스 버튼으로 클릭해 `IBOutlet`으로 드래그합니다.

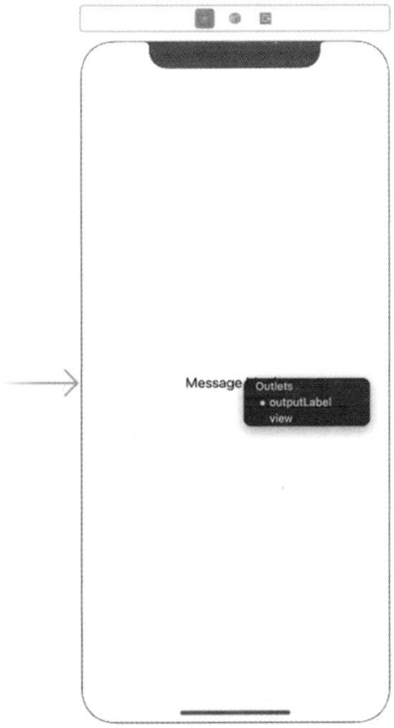

그림 4-6 `outputLabel`을 연결할 `IBOuetlet`으로 선택합니다. `outputLabel`을 기억하세요? ViewController.swift 파일에 추가한 변수입니다.

마우스 버튼을 놓으면 파란 선은 사라지고 검은색 팝업이 나타납니다. [그림 4-6]처럼 검은 팝업 안에는 `outputLabel` 변수가 보입니다.

목록에서 첫 번째 항목인 `outputLabel`을 클릭하세요.

앱을 실행하면 이번에는 예외가 발생하지 않습니다

앱을 실행하면 변수에 저장한 텍스트가 레이블로 표시됩니다(에러나 예외가 발생하지 않아요). [그림 4-7]처럼 `Message Magic`으로 표시되던 기존 텍스트가 변수에 저장한 새 텍스트로 바뀝니다.

그림 4-7 메인 화면

4.2.4 인터페이스 빌더

앱을 만들 때 레이블을 `Message Magic`으로 표시했습니다. 그런데 어떻게 `Hey, Frank!`로 바뀐거죠?

[그림 4-8]에서 보여주는 것처럼 인터페이스 빌더에서 `Message Magic`을 저장한 다음에 코드에서 다시 이 텍스트를 바꿨기 때문입니다.

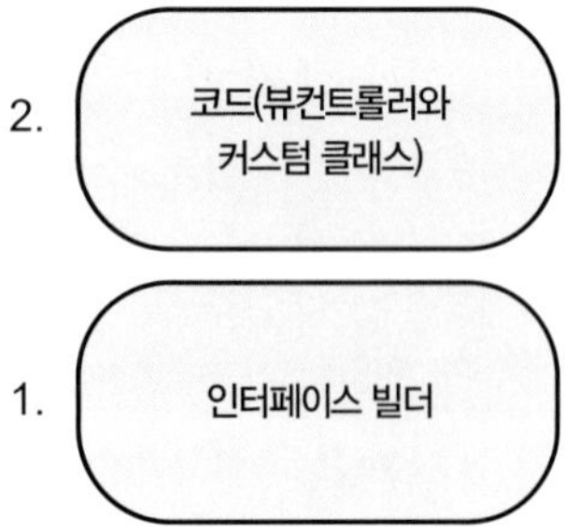

그림 4-8 IB(인터페이스 빌더)와 Xcode가 제어하는 코드의 실행 순서. IB가 먼저 실행됩니다. IB를 로드한 다음 코드가 실행되므로 IB에서 수행한 작업은 코드의 작업에 의해 덮어씌워집니다.

NOTE_ 예제에서 viewDidLoad()라는 함수에 코드를 추가했습니다. 앱을 실행해서 뷰가 로드되면 이 함수의 코드가 실행됩니다.

이제 변수에 저장한 텍스트로 레이블의 텍스트를 바꿀 수 있습니다. 앱이 실행되는 동안 레이블의 텍스트를 바꿔야 하는 상황에서는 유용한 기능이지만 사용자의 입력을 표시하려면 다른 컨트롤이 필요합니다. 사용자의 입력을 받아 이를 레이블의 텍스트로 저장하도록 앱을 바꿔야 합니다.

4.3 사용자의 입력 받기

입력이란 사용자가 앱에 입력한 데이터나 응답을 가리키며 앱을 이를 활용해 정해진 작업을 수행하거나 데이터를 처리합니다. [표 4-1]은 입력 예제를 보여줍니다.

표 4-1 앱 그리고 입력 예제

앱	입력
계산기	숫자 그리고 +, −, x, ÷ 같은 기호
메모	저장할 텍스트
Greeting Generator	이름
건강	나이와 몸무게
타이머	시간

입력의 종류는 나열하기 어려울 정도로 많습니다. 여러분이 좋아하는 앱을 이용하면서 어떤 종류의 입력을 요구하는지 확인해보세요.

사용자로부터 텍스트를 입력 받으려면 텍스트 박스처럼 입력할 수 있는 수단과 입력을 완료했을 때 클릭할 수 있는 버튼을 제공해야 합니다. 버튼을 눌렀을 때 앱에서는 사용자가 입력한 텍스트를 가져올 수 있습니다.

이제 Message Magic에 주거니 받거니 기능 즉, 사용자의 입력을 받고 이를 되돌려주는 기능을 추가합니다.

NOTE_ 깃허브에서 내려받은 `Hello-Swift-Code-master` 폴더 안의 `Chapter04_CatchThrow` 파일을 열면 필요한 코드를 찾을 수 있습니다. 아직 코드를 내려받지 않았다면 `https://github.com/tanmayb123/Hello-Swift-Code/archive/master.zip`에서 코드를 내려받으세요. 한 번에 모든 장의 코드를 내려받을 수 있습니다.

지금부터 다음을 배웁니다.

- 사용자가 텍스트를 입력할 수 있도록 앱에 텍스트 필드 추가하기
- 사용자가 클릭했을 때 텍스트 필드에 입력된 텍스트를 가져올 수 있도록 버튼 추가하기
- 추가한 텍스트 필드를 코드와 연결하기
- 버튼을 클릭하면 텍스트 필드에 입력된 텍스트를 가져와 레이블의 텍스트로 표시하기

4.3.1 텍스트 필드와 버튼 앱에 추가하기

사용자가 텍스트를 입력할 수 있도록 텍스트 필드를 추가해야 합니다.

메인 스토리보드 열기

Main.storyboard를 클릭해 여세요(그림 4-2 참조).

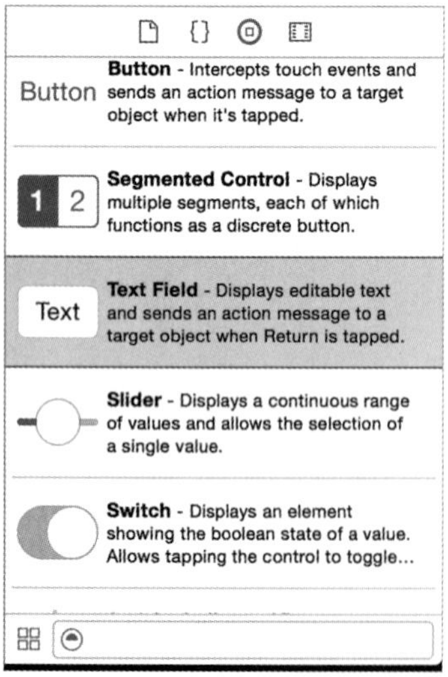

그림 4-9 Object Explorer에서 텍스트 필드 찾기

텍스트 필드와 버튼 추가

[그림 4-9]처럼 화면 오른쪽 아래 창에서 객체 라이브러리를 찾아 클릭하세요. Text Field가 나올때까지 아래로 스크롤한 다음 텍스트 필드를 클릭하고 메인 스토리보드의 뷰로 드래그합니다. Button을 찾아 메인 스토리보드의 뷰로 클릭해 드래그합니다.

4.3.2 텍스트 필드와 코드 연결하기

이 절에서는 한 행의 코드를 추가합니다.

IBOutlet 만들기

먼저 텍스트 사용자가 필드에 입력한 내용을 저장할 변수(`IBOutlet`)을 만듭니다.

```
@IBOutlet var userInput: UITextField!
```

예제 4-2 userInput 텍스트 필드를 추가하는 코드

```
import UIKit

class ViewController: UIViewController {

  @IBOutlet var outputLabel: UILabel! // 기존에 추가한 코드.

  @IBOutlet var userInput: UITextField! ←❶
  // 텍스트 필드와 연결할 코드.

  override func view DidLoad() {
    super.viewDidLoad()
    outputLabel.text = "Hey, Frank!" // 예제 4-1에서 추가 -- added 4.1 사용자가
입력하기 전에 레이블에 표시할 텍스트.
    // 뷰를 로딩(보통 nib에서 로딩)한 다음 필요한 추가 작업 수행
  }

  override func didReceiveMemoryWarning() {
```

❶ 이 행에서 UITextField 형식의 userInput이라는 IBOutlet을 선언했어요. UITextField란 텍스트 필드 사용자 인터페이스입니다. 느낌표는 값이 아직 정해지지 않았다는 의미예요.

```
        super.didReceiveMemoryWarning()
        // 재생성할 수 있는 모든 자원을 폐기
    }
}
```

?_ 버튼을 연결할 @IBOutlet도 추가해야 하지 않을까요?

좋은 질문입니다. 버튼은 변수로 저장할 값이 없으므로 따로 변수를 만들 필요가 없습니다. 나중에 함수를 추가하고 버튼과 연결할 것입니다.

IBOutlet을 코드와 연결

다음처럼 추가한 코드와 텍스트 필드를 연결합니다.

- Main.storyboard 파일을 클릭해 메인 스토리보드 열기
- 노란색 원(뷰컨트롤러)을 컨트롤 클릭한 다음 텍스트 필드로 드래그하고 마우스 버튼 놓기
- 어두운 색의 메뉴가 나타나면 userInput 선택하기

이제 텍스트 필드를 userInput이라는 이름의 코드로 연결했습니다. [그림 4-10]은 앱과 코드의 텍스트 필드 모습입니다.

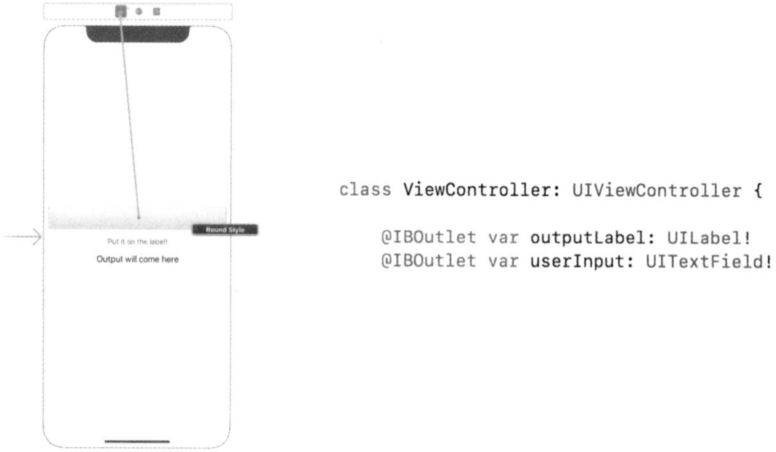
Round Style
Put it on the label!
Output will come here
class ViewController: UIViewController {
@IBOutlet var outputLabel: UILabel!
@IBOutlet var userInput: UITextField!

그림 4-10 TextField를 IBOutlet과 연결하기

사용자가 입력한 내용을 얻으려면 Text Field 컨트롤을 코드와 연결해야 합니다. 그러려면 컨트롤을 코드에서 사용할 수 있는 이름으로 연결해야 합니다.

4.3.3 레이블 텍스트를 입력한 값으로 바꾸는 함수 추가

이제 한 가지 과정만 남았습니다. '사용자가 이 버튼을 클릭하면 텍스트 필드의 텍스트를 레이블로 표시하세요'라는 미션을 수행하는 함수를 추가합니다.

[예제 4-3]에 회색으로 표시된 코드를 추가할 것입니다. 준비되었나요?

예제 4-3 UIButton 구현하기

```
import UIKit

class ViewController: UIViewController {

    @IBOutlet var outputLabel: UILabel! //예제 4-1에서 추가
    @IBOutlet var userInput: UITextField!

    override func viewDidLoad() {
        super.viewDidLoad()
        outputLabel.text = "Hey, Frank!"
        // 뷰를 로딩(보통 nib에서 로딩)한 다음 필요한 추가 작업 수행
    }

    @IBAction func displayToLabel() {
        outputLabel.text = userInput.text
    }

    override func didReceiveMemoryWarning() {
        super.didReceiveMemoryWarning()
        // 재생성할 수 있는 모든 자원을 폐기
    }
}
```

텍스트 필드와 연결할 코드예요.

이 코드에서는 `@IBAction` 태그와 `func`라는 키워드로 `IBAction`을 선언했습니다. `@IBAction`은 버튼의 액션을, `func` 부분은 함수를 만든다는 의미입니다. 중괄호 안에는 버튼을 클릭했을 때 수행할 코드를 입력합니다. 즉, 중괄호 열기는 함수 코드의 시작을 가리킵니다. 중괄호 닫기는 버튼 코드의 종류 즉, 함수 코드가 끝남을 의미합니다(8장에서 함수를 더 자세히 배웁니다). `displayToLabel()`은 함수의 이름입니다. 이 이름을 IB에서 사용합니다(`IBOutlet`의 이름과 마찬가지).

NOTE_ 버튼에 마우스 오른쪽 버튼을 클릭한 다음 뷰컨트롤러로 드래그해서 `IBAction`을 버튼으로 연결할 수 있습니다(`IBOutlet`과는 연결하는 방향이 달라요).

다음처럼 버튼을 추가한 함수와 연결할 수 있습니다.

1 Main.storyboard 파일을 클릭해 메인 스토리보드 열기.

2 버튼에 컨트롤 클릭한 다음 노란색 원(뷰컨트롤러)로 드래그.

3 [그림 4-11]처럼 어두운 색 메뉴가 나타나면 `displayToLabel` 선택하기

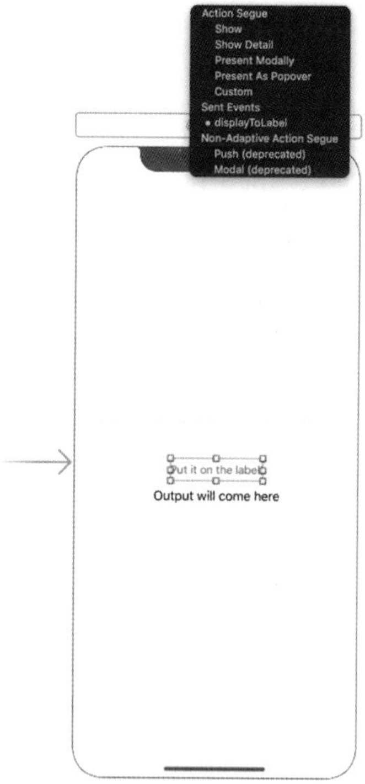

그림 4-11 버튼과 연결할 IBAction 선택

?_ 'Button' 말고 다른 텍스트를 보여줄 수 있나요?

물론입니다. 버튼에 더블 클릭한 다음 Change Text처럼 다른 텍스트를 입력하면 버튼의 텍스트가 바뀝니다.

드디어 앱을 실행할 준비를 마쳤습니다. [그림 4-12]는 앱을 실행한 결과입니다.

텍스트 필드에 입력된 텍스트를 언제 가져와야 할지 궁금할 것입니다.

[그림 4-13]에서 보여주는 것처럼 `IBAction`(인터페이스 빌더 액션)을 이용해 이 문제를 해결할 수 있습니다. Button Click 액션은 IB의 버튼과 연결할 수 있는 특별한 기능입니다. IB는 `IBAction`을 인식하므로 버튼을 클릭했을 때 버튼과 연결된 코드가 실행되도록 만들 수 있습니다.

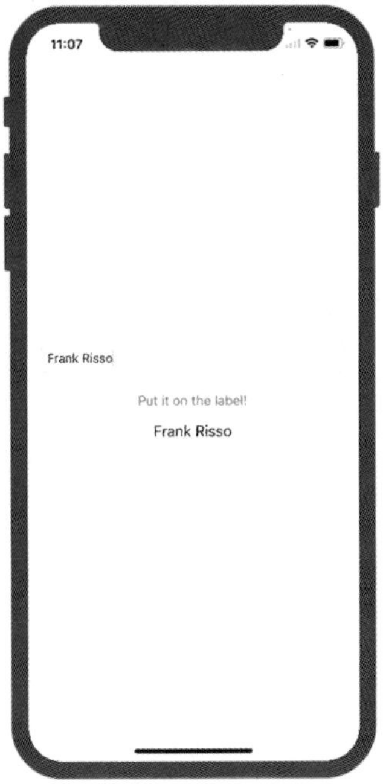

그림 4-12 주거니 받거니 앱 실행

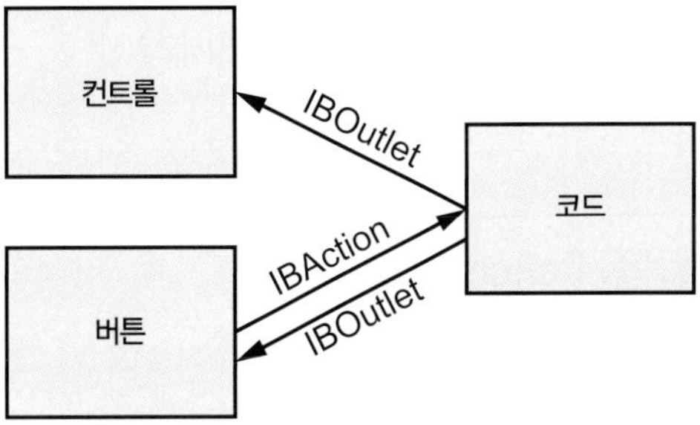

그림 4-13 버튼과 다른 컨트롤을 코드와 연결해야 합니다

4.4 정리하기

1 다음 문장의 빈칸을 채우세요.

- ___________으로 인터페이스 빌더를 뷰컨트롤러와 연결합니다.
- ___________으로 버튼의 액션을 코드로 받을 수 있습니다.

- 런타임에 예기치 않게 코드가 오동작하면 ___________이(가) 발생합니다. 컴파일 단계에서는 검출할 수 없어요.

2 입력과 출력의 차이가 뭘까요? 입력 장치와 출력 장치의 차이는 무엇입니까? 입력을 받아 출력을 제공할 수 있는 장치를 말해보세요.

3 IBOutlet, IBAction은 각각 무엇입니까?

4 버튼을 IBAction과 연결하는 것과 컨트롤을 IBOutlet과 연결하는 것은 무엇이 다를까요?

5 에러는 무엇이고, 예외는 무엇입니까?

6 다음 코드에서 잘못된 부분을 찾으세요.

```
class ViewController: UIViewController {

    @IBOutlet var textField: UITextField

    override func viewDidLoad() {
        super.viewDidLoad()
    }
}
```

7 UIButton에는 왜 IBOutlet이 필요하지 않을까요?

4.5 앱 활동: Concatenate

Concatenate 앱을 만드는 시간입니다! 사용자 입력을 연결하고 더하는 앱을 만듭니다.

4.5.1 앱의 기능

NOTE_ 깃허브에서 내려받은 Hello-Swift-Code-master 폴더 안의 Chapter04_AppActivity 파일을 열면 필요한 코드를 찾을 수 있습니다. 아직 코드를 내려받지 않았다면 https://github.com/tanmayb123/Hello-Swift-Code/archive/master.zip에서 코드를 내려받으세요. 한 번에 모든 장의 코드를 내려받을 수 있습니다.

앱은 사용자가 두 단어나 숫자를 입력할 수 있도록 두 개의 텍스트 필드를 제공합니다. 사용자가 Concatenate 버튼을 클릭하면 앱은 입력된 두 단어나 숫자를 더해 `Output Comes Here` 레이블에 표시해야 합니다. 사용자는 아무 알파벳이나 숫자를 입력할 수 있습니다. 예를 들어 `5`와 `Stars`를 입력하면 레이블은 `5Starts`를 표시합니다. 사용자가 Add 버튼을 클릭하면 두 숫자를 더해서 레이블에 표시합니다. 사용자가 두 입력란에 모두 숫자를 입력해야만 Add 버튼이 제대로 동작합니다.

4.5.2 UI 만들기

이 예제에서는 [그림 4-14]에서 보여주는 UI(사용자 인터페이스의 줄임말)를 가진 앱을 만듭니다.

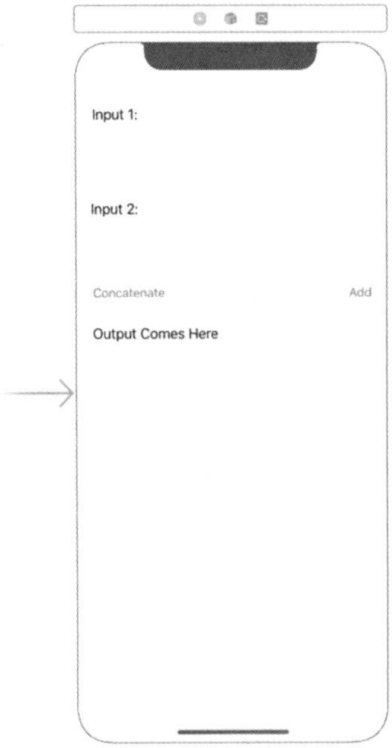

그림 4-14 만들려는 앱의 UI

4.5.3 앱 코딩하기

코드를 못 찾겠다고요? 이번엔 여러분이 직접 구현해야 합니다. 최선을 다해 코드를 구현해보세요. 너무 어렵다고 느껴지면 내려받은 코드를 참조하거나 복사해 사용하세요.

4.6 앱 연습: Greeting Generator

이번엔 인사말을 나누는 Greeting Generator라는 앱을 만듭니다.

4.6.1 앱의 기능

NOTE_ 깃허브에서 내려받은 `Hello-Swift-Code-master` 폴더 안의 `the Chapter04_GreetingGenerator` 파일을 열면 필요한 코드를 찾을 수 있습니다. 아직 코드를 내려받지 않았다면 `https://github.com/tanmayb123/Hello-Swift-Code/archive/master.zip`에서 코드를 내려받으세요. 한 번에 모든 장의 코드를 내려받을 수 있습니다.

이름을 입력한 다음 버튼을 클릭하면 완성된 인사말이 화면에 나타납니다. 앱은 입력, 버튼, 출력을 제공합니다.

4.6.2 UI 만들기

[그림 4-15]와 같은 UI를 갖는 새 앱을 만듭니다.

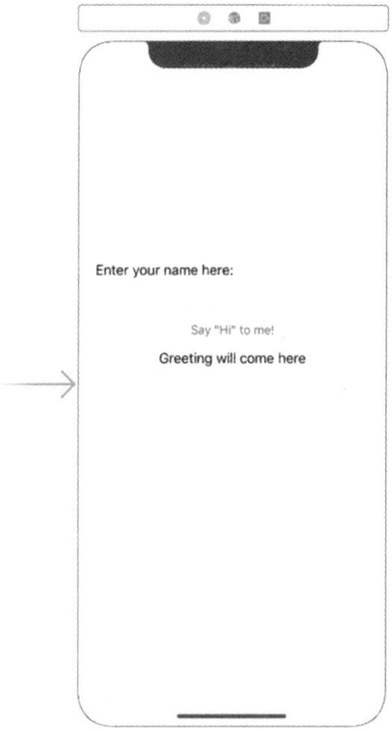

그림 4-15 Greeting Generator UI

4.6.3 앱 코딩하기

이제 다음처럼 코드를 입력하세요.

예제 4-4 Greeting Generator 코드

```
import UIKit

class ViewController: UIViewController {

  @IBOutlet var input: UITextField!      ◀── ❶ 사용자가 내용을 입력할 텍스트 필드의 IBOutlet
  @IBOutlet var output: UILabel!         ◀── ❷ 사용자에게 출력을 보여줄 레이블의 IBOutlet

  override func viewDidLoad() {
    super.viewDidLoad()
    // 뷰를 로딩(보통 nib에서 로딩)한 다음 필요한 추가 작업 수행
  }

                                             ❸ 사용자가 버튼을 클릭하면
  @IBAction func displayGreeting() {     ◀──   displayGreeting IBAction의 코드가 실행됨
    output.text = "Hi, \(input.text)"    ◀── ❹ 레이블의 텍스트를 Hi 그리고 사용자가
  }                                            입력한 내용으로 설정하는 코드
```

```
  override func didReceiveMemoryWarning() {
    super.didReceiveMemoryWarning()
    // 재생성할 수 있는 모든 자원을 폐기
  }
}
```

IBOUTlet과 IBAction 연결하기

이제 인터페이스 빌더에서 레이블과 `output IBOutlet`, 텍스트 필드를 `input IBOutlet`과 연결합니다.

4.6.4 앱 실행하기

이제 앱을 실행하세요! 텍스트 필드에 이름을 입력하고 버튼을 누르면 [그림 4-16]과 같은 출력을 볼 수 있습니다.

5장에서는 컴퓨터도 의사 결정을 한다는 사실을 살펴봅니다.

그림 4-16 Greeting Generator 앱 실행 모습

05 컴퓨터의 의사 결정

Chapter

의사 결정하는 코드를 구현하는 방법을 배웁니다.

이 장의 학습 목표

- 조건이란?
- 프로그래밍에서 조건을 활용해 의사를 결정하는 방법
- 기본 if 문으로 조건 확인하기
- if 문에서 else, else if 사용하기
- 기본 조건 연산자
- switch 문의 이해와 사용 방법

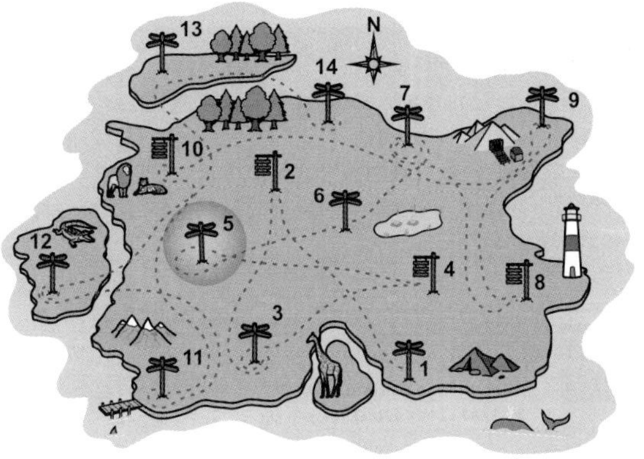

이제 컴퓨터로 의사 결정을 구현하는 다섯 번째 여정을 시작합니다. 사람은 누구나 의사 결정을 합니다. 조건에 따라 그에 맞는 결정을 내리죠. 예를 들어 비가 온다면 우산을 사용하기로 결정할 수 있습니다. 또한 비가 예보되어 있는지 여부에 따라 우산을 가지고 나갈지 결정합니다.

코드도 의사 결정을 합니다. 우산을 가져가야 하는지 알려 주는 앱을 생각해 보세요. 앱은 비가 내리는지 확인합니다. 비가 내린다면 사용자에게 우산을 챙기라고 알려줍니다.

5.1 if 조건문

조건이란 참이나 거짓으로만 답할 수 있는 질문과도 같습니다. 답변이 참이면 지정된 동작을 실행합니다. 사실 자신도 모르게 조건을 항상 사용하고 있습니다. [표 5-1]은 몇 가지 간단한 조건 예입니다.

표 5-1 간단한 조건 예

조건	결과
날씨가 추우면 = 참	코트를 입는다.
목이 마르면 = 참	무엇인가를 마신다.
아프면 = 참	학교에 가지 않는다.

Quiz_ 쪽지 시험

빈칸을 채우세요.

조건	결과
________________면 = 참	파자마를 입는다.
머리가 너무 길면 = 참	__________________________
________________면 = 참	저녁 내내 공부한다.

참이면 무언가를 합니다

어떤 작업을 수행해야 하는지 확인할 때도 조건을 사용합니다. `if` 문으로 다음을 확인할 수 있습니다.

- 수학 게임에서 사용자의 답변이 정답인지 확인한 후 점수를 올림
- 사용자가 올바른 비밀번호를 입력했는지 확인한 후 게임을 실행함

다음과 같은 예도 있습니다.

- 코인을 150개 이상 갖고 있으면 파워업을 획득합니다.
- 점수가 90 퍼센트를 초과하면 A+ 등급입니다.

- 점수가 50% 미만이면 재시험을 볼 수 있습니다.

지금까지는 '만약 무엇이면'이라는 종류의 조건을 살펴봤습니다. 이번에는 >(보다 큰), <(보다 작은) 같은 수학 비교를 살펴봅니다.

5.2 앱: Which Number Is Bigger?

`if` 문으로 의사 결정을 하는 방법을 배웠으니 이를 활용해 앱을 만듭니다.

참고로 아래 순서로 프로젝트를 만듭니다.

1 새 프로젝트 만들기

2 프로젝트 옵션 선택

3 프로젝트 저장

4 메인 스토리보드 열기

5 화면 크기 조절

6 레이블을 뷰로 드래그

5.2.1 앱의 기능

두 숫자를 입력 받아 어떤 숫자가 큰지 비교하는 앱을 만듭니다.

NOTE_ 깃허브에서 내려받은 `Hello-Swift-Code-master` 폴더 안의 `Chapter05_a1_WhichNumberIsBigger` 파일을 열면 필요한 코드를 찾을 수 있습니다. 아직 코드를 내려받지 않았다면 `https://github.com/tanmayb123/Hello-Swift-Code/archive/master.zip`에서 코드를 내려받으세요. 한 번에 모든 장의 코드를 내려받을 수 있습니다.

Which Number Is Bigger? 앱의 기능입니다.

- 두 숫자 입력 받기
- `if` 문으로 숫자 비교
- 큰 숫자 표시

[그림 5-1]은 사용자 인터페이스(UI)입니다.

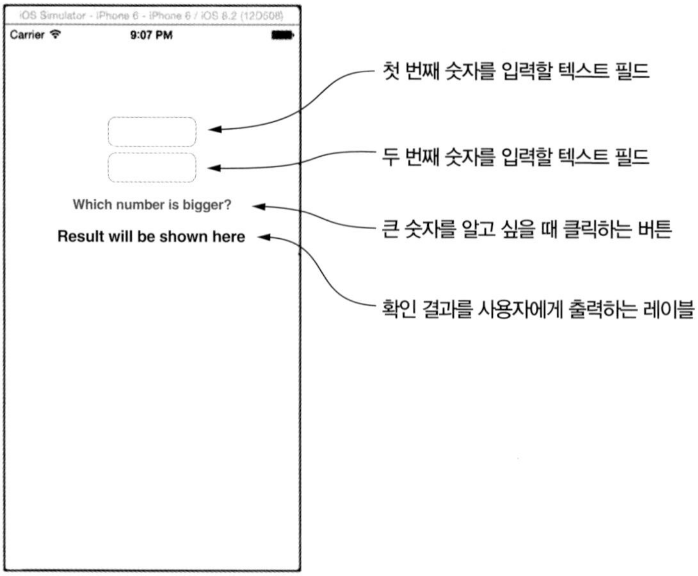

그림 5-1 Which Number Is Bigger? 앱의 전체 UI

5.2.2 프로젝트 설정하기

먼저 프로젝트를 만듭니다.

1 Xcode를 실행합니다.

2 Create a New Xcode Project를 클릭합니다.

3 필요한 정보를 입력합니다.

5.2.3 UI 만들기

이제 [그림 5-2]처럼 UI를 만듭니다. 두 개의 텍스트 필드, 레이블, 버튼을 뷰로 드래그하세요(방법을 잊었다면 4장을 다시 확인합니다). 각 컨트롤의 위치는 [그림 5-2]를 참고하세요.

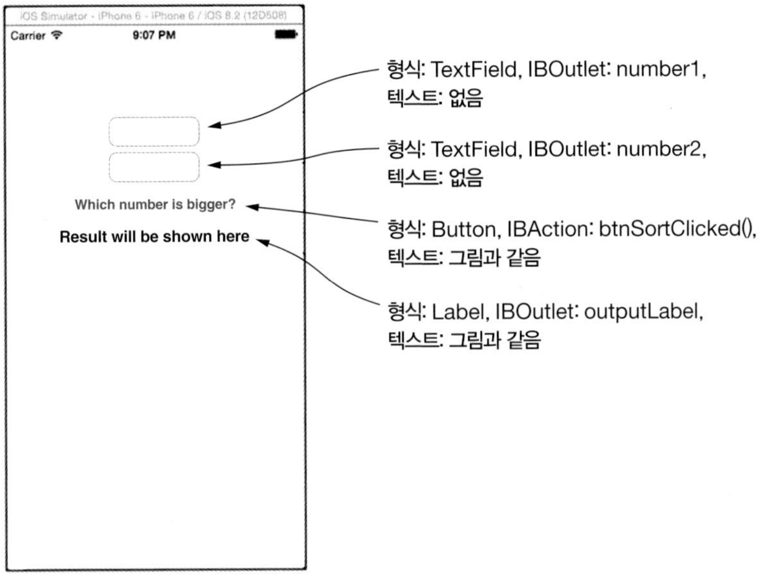

그림 5-2 Which Number is Bigger? 앱의 UI 요소

5.2.4 앱 코딩하기

텍스트 필드 같은 컨트롤을 참조해 사용자가 입력한 값을 얻을 수 있도록 코드와 연결할 `IBOutlet`을 만들어야 합니다. 또한 버튼을 클릭했을 때 실행할 코드를 연결할 `IBAction`도 만들어야 합니다.

[그림 5-3]은 숫자 8과 6을 입력한 모습입니다.

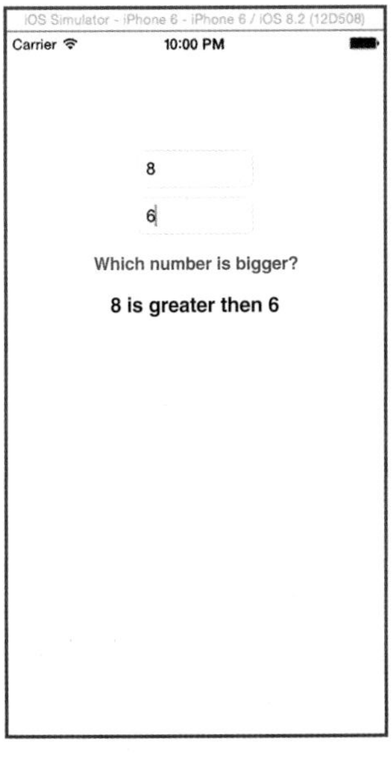

그림 5-3 앱에 8과 6을 입력한 모습

ViewController.swift 파일을 열어서 코드를 추가합니다. 4장에서 `IBOutlet`과 `IBAction`을 어디에 추가했는지 기억하나요? 기억나지 않으시면 [예제 5-1]을 참고하세요.

`IBOutlet`을 추가하는 코드입니다.

```
@IBOutlet var number1: UITextField!
@IBOutlet var number2: UITextField!
@IBOutlet var outputLabel: UILabel!
```

❶ 사용자가 위쪽에 위치한 텍스트 필드에 입력한 값을 저장할 number1 변수를 만듭니다.
❷ 사용자가 아래쪽에 위치한 텍스트 필드에 입력한 값을 저장할 number2 변수를 만듭니다.
❸ 이 변수는 어떤 기능을 할까요? 곧 알게 됩니다!

다음처럼 IBAction을 만듭니다.

```
@IBAction func btnSortClicked() {
    if Int(number1.text!)! > Int(number2.text!)! {
        outputLabel.text = "\(number1.text!) is greater than \(number2.text!)"
    }
}
```

❶ 'number 1은 number2보다 큰가'라는 조건이에요.

코드를 자세히 살펴보세요.

```
Int(number1.text!)!
```

코드를 살펴봅니다. 우선 number1 변수로 UITextField에 입력된 내용을 확인할 수 있습니다. .text 부분은 사용자가 UITextField에 입력한 내용을 알려달라는 의미입니다. 텍스트를 표시하는 것이 목표라면 코딩이 끝났습니다. 하지만 우리는 두 입력값을 정수로 변환한 다음 비교해야 합니다. number1.text!를 감싸는 Int()!를 이용해 텍스트를 정수로 바꿉니다.

[예제 5-1]에서 어디에 코드를 추가했는지 확인하세요. 강조된 모든 텍스트를 추가해야 합니다. 강조되지 않은 코드를 프로젝트를 만들 때 자동으로 생성된 코드입니다.

예제 5-1 Which Number Is Bigger? 버전 1

```
import UIKit
class ViewController: UIViewController {
    @IBOutlet var number1: UITextField!
    @IBOutlet var number2: UITextField!
    @IBOutlet var outputLabel: UILabel!
```

❶ IBOutlet 문을 각각의 UI 요소만큼 추가합니다. 여기 추가한 코드를 이용해 레이블, 텍스트 필드에 접근할 수 있어요.

```
    override func viewDidLoad() {
        super.viewDidLoad()
        // 뷰를 로딩(보통 nib에서 로딩)한 다음 필요한 추가 작업 수행
    }

    @IBAction func btnSortClicked() {
        if Int(number1.text!)! > Int(number2.text!)! {
            outputLabel.text = "\(number1.text!) is greater than \(number2.text!)"
        }
    }

    override func didReceiveMemoryWarning() {
        super.didReceiveMemoryWarning()
        // 재생성할 수 있는 모든 자원을 폐기
    }
}
```

❷ 이 IBAction은 Which Number Is Bigger? 버튼과 연결합니다. 버튼을 클릭하면 입력된 두 텍스트 필드의 숫자를 비교해 아래쪽의 결과 레이블로 표시합니다.

5.2.5 IBOutlet은 컨트롤, IBAction은 버튼과 연결하기

이제 추가한 코드와 TextField, Label, Button을 연결해야 합니다. 다음처럼 각각을 연결합니다.

- IBOutlet number1을 첫 번째 Textfield와 연결
- IBOutlet number2를 첫 번째 Textfield와 연결
- IBOutlet outputLabel을 Label과 연결
- 버튼을 btnSortClicked IBAction과 연결

참고로 IBOutlet은 다음 방법으로 컨트롤과 연결할 수 있습니다.

1 Main.storyboard 파일을 엽니다.

2 뷰의 위쪽에 있는 뷰컨트롤러를 마우스 오른쪽 버튼 클릭한 다음 컨트롤로 드래그합니다.

3 연결하려는 IBOutlet의 이름을 선택합니다.

다음은 버튼을 IBAction과 연결하는 방법입니다.

1 Main.storyboard 파일을 엽니다.

2 추가한 버튼에 마우스 오른쪽 버튼을 클릭한 다음 뷰컨트롤러 버튼으로 드래그합니다.

3 연결하려는 `IBAction`의 이름을 선택합니다(예제에서는 `btnSortClicked`).

4 코드 동작 원리를 배웁니다.

5 숫자 8과 6을 입력했다고 가정합니다. 코드는 어떤 동작을 수행할까요?

우선 코드의 `if` 문을 자세히 살펴봅니다(그림 5-4).

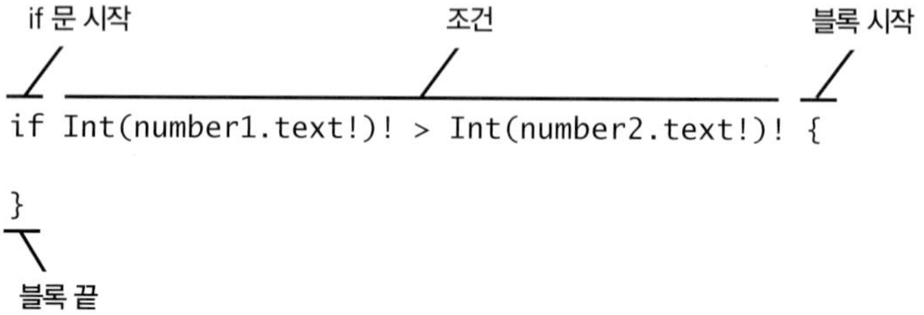

그림 5-4 `if` **문 구조**

`if` 문은 첫 번째 숫자(`number1`)가 두 번째 숫자(`number2`)보다 큰지 확인합니다. 결과가 참이라면 레이블의 텍스트를 `8 is greater than 6`로 바꿉니다. `TextField(number1.text1)`로 입력한 문자는 `Int()!`를 이용해 정수로 변환합니다.

이렇게 `number1`의 숫자값을 `number2`의 숫자값과 비교할 수 있습니다. 두 번째 `TextField`에 입력한 문자열도 이렇게 정수로 변환할 수 있습니다.

NOTE_ 조건문 뒤에 열고 닫는 괄호({})가 있습니다. 이 괄호 안의 코드를 코드 블록이라 부릅니다. 조건문 뒤에 추가된 코드는 '조건이 참이면 괄호 안의 동작을 실행하세요'라는 의미입니다.

이 예제에서는 보다 큰 연산자를 사용합니다. [표 5-2]는 if 문에 사용할 수 있는 다양한 조건 연산자를 나열합니다. 나중에 더 다양한 연산자를 살펴볼 것입니다.

표 5-2 조건 연산자

기호	용도
==	같은 값인지 비교(값을 변수에 할당하는 =와 헷갈릴 수 있으니 주의하세요) 예: if num1 == num2
!=	다른 값인지 비교(옵셔널 언랩 연산자 !와 헷갈릴 수 있으니 주의하세요) 예: if num1 != num2
<	첫 번째 값이 다른 값보다 작은지 비교 예: if num1 < num2
>	첫 번째 값이 다른 값보다 큰지 비교 예: if numb1 > num2
<=	첫 번째 값이 다른 값보다 작거나 같은지 비교 예: if num1 <= num2
>=	첫 번째 값이 다른 값보다 크거나 같은지 비교 예: if numb1 >= num2

==, <=, >= 기호 사이에는 공백이 없습니다.

Quiz_ 쪽지 시험

다음 조건이 참인지 거짓인지 말해보세요.

- 23 == 23
- 10 >= 11
- 2 <= 2
- −9 == 9

5.2.6 앱 실행하기

앱을 실행하면 [그림 5-5]처럼 숫자를 입력할 수 있는 두 개의 `TextField`가 나타납니다. 첫 번째 칸에는 8, 두 번째 칸에는 6을 입력한 다음 Which Number Is Bigger? 버튼을 클릭하세요. 제대로 동작하나요?

네, 동작하네요!

이번에는 재미 삼아 앱이 동작하지 않도록 만들어봅시다. 어떤 값을 넣으면 앱이 제대로 동작하지 않을지 생각해 보세요.

첫 번째 숫자	두 번째 숫자
8	Six
10	-10
2+	8
Dog	cat
1000	.10

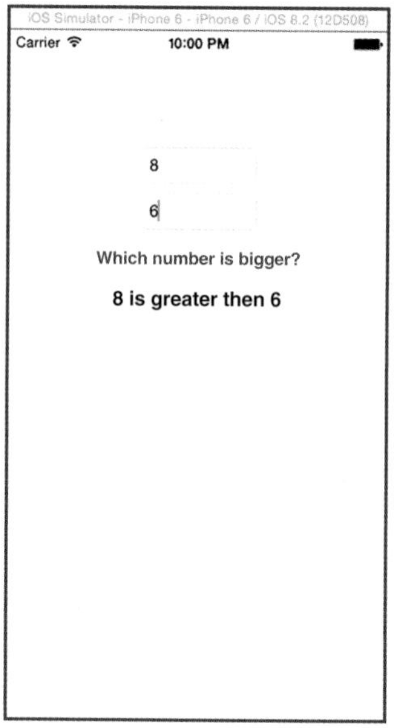

그림 5-5 Which Number Is Bigger? 앱 첫 실험

?_ 두 TextField에 8을 입력하면 어떻게 되나요?

주의하세요. TextField에는 숫자만 입력해야 합니다. 빼기(-) 기호를 제외한 eight, six 등 다른 문자를 입력하면 앱이 이를 처리할 수 없습니다. 더하기(+) 기호는 입력해도 괜찮습니다. 또한 빼기 기호와 숫자 사이에 공백을 추가하지 말아야 합니다. 음수 8을 입력하려면 - 8이 아니라 -8을 입력해야 합니다. 그렇지 않으면 앱이 크래시됩니다.

NOTE_ 앱이 크래시되면 Xcode에서 커맨드+R을 누른 다음 리턴(또는 Stop) 버튼을 눌러 앱을 다시 시작할 수 있습니다.

오류 발견!

첫 번째, 두 번째 숫자가 같으면 어떻게 될까요? 앱은 이런 상황을 처리할 수 없습니다. 두 TextField에 8을 입력하면 아무 메시지도 나타나지 않는데 그 이유를 아시나요? 이 오류glitch를 해결할 시간입니다.

NOTE_ 오류가 우리를 괴롭히지만…

오류는 우리의 친구라 생각하세요. 프로그래밍을 하다 문제가 생겨도 낙담하지 마시고요. 오류를 고치면서 뭔가를 배울 수 있으며 다음에 같은 오류가 발견되면 더 빠르게 고칠 수 있습니다. 이런 방식으로 더 다양한 문제를 해결하는 능력을 갖출 수 있습니다.

NOTE_ 앱이나 코드의 오류를 고칩니다[patch].

오류 고치기!

`else` 절로 첫 번째 숫자가 두 번째가 같은지 확인합니다(**절**[clause]은 구문[statement]의 일부를 의미합니다). `if` 조건이 거짓이면 이 `else` 문을 실행합니다.

NOTE_ 깃허브에서 내려받은 `Hello-Swift-Code-master` 폴더 `Chapter05_a2_WhichNumberIsBigger` 파일을 열면 필요한 코드를 찾을 수 있습니다. 아직 코드를 내려받지 않았다면 `https://github.com/tanmayb123/Hello-Swift-Code/archive/master.zip`에서 코드를 내려받으세요. 한 번에 모든 장의 코드를 내려받을 수 있습니다.

다음처럼 오류를 수정합니다.

```
if number1 > number2
    display - number1 is bigger than number2
else
    display - number1 is equal to number2
```

if 문 다음에 아래 코드를 추가합니다.

```
else {
    outputLabel.text = "\(number1.text!) is equal to \(number2.text!)"
}
```

완성했습니다! IBAction 코드입니다.

```
@IBAction func btnSortClicked() {
    if Int(number1.text!)! > Int(number2.text!)! {
        outputLabel.text = "\(number1.text!) is greater than \(number2.text!)"
    } else {
        outputLabel.text = "\(number1.text!) is equal to \(number2.text!)"
    }
}
```

if 문의 조건(number1 > number2)이 참이므로 첫 번째 중괄호의 코드가 실행되면서 다음 메시지가 나타난 것입니다.

```
8 is bigger than 6
```

크게 새로운 코드는 없지만 첫 번째 숫자와 두 번째 숫자가 같으면 조건이 거짓이 되므로 else 절의 코드 블록이 실행됩니다. 사용자가 두 개의 TextField에 8을 입력하면 이런 상황이 벌어집니다. else 절이 실행되면 outputLabel에 8 is equal to 8이라는 텍스트를 표시합니다.

앱을 다시 실행하세요!

앱을 다시 실행해서 버그가 고쳐졌는지 확인하세요. 고쳐졌습니다! 더 다양한 동작을 테스트하면서 코드를 개선하세요. 이번에는 첫 번째 TextField에 6, 두 번째 TextField에 8을 입력합니다. 어떤 일이 일어날까요?

이런, 다른 오류를 발견했어요!

두 번째 숫자가 크면 또 다른 문제가 발생합니다. 6과 8을 입력한 다음 버튼을 클릭하면 앱은 6 is equal to 8이라고 표시합니다. if 문이 참이 아니면 무조건 else 문이 실행되면서 발생하는 문제입니다. 다시 버그를 고칩니다!

오류 고치기!

이번에는 else if 절을 사용합니다. 다음은 영어로 상황을 설명한 코드입니다.

```
if number1 > number2
    display - number1 is bigger than number2
else if number1 < number2
    display - number1 is smaller than number2
else
    display - number1 is equal to number2
```

NOTE_ 앞의 코드는 실제 영어 문법과는 조금 다릅니다. 프로그래밍 세계에서는 이를 **의사코드**pseudocode라 부릅니다. 의사코드는 실제 코드가 아니지만 코드가 어떤 작업을 수행하는지 설명할 때 사용합니다.

if 문 조건이 거짓이면 else if 문의 조건을 확인하며 결과가 참이면 else if 문의 코드 블록을 실행합니다.

NOTE_ 깃허브에서 내려받은 Hello-Swift-Code-master 폴더 안의 Chapter05_a3_Which-NumberIsBigger 파일을 열면 필요한 코드를 찾을 수 있습니다. 아직 코드를 내려받지 않았다면 https://github.com/tanmayb123/Hello-Swift-Code/archive/master.zip에서 코드를 내려받으세요. 한 번에 모든 장의 코드를 내려받을 수 있습니다.

이제 다음처럼 코드를 구현합니다.

```
@IBAction func btnSortClicked() {
    if Int(number1.text!)! > Int(number2.text!)! {
        outputLabel.text = "\(number1.text!) is greater than \(number2.text!)"
    } else if Int(number1.text!)! < Int(number2.text!)! {
        outputLabel.text = "\(number1.text!) is smaller than \(number2.text!)"
    } else {
        outputLabel.text = "\(number1.text!) is equal to \(number2.text!)"
    }
}
```

`if` 문과 `else` 문 사이에 다음 코드를 추가합니다.

```
else if Int(number1.text!)! < Int(number2.text!)! {
    outputLabel.text = "\(number1.text!) is smaller than \(number2.text!)"
}
```

다음은 버그를 모두 고친 코드입니다.

예제 5-2 Which Number Is Bigger? 앱 버전 2

```
import UIKit
class ViewController: UIViewController {
    @IBOutlet var number1: UITextField!
    @IBOutlet var number2: UITextField!
    @IBOutlet var outputLabel: UILabel!

    override func viewDidLoad() {
        super.viewDidLoad()
        // 뷰를 로딩(보통 nib에서 로딩)한 다음 필요한 추가 작업 수행
    }

    @IBAction func btnSortClicked() {
        if Int(number1.text!)! > Int(number2.text!)! {
            outputLabel.text = "\(number1.text!) is greater than \(number2.text!)"
        }
        else if Int(number1.text!)! < Int(number2.text!)! {
            outputLabel.text = "\(number1.text!) is smaller than \(number2.text!)"
        }
        else {
            outputLabel.text = "\(number1.text!) is equal to \(number2.text!)"
        }
    }

    override func didReceiveMemoryWarning() {
        super.didReceiveMemoryWarning()
        // 재생성할 수 있는 모든 자원을 폐기
    }
}
```

이제 첫 번째 숫자가 두 번째 숫자보다 작은 상황도 비교합니다. 이 조건이 참이면 6 is smaller than 8 같은 메시지를 여줍니다. 추가한 조건도 참이 아니라면 마지막 else 절이 실행되면서 8 is equal to 8 같은 메시지를 출력합니다.

5.2.7 코드를 다시 실행합니다

이 코드를 이용해 여러분의 숙제를 해결할 수 있습니다! 또한 두 개의 숫자를 비교하는 앱을 친구들에게 보여줄 수 있습니다. 이 앱은 큰 음수나 양수도 처리할 수 있습니다.

5.2.8 if, else, else if 문 요약 정리

지금까지 살펴본 if 문의 문법을 다음처럼 단하게 정리할 수 있습니다.

```
if <CONDITION> {
} else if <CONDITION> {
}
. . .
. . .
. . .
else {
}
```

❶ if 〈CONDITION〉 행이 참이면 이 코드 블록을 실행합니다.

❷ if 문의 조건이 거짓이면서 else if 〈CONDITION〉 행이 참이면 이 코드 블록을 실행합니다. 중괄호 안의 생략 부호(…)는 else if 조건이 여러 번 반복될 수 있음을 가리킵니다.

❸ if 문의 조건과 else if 문의 조건이 모두 거짓이면 이 코드를 실행합니다.

코드의 화살괄호(<>)는 여러분이 채워야 할 코드를 가리킵니다. 예를 들어 <Condition>에는 여러분이 사용할 조건을 가리키고 <INT_VALUE>는 정숫값을 가리킵니다.

If, else if, else 코드는 각각 다음 작업을 수행합니다.

- if: 스위프트에서 조건을 확인할 때 꼭 필요한 핵심입니다. 조건이 참이면 괄호 안의 코드를 실행합니다.
- else if: 첫 if 블록 뒤에 등장하는 또 다른 if 문입니다. 첫 번째 if 문이 거짓이고 else if 절이 참이면 else if 문으로 감싼 코드가 실행됩니다.
- else: if와 else if 절의 조건이 모두 거짓일 때 else의 코드를 실행합니다. 기존의 모든 조건문이 거짓이면 항상 이 코드가 실행됩니다.

NOTE_ else if 남용은 금물!

생각해 보세요. else if를 많이 사용하면 코드를 이해하기 어려워집니다. 여러 else if로 다양한 조건을 확인할 수 있습니다. 동시에 코드는 점점 복잡해집니다. 다행히 코드를 이해하기 쉽게 도와주는 다른 문법이 있습니다.

지금까지 if 문의 기본 문법을 배웠습니다. 이번에는 switch 문을 살펴봅니다.

NOTE_ IBOutlet 등을 포함해 코드를 이해하는 데 문제가 있다면 3장, 4장을 참고하세요. UI 요소(IBOutlet 제외)를 이해하기가 어려우면 2장을 참고하세요

NOTE_ 연습 문제

다음 코드를 살펴보세요. 여러분은 앱을 실행하는 아이디바이스입니다. 표의 데이터를 이 코드에 대입해 실행하면 어떤 결과가 나올지 예상해보세요.

```
if Int(number1.text!)! > Int(number2.text!)! {
    outputLabel.text = "\(number1.text!) is greater than \(number2.text!)"
} else if Int(number1.text!)! < Int(number2.text!)! {
    outputLabel.text = "\(number1.text!) is smaller than \(number2.text!)"
} else {
    outputLabel.text = "\(number1.text!) is equal to \(number2.text!)"
}
```

첫 번째 숫자	두 번째 숫자	결과
8	1000000	
–11	–10	
2345	8	
–1000	–10	

5.3 switch 문

대부분의 프로그래밍 언어에서 `switch` 문을 제공합니다. 다양한 조건 중 하나가 참일 때 수행할 동작을 지정할 수 있습니다. 알게 모르게 일상에서도 이런 종류의 결정을 내려야 할 때가 있습니다.

기온을 감지하는 앱이 있다고 가정하세요. 기온에 따라 화면에 다양한 날씨 메시지를 출력합니다.

앱은 기온(화씨 기준)에 따라 다음 메시지를 출력합니다.

- temp 〈 20 It's too cold. Stay inside!
- temp 〈 30 It's below freezing. Wear a warm coat, hat, and gloves.
- temp 〈 40 It's cold but not freezing. Wear a warm coat.
- temp 〈 50 It's brisk. You should take a sweater.
- temp 〈 70 It's about right. Wear long sleeves if you want to.
- temp 〈 100 Wow, is it hot! Wear short sleeves.
- 그 외 기타 It's way too hot. Stay inside; there's a heat warning!

보시다시피 앱은 아주 다양한 조건에 따라 분기해 그에 맞는 메시지를 출력합니다. 이를 `if/else` 문으로 구현한다고 가정하세요. 상당히 복잡한 코드를 구현해야 합니다!

```
let x: Int = 3
if x == 1 {
    print("You entered One, didn't you?")
} else if x == 2 {
    print("You entered Two, didn't you?")
} else if x == 3 {
    print("You entered Three, didn't you?")
} else if x == 4 {
    print("You entered Four, didn't you?")
} else {
    print("Uh-oh, you did not enter the number 1, 2, 3, or 4!")
}
```

❶ `if` 문에서 확인할 변수가 필요하므로 x를 선언합니다. 덕분에 이 코드를 플레이그라운드에서 실행할 수 있습니다.

?_ 그런데 왜 var 대신 let을 사용했죠?

var로 변수를 정의해 데이터를 저장하는 방법도 있습니다. var을 사용하면 시스템은 이 값이 언젠가 바뀔 수 있음을 알게 됩니다(변수라는 의미가 값이 바뀐다는 의미죠). 하지만 한 번 값을 할당한 다음 바뀌지 않을 때도 있습니다. 이 때 let 키워드로 상수를 정의합니다. 상수라는 이름에서 알 수 있듯이 한 번 값을 할당하면 이후로 값이 바뀌지 않습니다.

앞의 코드를 플레이그라운드에 입력해 결과를 확인하세요. x의 값을 3이 아닌 다른 값으로 바꾸면 결과가 어떻게 달라지는지 확인하세요. 앱에서는 사용자가 TextField에 입력한 값을 사용하므로 첫 번째 행은 앱에 추가하지 않습니다.

else if 문이 너무 많아서 코드가 지저분합니다. 이런 코드는 본인(그리고 다른 프로그래머)도 디버깅하거나 유지보수하기 어렵습니다. 만약 20 개의 조건이 있다면 최소 40 행의 코드가 필요합니다.

또한 많은 else if 문은 앱의 성능도 방해합니다. 조금 더 깔끔하고 가독성이 좋은 코드가 필요합니다. 어떻게 그럴 수 있을까요? switch 문이 필요합니다. 다음은 switch 문을 사용한 예입니다.

```
let x: Int = 3       ← ❶ switch 문에서 확인할 변수가 필요하므로 x를 선언합니다.
switch x {               덕분에 이 코드를 플레이그라운드에서 실행할 수 있습니다.
    case 1: print("You entered One, didn't you?")
    case 2: print("You entered Two, didn't you?")
    case 3: print("You entered Three, didn't you?")
    case 4: print("You entered Four, didn't you?")
    default: print("Uh-oh, you did not enter the number 1, 2, 3, or 4!")
}
```

x를 3 이외의 값으로 바꾸면서 결과를 확인하세요.

이제 코드를 자세히 살펴봅니다.

우선 3장에서 배웠듯이 변수를 선언합니다. Int 형식을 가진 x 변수에 3이라는 값을 할당합니다. 그리고 switch라는 키워드를 사용했습니다. switch 안에는 x의 값에 따라 분기하는 여러 조건이 있습니다.

- case 1은 '변수 x는 1입니까'라는 의미입니다.
- case 2는 '변수 x는 2입니까'라는 의미입니다.
- case 3은 '변수 x는 3입니까'라는 의미입니다.

잠시만요. 변수 x는 어디에서 나온거죠? 맞춰보세요. switch 문을 시작할 때, switch x {라는 문법을 사용했습니다. switch 문 다음의 x는 스위프트에 x 변수를 참조하라고 지시합니다.

다음 절에서는 예를 이용해 switch가 동작하는 방법을 배웁니다.

5.4 앱: The Mystery of the Entered Number

The Mystery of the Entered Number 앱을 만들 차례입니다!

5.4.1 앱의 기능

이번 절에서는 1에서 4까지의 숫자를 문장으로 바꾸는 앱을 만듭니다. TextField에 1, 2, 3, 4 중 한 숫자를 입력하고 버튼을 클릭하면 관련 문장이 레이블에 출력됩니다.

NOTE_ 깃허브에서 내려받은 Hello-Swift-Code-master 폴더 Chapter05_MysteryOfEnteredNumber 파일을 열면 필요한 코드를 찾을 수 있습니다. 아직 코드를 내려받지 않았다면 https://github.com/tanmayb123/Hello-Swift-Code/archive/master.zip에서 코드를 내려받으세요. 한 번에 모든 장의 코드를 내려받을 수 있습니다.

하지만 TextField에 1에서 4 사이가 아닌 다른 숫자를 입력한 다음 버튼을 클릭하면 "Uh-oh, you did not enter 1, 2, 3, or 4!"라는 메시지가 표시됩니다(예제 5-3). 이렇게 switch를 활용할 수 있습니다!

[그림 5-6]은 앱의 UI입니다.

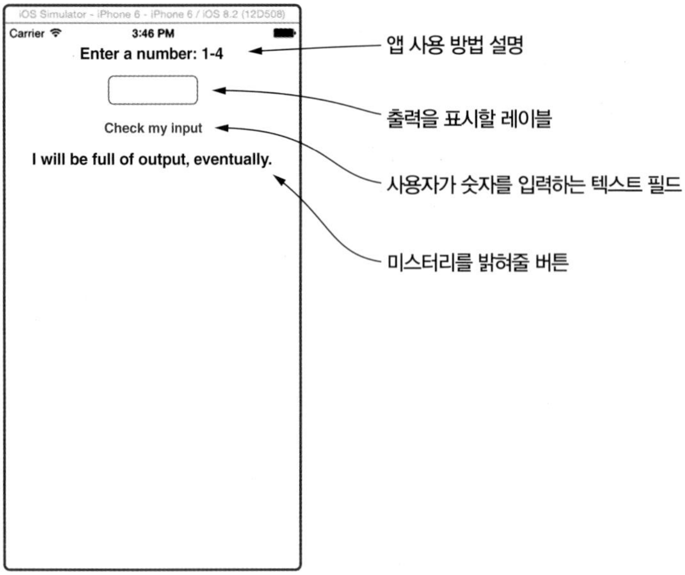

그림 5-6 The Mystery of the Entered Number 앱

이 앱에서는 기존에 사용했던 `switch` 문을 그대로 사용합니다. 다른 점은 `print()` 대신 레이블로 텍스트를 설정한다는 사실입니다.

5.4.2 UI 만들기

이제 프로젝트를 설정하고 Mystery of the Entered Number의 UI를 만듭니다!

프로젝트 설정하기

새로운 Xcode 프로젝트를 만들고 이름을 Mystery of the Entered Number로 설정합니다.

UI 만들기

Main.storyboard 파일을 열고 [그림 5-7]처럼 UI를 만듭니다.

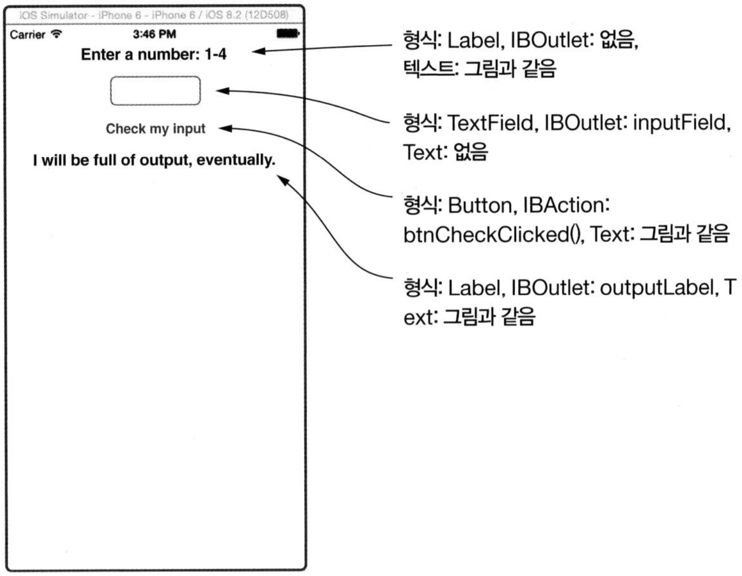

그림 5-7 Mystery of the Entered Number 앱의 UI

5.4.3 앱 코딩하기

UI를 만들었으면 다음처럼 IBOutlet을 만듭니다.

```
@IBOutlet var inputField: UITextField!
@IBOutlet var outputField: UILabel!
```

마지막으로 IBAction을 구현합니다.

```
@IBAction func btnCheckClicked() {
var userInput: Int = Int(inputField.text!)!
   switch userInput {
      case 1:
      outputField.text = "You entered One, didn't you?"
      case 2:
      outputField.text = "You entered Two, didn't you?"
      case 3:
```

```
            outputField.text = "You entered Three, didn't you?"
            case 4:
            outputField.text = "You entered Four, didn't you?"
            default:
            outputField.text = "Uh-oh, you did not enter 1, 2, 3 or 4!"
        }
    }
```

[예제 5-3]을 참고하세요.

NOTE_ 추가해야 할 코드를 회색 배경으로 표시했습니다. 다른 코드는 기본 .swift 파일에 이미 포함되어 있어요.

예제 5-3 The Mystery of the Entered Number 앱 코드

```
import UIKit
class ViewController: UIViewController {
    @IBOutlet var inputField: UITextField!
    @IBOutlet var outputField: UILabel!

    override func viewDidLoad() {
        super.viewDidLoad()
        // 뷰를 로딩(보통 nib에서 로딩)한 다음 필요한 추가 작업 수행
    }

    @IBAction func btnCheckClicked() {
        var userInput: Int = Int(inputField.text!)!
        switch userInput {
            case 1:
            outputField.text = "You entered One, didn't you?"
            case 2:
            outputField.text = "You entered Two, didn't you?"
            case 3:
            outputField.text = "You entered Three, didn't you?"
            case 4:
            outputField.text = "You entered Four, didn't you?"
```

```
            default:
                outputField.text = "Uh-oh, you did not enter 1, 2, 3 or 4!"
        }
    }

    override func didReceiveMemoryWarning() {
        super.didReceiveMemoryWarning()
        // 재생성할 수 있는 모든 자원을 폐기
    }
}
```

IBOutlet과 IBAction 연결하기

[예제 5-3]처럼 코드를 구현했으면 IBOutlet inputField를 UI의 TextField와 연결합니다. 다음으로 IBOutlet outputField를 UI의 레이블과 연결합니다. 마지막으로 IBAction btnCheckClicked를 UI의 버튼과 연결합니다.

5.4.4 앱 실행하기

시뮬레이터나 디바이스로 앱을 실행하면 [그림 5-8] 같은 화면이 나타납니다.

TextField에 1에서 4 사이의 숫자를 입력하고 버튼을 클릭하면 레이블에 관련 문장이 나타납니다.

TextField에 1에서 4 이외의 숫자를 입력하고 버튼을 클릭하면 "Uhoh, you did not enter 1, 2, 3, or 4!"라는 메시지가 표시됩니다. 이렇게 switch 문을 사용해 앱을 구현했습니다!

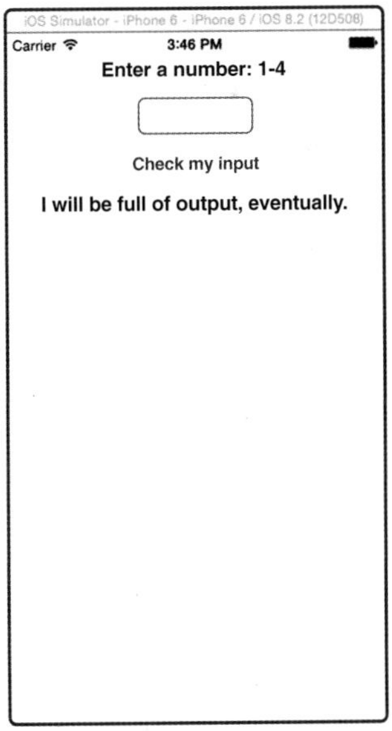

그림 5-8 The Mystery of the Entered Number 앱

5.5 정리하기

1 else와 else if의 차이는 무엇인가요?

2 사용자가 +, -, *, / 중 무엇을 입력했는지 알아내는 코드를 switch로 구현하세요. 레이블이나 print()로 메시지를 출력할 수 있습니다.

3 코드 블록이란 무엇입니까?

4 버그는 무엇인가요?

5 다음 코드의 문제를 찾아보세요. 이를 어떻게 고칠까요? (힌트: 두 가지 문제가 있습니다)

```
var x = 10
if x = 11 {
    print("X is equal to eleven.")
}
else if x = 9 {
    print("X is equal to nine.")
}
else {
    print("X is neither eleven nor nine.")
}
```

6 코드의 문제를 고치면 무엇이 출력될까요? 플레이그라운드로 코드를 실행해서 결과를 확인하세요.

7 5번 질문에 나온 코드를 다른 방법으로 구현할 수 있나요? 플레이그라운드나 앱으로 구현해보세요.

8 조건 연산자란 무엇이며 어디에 사용할까요?

5.6 앱 연습: Gold, Silver, Bronze

5장의 첫 번째 앱 연습 문제(Gold, Silver, Bronze)를 풀면서 손가락을 훈련하세요.

5.6.1 앱의 기능

이번 앱 연습 문제에서는 숫자를 Gold, Silver, Bronze로 변환하는 앱을 만듭니다(그림 5-9). 세 개의 숫자를 입력하면 이를 적절한 순서로 나열합니다.

그림 5-9 만들려는 앱을 시각적으로 표현한 그림

이 앱을 구현하려면 여러 개의 `if` 문이 필요합니다!

NOTE_ 깃허브에서 내려받은 Hello-Swift-Code-master 폴더 안의 Chapter05_GoldSilverBronz 파일을 열면 필요한 코드를 찾을 수 있습니다. 아직 코드를 내려받지 않았다면 https://github.com/tanmayb123/Hello-Swift-Code/archive/master.zip에서 코드를 내려받으세요. 한 번에 모든 장의 코드를 내려받을 수 있습니다.

5.6.2 프로젝트 설정하기

Xcode에서 Gold, Silver, Bronze라는 새 프로젝트를 만드세요.

5.6.3 UI 만들기

[그림 5-10]처럼 UI를 만듭니다.

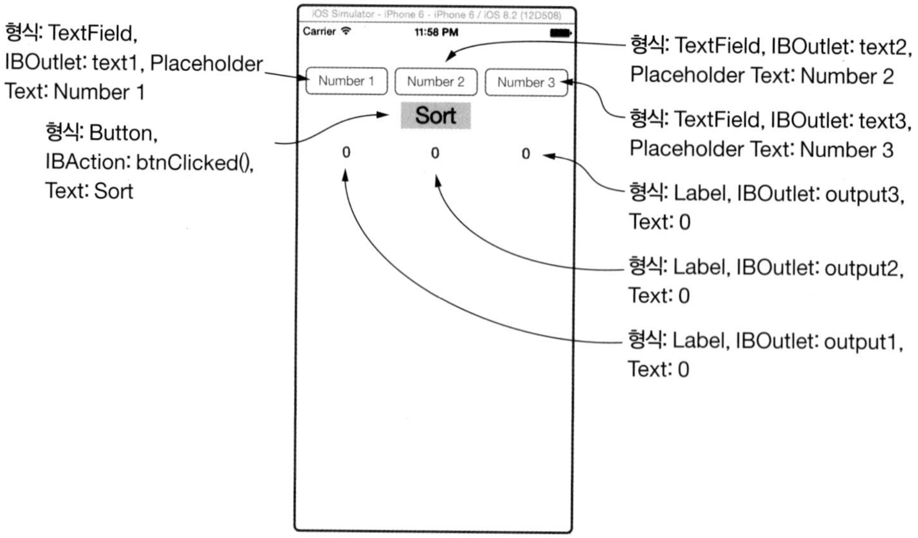

그림 5-10 Gold, Silver, Bronze UI

5.6.4 앱 코딩하기

이제 Gold, Silver, Bronze 앱을 코딩합니다.

IBOutlet 추가

코드에 다음 IBOutlet을 추가합니다.

```
@IBOutlet var text1: UITextField!
@IBOutlet var text2: UITextField!
@IBOutlet var text3: UITextField!
@IBOutlet var output1: UILabel!
@IBOutlet var output2: UILabel!
@IBOutlet var output3: UILabel!
```

IBAction 추가

다음 IBAction을 추가합니다.

```
@IBAction func btnClicked() {

    var a = Int(text1.text!)!
    var b = Int(text2.text!)!
    var c = Int(text3.text!)!

    var num1 = 0
    var num2 = 0
    var num3 = 0

    if a < b {
        if a < c {
            if b < c {
                num1 = a
                num2 = b
                num3 = c
            }
            else {
                num1 = a
                num2 = c
                num3 = b
            }
        }
        else {
            num1 = c
            num2 = a
            num3 = b
        }
    }

    else {
        if b < c {
            if a < c {
                num1 = b
                num2 = a
```

```
                num3 = c
            }
            else {
                num1 = b
                num2 = c
                num3 = a
            }
        }
        else {
            num1 = c
            num2 = b
            num3 = a
        }
    }

    output1.text = "\(num3)"
    output2.text = "\(num2)"
    output3.text = "\(num1)"
}
```

IBAction과 IBOutlet을 컨트롤과 연결

IBAction은 버튼과 연결하고 IBOutlet은 text1, text2, text3라는 이름의 TextField와 연결합니다. 또한 IBOutlet을 output1, output2, output3라는 레이블과 연결합니다.

5.6.5 앱 실행하기

이제 앱을 실행해서 세 숫자를 정렬하는 즐거움을 누리세요(앱 기능을 테스트합니다). [그림 5-11]은 앱 실행 모습입니다.

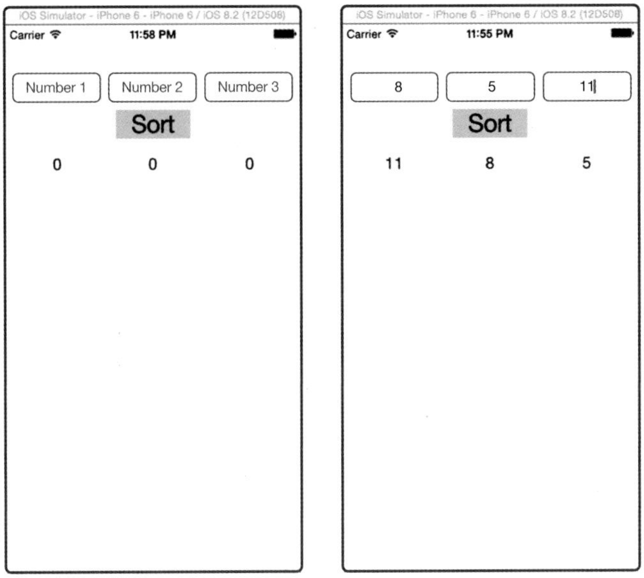

그림 5-11 Gold, Silver, Bronze 앱

이 앱도 여러분이 과제를 하거나 문제의 정답을 확인하는 데 도움을 줄 수 있습니다.

5.7 앱 연습: tTables the Times Tables Bee!

이번에는 제가 좋아하는 tTables 즉, the Times Tables Bee 앱을 만듭니다. 이 앱은 참으로 쓸모가 많습니다.

5.7.1 앱의 기능

이 절에서는 구구단 암기를 돕는 앱을 만듭니다. 앱이 두 개의 숫자를 임의로 생성하면 두 수를 곱한 결과를 맞혀야 합니다.

NOTE_ 깃허브에서 내려받은 `Hello-Swift-Code-master` 폴더 안의 `Chapter05_tTables` 파일을 열면 필요한 코드를 찾을 수 있습니다. 아직 코드를 내려받지 않았다면 `https://github.com/tanmayb123/Hello-Swift-Code/archive/master.zip`에서 코드를 내려받으세요. 한 번에 모든 장의 코드를 내려받을 수 있습니다.

구구단 표 암기를 도와주는 tTables 앱을 만듭니다. tTables는 다음 기능을 제공합니다.

1 곱할 두 임의의 숫자 보여주기

2 정답 입력 받기

3 `if` 문으로 사용자가 입력한 답이 정답인지 확인

4 `correct`나 `wrong`을 표시하고 이 과정을 되풀이

그리고 이 과정을 반복하는 동안 여러분의 점수를 저장합니다.

5.7.2 프로젝트 설정하고 UI 만들기

Xcode를 열어 tTables라는 새 프로젝트를 만듭니다. [그림 5-12]를 참고해 UI도 완성하세요.

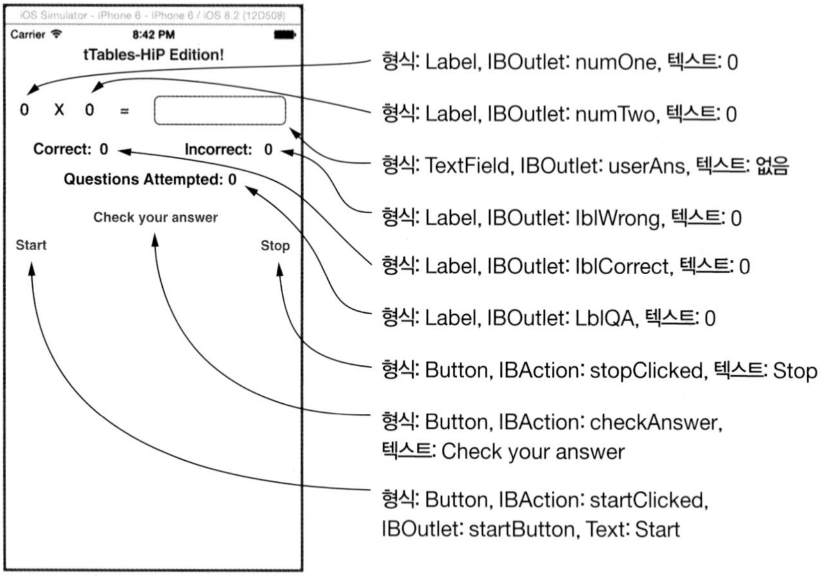

그림 5-12 tTables UI

NOTE_ UI가 너무 복잡해 이해하기 어렵다면 내려받은 코드의 UI를 참고하세요.

5.7.3 앱 코딩하기

tTable 앱을 코딩합니다.

IBOutlet 만들기

ViewController.swift 파일을 열어서 일곱 개의 `IBOutlet`을 만드세요.

```
@IBOutlet var numOne: UILabel!
@IBOutlet var numTwo: UILabel!
@IBOutlet var userAns: UITextField!
@IBOutlet var lblCorrect: UILabel!
@IBOutlet var lblWrong: UILabel!
@IBOutlet var lblQA: UILabel!
@IBOutlet var startButton: UIButton!
```

변수 만들기

이제 여섯 개의 변수를 만듭니다.

```
var correct:Int = 0
var wrong:Int = 0
var QA:Int = 0
var num1:Int = 0
var num2:Int = 0
var numUser:Int = 0
```

IBAction 만들기

마지막으로 세 개의 `IBAction`을 만듭니다.

```
@IBAction func startClicked() {
    num1 = Int(arc4random() % 12) + 1
    num2 = Int(arc4random() % 12) + 1
```

```
    numOne.text = "\(num1)"
    numTwo.text = "\(num2)"
    startButton.isEnabled = false
}

@IBAction func checkAnswer() {
    numUser = Int(userAns.text!)!
    var realAns:Int = num1 * num2

    if numUser == realAns {
        correct += 1
        lblCorrect.text = "\(correct)"
        QA += 1
        lblQA.text = "\(QA)"
        userAns.text = ""
        num1 = Int(arc4random() % 12) + 1
        num2 = Int(arc4random() % 12) + 1
        numOne.text = "\(num1)"
        numTwo.text = "\(num2)"
    } else {
        wrong += 1
        lblWrong.text = "\(wrong)"
        QA += 1
        lblQA.text = "\(QA)"
        userAns.text = ""
        num1 = Int(arc4random() % 12) + 1
        num2 = Int(arc4random() % 12) + 1
        numOne.text = "\(num1)"
        numTwo.text = "\(num2)
    }
}

@IBAction func stopClicked() {
    correct = 0
    wrong = 0
    QA = 0
    num1 = 0
    num2 = 0
    numUser = 0
```

```
        lblCorrect.text = "0"
        lblWrong.text = "0"
        lblQA.text = "0"
        numOne.text = "0"
        numTwo.text = "0"
        userAns.text = ""
        startButton.isEnabled = true
    }
```

5.7.4 코드 동작 원리

[표 5-3]은 선언한 일곱 개의 IBOutlet을 어디 사용하는지 보여줍니다.

표 5-3 tTables의 IBOutlet

IBOutlet 이름	형식	용도
numOne	UILabel	곱셈 문제의 첫 번째 숫자
numTwo	UILabel	곱셈 문제의 두 번째 숫자
userAns	UITextField	사용자가 정답을 입력하는 TextField
lblCorrect	UILabel	지금까지 몇 개의 정답을 맞혔는지 보여주는 레이블
lblWrong	UILabel	지금까지 몇 개의 오답이 있었는지 보여주는 레이블
lblQA	UILabel	지금까지 몇 개의 문제를 풀었는지 보여주는 레이블
startButton	UIButton	퀴즈 시작 버튼

여섯 개의 변수도 만들었습니다(표 5-4).

표 5-4 tTables의 변수

변수명	형식	용도
correct	Int	사용자가 제출한 정답의 개수
wrong	Int	자용자가 제출한 오답의 개수
QA	Int	사용자가 푼 문제의 개수
num1	Int	사용자에게 제공할 첫 임의의 숫자(임의의 숫자가 무엇인지 곧 설명합니다)

num2	Int	사용자에게 제공할 두 번째 임의의 숫자
numUser	Int	사용자가 입력한 답

마지막으로 세 개의 IBAction을 만들었습니다(표 5-5).

표 5-5 tTables의 IBAction

이름	용도
startClicked	버튼을 클릭하면 테스트를 시작합니다. 임의의 두 숫자가 생성되며 이를 각각 num1, num2에 저장합니다. 또한 사용자가 Start 버튼을 다시 클릭할 수 없게 만듭니다(startButton.enabled = false)
checkAnswer	사용자가 입력한 답을 Int 형식의 numUser에 저장하고 컴퓨터가 계산한 정답은 realAns 변수에 저장합니다. 앱은 numUser가 realAns와 같은지 비교합니다. 값이 같으면 사용자가 입력한 값이 정답입니다. 앱은 correct의 값과 QA(푼 문제) 변수의 값을 증가시킵니다. 또한 새로운 두 임의의 수를 만듭니다. numUser와 realAns의 값이 일치하지 않으면 오답이므로 wrong, QA 변수의 값을 증가시킨 다음 다시 새로운 두 임의의 수를 만듭니다.
stopClicked	테스트를 중단하는 버튼입니다. 모든 UILabel과 연결된 변수와 텍스트를 재설정하고 사용자가 Start 버튼을 다시 클릭할 수 있는 상태로 되돌아갑니다(startButton.enabled = true).

임의의 숫자

지정한 범위에서 임의의 숫자를 만들 수 있습니다. 다음과 같은 상황에서 임의로 만든 숫자를 사용할 수 있습니다.

- 복권 추첨
- 주사위 숫자 선택
- 두 개의 숫자를 임의로 선택해 구구단 문제 만들기

다음처럼 1과 12 사이의 임의의 숫자를 얻을 수 있습니다.

```
Int(arc4random() % 12) + 1
```

플레이그라운드에서 앞의 코드를 시험할 수 있습니다. Editor 메뉴에서 Execute Playground를 선택하면 새로운 숫자가 나타납니다.

`Int(arc4random() % 12)` 코드는 0에서 11 사이에서 임의의 숫자를 만듭니다. 하지만 앱에서는 1에서 12 사이의 숫자가 필요하므로 1을 더해서 1에서 12 사이의 숫자를 얻을 수 있습니다.

다음은 1에서 6까지 여섯 개의 숫자를 가진 주사위를 흉내 내는 코드입니다.

```
Int(arc4random() % 6) + 1
```

첫 코드는 0에서 5 사이의 숫자를 생성하므로 이 결과에 1을 더하면 1에서 6 사이의 숫자를 얻을 수 있습니다. 육면체 주사위를 굴린 결과를 흉내 내는 코드입니다.

임의의 숫자를 만드는 방법을 간단하게 배웠습니다. 8장에서 가장 주사위 앱을 만들면서 임의의 숫자를 만드는 방법을 더 자세히 배웁니다.

5.7.5 앱 실행하기

앱을 실행하면 [그림 5-13]과 같은 화면이 나타납니다.

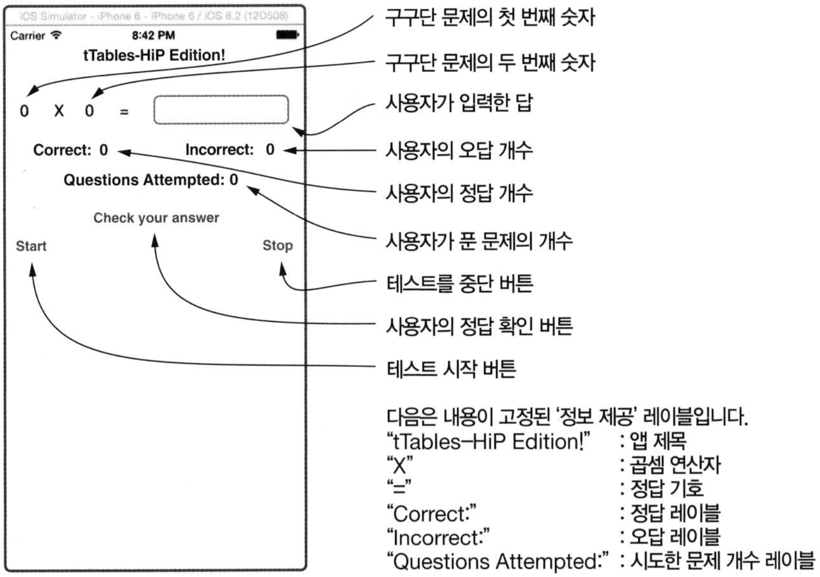

그림 5-13 tTables 앱

Quiz_ 쪽지 시험

1 임의의 숫자란 무엇입니까? 임의의 숫자가 필요한 다섯 가지 상황을 나열해보세요.

2 다음과 같은 상황에서 어떻게 임의의 숫자를 생성할까요?

A 0에서 49 사이의 숫자를 가진 복권 번호 추첨

B 주사위 한 쌍을 던진 결과 흉내내기(2에서 12 사이의 숫자 생성)

06 반복 작업은 컴퓨터로

Chapter

루프로 반복 작업을 수행하는 방법을 배웁니다.

이 장의 학습 목표

- 반복이란 무엇이며 프로그래밍에서는 이를 어떻게 활용하는가?
- 루프란 무엇이고 어떻게 세 종류의 루프를 활용할 수 있을까?
- 왜 같은 블록 코드를 여러 번 반복 실행해야 할까?

여섯 번째 여정에서는 더 효율적인 코드를 구현하도록 도움을 주는 루프loop를 배웁니다. 지금까지의 스위프트 프로그래밍 여정을 되돌아보세요. 1장에서 여행을 시작했습니다. 2장에서는 사용자 인터페이스(UI)를 배웠습니다. 3장에서는 아이폰의 메모리(대부분 컴퓨터의 메모리 동작 원리와 같습니다)와 변수를 배웠습니다. 4장에서는 입출력(I/O)를 직접 실험했습니다. 5장에서는 진짜 개발자처럼 런타임에 데이터와 상황을 기초로 의사를 결정하는 앱을 만들었습니다. 스위프트를 포함한 많은 프로그래밍 언어는 한 코드 블록을 여러 번 반복 실행할 수 있도록 **루프**를 제공합니다.

6.1 반복 제어

현실에서도 루프가 일어납니다. 물리 수업시간에 선생님이 세 번 실험을 반복하라고 지시할 수 있습니다. 실험을 반복하면서 지금까지 몇 번 실험을 했는지 기록해 둘 것입니다. 세 번째 실험이 끝나면 이제 실험을 중지합니다. 현재 몇 번째 실험인지를 알아야 정확히 세 번을 실험하고 끝마칠 수 있습니다.

다음과 같은 다른 현실 예가 더 있습니다.

- 15개 문항으로 이루어진 시험을 치르고 있습니다. 15개 문항을 모두 완료할 때까지 다음 문제를 반복해서 풀어야 합니다. 모든 문제를 풀면 시험이 끝납니다.
- 10개 숫자로 구성된 집합의 합계를 구해야 합니다. 1부터 10까지 반복하면서 각 숫자를 더합니다. 10개 숫자 모두를 더하면 이 작업을 끝냅니다.
- 우유를 엎질러서 해당 부위를 청소해야 합니다. 바닥의 우유가 없어질 때까지 걸레질을 계속해야 합니다.
- 자전거 타이어 압력이 낮습니다. 타이어에 바람이 가득 찰 때까지 펌프질을 계속 반복합니다.

모든 예제에서 어떤 조건이 참에서 거짓이 될 때까지 같은 동작을 반복 수행했습니다. 프로그래밍에서도 한 코드를 여러 번 실행해야 할 때가 있습니다. 곧 루프를 사용하지 않고 반복 작업을 수행하는 예를 보여드리겠습니다.

물리 수업 선생님의 역할을 대행하는 앱이 있는데 이 앱이 실험을 진행하라고 지시했다 가정합니다. 이 앱은 실험을 다섯 번 반복하라고 합니다. 각 실험을 진행할 때마다 실험을 진행했음을 알리는 메시지를 출력합니다. 플레이그라운드에서 이를 다음처럼 코딩할 수 있습니다.

```
print("Run a lap.")
print("Run a lap.")
print("Run a lap.")
print("Run a lap.")
print("Run a lap.")
```

예상대로 잘 동작하지만 썩 좋은 코드는 아닙니다. 같은 코드를 다섯 번 반복하느라 시간을 허비했으며 코드도 길어졌습니다. 이런 메시지를 50번이나 100번 출력해야 한다면 어떨까요?

?_ 같은 메시지를 반복해서 출력하는 동작은 그다지 재밌어 보이지 않습니다. 왜 이런 일을 수행해야 하죠?

맞습니다. 같은 내용을 반복 출력할 필요는 없습니다. 다만 이 코드는 print()를 이용해 같은 블록의 코드를 반복 수행할 수 있다는 예를 보여줄 뿐입니다. 실제 앱에서는 메시지를 출력하는 것보다는 중요한 작업을 반복 수행합니다. 이 부분은 곧 자세히 살펴봅니다.

같은 텍스트를 반복해서 출력하는 상황은 흔히 발생하지 않지만 어떤 코드를 반복 실행해야 하는 상황은 종종 발생합니다. **루프**를 이용해 같은 명령을 반복할 수 있습니다. 스위프트는 다양한 종류의 루프를 제공하는 데 6장에서 이들 루프를 모두 살펴봅니다.

6.2 for-in 루프 문

스위프트에서 가장 흔히 사용하는 for-in 루프부터 살펴봅니다.

Do a situp을 열 번 출력하는 코드를 구현한다고 가정하세요. 이를 어떻게 구현하겠습니까? 기존처럼 print("Do a situp.")을 열 번 입력할 수 있지만 이는 효과적인 방법이 아닙니다. for-in 루프를 이용하면 쉽게 이 문제를 해결할 수 있습니다.

6.2.1 직접 해보세요

플레이그라운드를 열어 다음 코드를 입력하세요. 코드의 기능은 잠시 뒤에 설명합니다. 코드가 어떤 작업을 수행하는지 예상해보세요.

```
for counter in 1...10
{
    print("Do a situp.")
}
```

❶ 루프를 초기화하고, 루프를 제어하는 변수를 선언하고, 몇 번이나 루프를 실행할 지 선언합니다.

❷ 1 for-in 루프를 반복할 때 실행할 코드 블록입니다.

다음 코드를 다시 살펴봅니다.

```
2 for counter in 1...10
```

여기서 `1...10`은 'counter 변수를 1부터 10까지 바꾸면서 루프를 10번 반복'하라는 의미입니다.

```
for counter in 4...6
```

앞의 코드에서 `4...6`은 은 'counter 변수를 4부터 6까지 바꾸면서 루프를 3번 반복'하라는 의미입니다. 루프를 반복할 때마다 counter 변수를 4, 5 마지막에는 6으로 증가시킵니다. 보통 변수를 4에서 6까지 바꾸는 상황은 흔치 않지만 이를 유용하게 사용할 때도 있습니다. 예를 들어 4학년에서 6학년까지의 성적표를 출력해야 하는 상황이 있을 수 있습니다.

앞의 예제에서 루프를 반복하는 동안 counter 변수에 값을 저장했습니다. 원하는 변수 이름을 사용할 수 있습니다. 프로그래밍에서는 보통 `i, j, k, n` 등의 변수명을 이런 용도로 사용합니다. 한 문자로 변수명을 정함으로 루프의 구조를 간결하게 유지할 수 있으며 `i, n` 등은 정수, 숫자를 동시에 가리킬 수 있기 때문입니다.

지금까지 간단한 루프를 배웠습니다. 변수를 이용해 몇 번이나 루프를 반복했는지 기록할 수 있었고 루프를 반복할 때는 중괄호 안의 코드가 실행되었습니다. 이번에는 루프 변수를 조금 더 활용할 수 있는 상황을 살펴봅니다.

6.2.2 동작 원리

1에서 5까지 다섯 행에 숫자를 출력하는 다음 코드를 살펴보세요.

```
for cupcakeCount in 1...5 {
    print("\(cupcakeCount)")
}
```

이 코드에서는 1부터 5까지 다섯 개의 값을 갖는 cupcakeCount 변수를 for-in 루프에 사용했습니다.

지금까지는 같은 텍스트를 반복 출력했습니다. 루프 변수를 활용하면 각 루프에서 다른 메시지를 출력할 수 있습니다. 다음 코드는 다섯 개의 컵케이크에 모두 아이싱을 추가했는지 확인하는 코드입니다.

```
for cupcakeCount in 1...5 {
    print("Icing put on cupcake \(cupcakeCount)")
}
```

다음은 출력 결과입니다.

```
Icing put on cupcake 1
Icing put on cupcake 2
Icing put on cupcake 3
Icing put on cupcake 4
Icing put on cupcake 5
```

[그림 6-1]은 Xcode의 코드와 출력 결과를 보여줍니다.

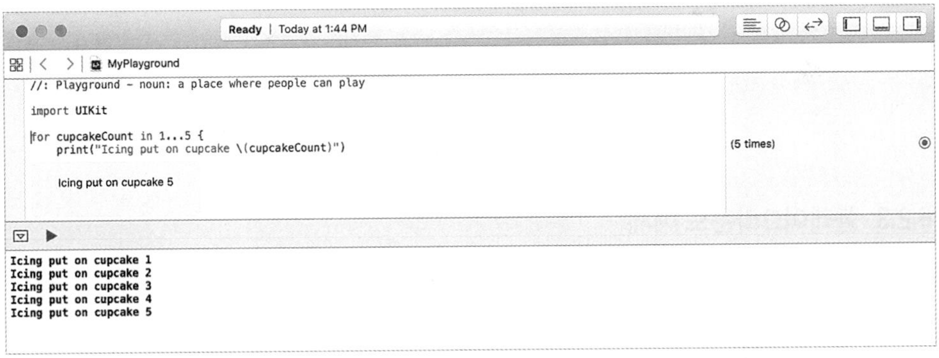

그림 6-1 플레이그라운드에 입력한 Icing-on-cupcake 예제

Xcode의 플레이그라운드 결과가 [그림 6-1]과 달라서 출력 메시지를 확인할 수 없다면

View〉 Debug Area 〉 Activate Console를 선택하세요.

루프 부분을 자세히 살펴봅니다. 다음은 `for-in` 루프의 기본 문법입니다.

```
for <variablename> in <range> {
    <code>
}
```

[표 6-1]은 각각의 코드를 자세히 설명합니다.

표 6-1 for-in 루프의 문법 정의

문법 블록	정의
<variablename>	루프를 반복할 때마다 컴퓨터가 이 변수의 값을 증가시킵니다. 루프 제어 변수loop control variable라고도 부릅니다. 예: i, j, n, num, counter, 모든 유효 변수명
<range>	루프를 실행하는 숫자 범위입니다. 보통 <startingnumber>...<endingnumber> 형식을 갖습니다. 루프는 범위의 첫 번째 숫자에서 시작해 마지막 숫자까지 반복합니다. 42번 루프를 반복하려면 1...42를 범위로 지정합니다. 1...13을 범위로 지정하면 13번 루프를 반복합니다. 예: 1...53, 1...100

<code>	루프를 반복할 때마다 실행하는 코드 블록입니다.
	예:
	`print("6 x 7 = 42")`
	`print("\(i) x \(j) = \(i * j)")`
	두 번째 예제에서 i = 6, j = 7이라면 어떤 결과가 나오는지 직접 확인하세요.

6.2.3 플레이그라운드 예제

새 플레이그라운드를 열고 loops_in_swift라는 이름으로 저장하세요. 그리고 다음 코드를 입력합니다.

```
for i in 1...5 {                      ← ❶ 루프가 시작되는 행입니다.
    print("Loop number \(i)")          ← ❷ 루프를 반복할 때마다 실행되는 코드 행입니다.
}
```

플레이그라운드의 디버그 영역을 여세요. 다음과 같은 출력 결과를 볼 수 있습니다.

```
Loop number 1
Loop number 2
Loop number 3
Loop number 4
Loop number 5
```

루프 동작 원리는 잠시 뒤 설명합니다. 예제에서 <variablename>은 i입니다. 루프가 시작되면 i를 시작값(1)으로 설정합니다. 루프를 반복하면서 다음 구문(i += 1, i = i + 1과 같은 의미)을 자동으로 실행합니다. 3장에서 i += 1은 i를 1 증가시키는 코드임을 배웠습니다. 다음으로 1...5가 <range>입니다. 1...5는 루프를 다섯 번 실행한다는 의미입니다. 변수 i는 1, 2, 3, 4 그리고 마지막으로 5 값을 갖습니다.

?_ 제가 잘 이해했는지 모르겠어요. 어떻게 Loop number 1, Loop number 2 등을 계속 반복 출력할 수 있죠? 숫자가 어떻게 점점 커지는 건가요?

예제에서 Loop number 다음에 i를 출력했습니다. for-in 명령어는 루프가 끝날 때마다 자동으로 i의 값을 1 증가시킵니다. 이를 자동증가autoincrementing이라 합니다.

[그림 6-2]는 for-in 루프가 어떻게 동작하는지 보여줍니다.

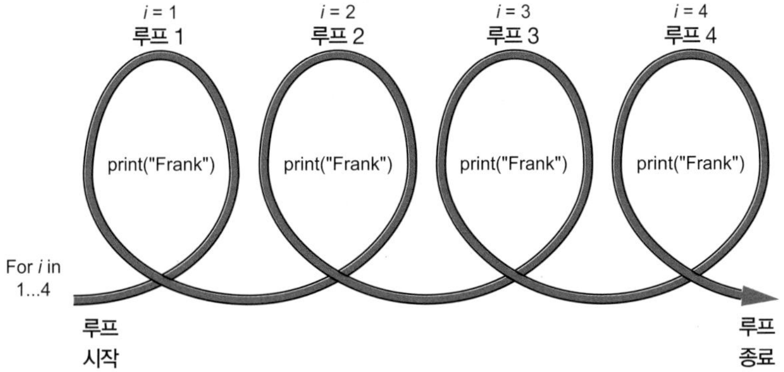

그림 6-2 for-in 루프 동작 원리

변수 i를 이용해 반복 인덱스(루프를 실행한 횟수)를 출력했습니다. print("\(i)") 코드로 변수 i의 값을 출력한다는 사실은 3장에서 배웠습니다.

for-in 루프 말고도 코드 블록을 반복 실행할 수 있는 방법이 있습니다. 어떤 방법들이 있는지 곧 살펴볼 것입니다. 우선 잠시 쉬어가면서 쪽지 시험을 풀어보세요.

Quiz_쪽지 시험

1 다음을 출력하는 코드를 for-in 루프로 구현하세요.

```
Now it is 2
Now it is 4
Now it is 6
Now it is 8
Now it is 10
```

• 힌트: 3장에서 배운 간단한 수학과 1장에서 배운 print() 그리고 6장에서 배운 루프를 모두 활용하세요.

2 이 문제는 조금 더 까다롭습니다. 1에서 25까지 숫자를 출력하면서 각 숫자가 4로 나누어 떨어지는지 알려주는 프로그램을 구현하세요.

• 힌트: if 문과 수학 함수를 사용하세요.

정답:

```
1. for i in 1...5 {
       print("Now it is \(i*2)")    ← ❶ i를 2로 곱해야 합니다.
   }
2. for i in 1...25 {
       if i % 4 == 0 {    ← ❷ i 모듈러스 4가 0이면이라는 의미입니다.
           print("\(i) is divisible by 4")    ← ❸ 4로 나누어 떨어지는 숫자를 출력합니다.
       }
       else {
           print("\(i) is not divisible by 4")    ← ❶ 4로 나누어 떨어지지 않는 숫자를 출력합니다.
       }
   }
```

?_ 모듈러스modulus가 뭐죠?

두 숫자를 나눗셈했을 때 나머지를 모듈러스라 합니다. +, –, *, / 같은 수학 연산자 중 하나입니다.

6.3 while 루프 문

지금까지 가장 많이 사용하는 `for-in` 루프를 배웠고 그 다음으로 자주 사용하는 `while` 루프를 살펴봅니다.

조건이 참일 동안은 어떤 작업을 계속 반복하고 싶다고 가정합니다. 이를 어떻게 구현할까요?

이런 상황을 가정해보세요. 컴퓨터가 정해진 숫자에서 카운트다운을 시작해 0이 되면 우주 왕복선Space Shuttle을 발사합니다. 즉 `counter` 변수는 10에서 시작해 루프를 수행하면서 0이 될 때까지 줄어듭니다. `counter`가 0이 되면 왕복선을 발사합니다.

`for-in` 루프로는 이 작업을 구현하기 어렵습니다. 다행히 `while` 루프를 이용하면 되겠네요!

6.3.1 직접 해보세요

다음처럼 `while` 루프를 사용할 수 있습니다. `counter` 변수가 0보다 크면 카운팅 루프를 계속 진행합니다.

```
var counter: Int = 10
while counter > 0 {
    print("Space Shuttle Launch Countdown: \(counter)")
    counter -= 1
}
print("Launched!")
```

TIP_ while 루프의 바디에서 변수를 증가시키거나 감소시키는 일을 깜빡 잊으면 어떻게 될까요? while 루프에서 이를 깜빡 잊으면 while 루프의 조건은 거짓으로 바뀌지 않으므로 영원히 루프가 실행됩니다. while 루프는 조건이 참이면 계속 실행되니까요. 따라서 제어할 수 없는 무한한 루프가 되어 아이폰, 컴퓨터, 플레이그라운드가 크래시됩니다.

플레이그라운드에서 이 루프를 실행한 다음 디버그 창을 열면 다음과 같은 메시지가 나타납니다.

```
Space Shuttle Launch Countdown: 10
Space Shuttle Launch Countdown: 9
Space Shuttle Launch Countdown: 8
Space Shuttle Launch Countdown: 7
Space Shuttle Launch Countdown: 6
Space Shuttle Launch Countdown: 5
Space Shuttle Launch Countdown: 4
Space Shuttle Launch Countdown: 3
Space Shuttle Launch Countdown: 2
Space Shuttle Launch Countdown: 1
Launched!
```

[표 6-2]는 이 코드를 일반 영어처럼 표현합니다(5장에서 이를 의사코드라 부른다는 사실을 배웠습니다). 다음은 while 루프의 문법입니다.

```
while <condition> {
    <code>
}
```

표 6-2 문법의 각 부분 설명

영어 표현	스위프트 언어
변수를 만들고 값을 할당합니다	var counter: Int = 10
counter 변수가 0보다 크면 괄호 안의 코드를 계속 실행합니다. 이를 루프 조건이라 부릅니다	while counter > 0 {
텍스트 뒤에 counter 변수의 값을 붙여 출력합니다.	print("Space Shuttle Launch Countdown: \(counter)")
counter에서 1을 뺍니다(감소)	counter -= 1
괄호가 끝났을 때 if 조건을 만족(counter > 0)하면 루프를 다시 시작합니다. 괄호가 끝났을 때 if 조건을 만족하지 않으면 괄호 다음으로 실행이 넘어갑니다.	}

표 6-3 while 루프의 문법 정의

문법	정의
<condition>	임의의 조건. 결과가 참이면 while 루프를 실행을 반복. 루프의 조건이 거짓이면 반복을 중단합니다.
<code>	반복하는 while 문 안의 코드입니다.

?_ 우주 왕복선 발사 플레이그라운드 예제에서 counter > 0 조건을 사용했는데 왜 실제로 카운트는 1까지만 내려간거죠?

while 루프는 조건이 참일 동안만 실행하므로 i가 0 즉 조건이 거짓이되는 순간 while 루프가 종료되므로 카운트는 10에서 1까지만 동작합니다.

6.3.2 같지 않음(!=) 연산자

앞의 예제에서 다음 조건을 사용했습니다.

```
counter > 0
```

이 조건을 같지 않음을 의미하는 다른 연산자로 표현할 수 있습니다.

```
counter != 0
```

지금까지 <, >, ==, <=, >= 등의 조건 연산자를 배웠습니다. `!=`는 같지 않음을 가리키는 연산자입니다. 느낌표는 '아니요'라는 의미이고, 등가 기호는 같음을 의미합니다. 따라서 `5 != 6`은 '5는 6과 같지 않아요'라는 의미입니다.

?_ 조금 이상한 질문처럼 들릴 수 있겠지만, 혹시 조건이 거짓이 되지 않는다면 어떻게 되나요? 예를 들어 이전 예제의 `while counter < 10` 조건이 항상 참이라면요!

좋은 질문입니다. 그러면 루프의 조건이 항상 참이므로 영원히 루프가 실행되며 컴퓨터에 문제가 생깁니다. 아니, 컴퓨터는 아마 괜찮겠지만 **무한 루프**infinite loop가 생성되어 버립니다. 여러분은 무한 루프를 만들지 않도록 주의해야 합니다! `while` 루프를 만들 때 항상 변수를 증가시키거나 감소시키는 것을 잊지 마세요.

NOTE_ 무한 루프는 여러분 컴퓨터의 CPU 점유율을 많이 차지합니다. Xcode에서 실수로 무한 루프를 만들었다면 커맨드, 옵션, 이스케이프(Command + Option + Esc) 키를 함께 눌러 윈도우를 가져옵니다. 그리고 해당 윈도우에서 Xcode를 클릭한 다음 Force Quit을 선택해 메모리에서 Xcode 프로세스를 종료해야 합니다.

6.3.3 플레이그라운드 예제

기존에 구현한 `for-in` 루프 예제를 `while` 루프로 바꿔봅니다.

Xcode로 돌아가 기존에 만든 loops_in_swift 플레이그라운드를 열고 다음 코드를 입력합니다.

```
var counter: Int = 10
while counter > 0 {
    print("\(counter)")
    counter -= 1
}
```

디버깅 영역에 다음과 같은 값이 출력됩니다.

```
10
9
8
7
6
5
4
3
2
1
```

[그림 6-3]은 출력 결과를 보여줍니다.

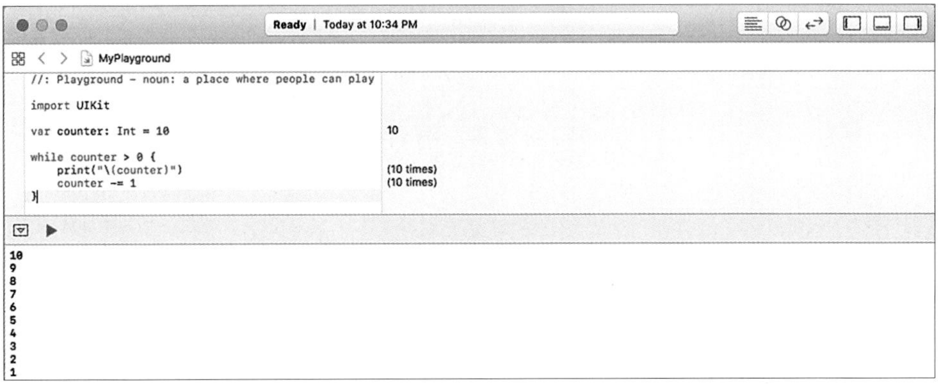

그림 6-3 while 루프 플레이그라운드 연습 문제의 출력 결과

Quiz_ 쪽지 시험

각 행의 코드에 알맞은 설명을 선택하세요.

1 1에서 12까지 4와 곱한 결과를 출력하는 while 루프를 구현하세요.

2 while 루프를 이용해 1에서 25까지의 숫자 그리고 각 숫자가 4로 나누어 떨어지는지를 출력하는 프로그램을 구현하세요.

정답 :

```
1. var i = 1
   while i <= 12 {
       print(i*4)   ← ❶ 'i*4'는 실제 'i' 값을 바꾸지 않음을 기억하세요.
                       이는 'i'에 4를 곱한 값을 출력할 뿐입니다.
       i += 1
   }

2. var i = 1
   while i <= 25 {
       if i % 4 == 0 {   ← ❷ 'i 모듈로 4가 0이면'이라는 의미입니다.
           print("\(i) is divisible by 4")   ← ❸ 4로 나누어 떨어지는 숫자를 출력합니다.
       }

       else {
           print("\(i) is not divisible by 4")   ← ❹ 4로 나누어 떨어지지 않는
                                                    숫자를 출력합니다.
       }

       i += 1
   }
```

6.3.4 repeat while 루프

while 루프를 조금 변형한 repeat while 루프도 있습니다. 다음은 repeat while 루프의 특징입니다.

- while 루프는 조건을 확인해 조건이 참이면 코드 블록을 실행합니다. 조건이 거짓이면 코드 블록을 실행하지 않습니다.
- repeat while 루프는 코드 블록을 먼저 실행한 다음 조건을 확인합니다. 조건이 참이면 루프를 반복합니다. 조건이 거짓이어도 이미 코드를 한 번은 실행한 상태로 루프를 종료합니다. 따라서 조건이 거짓이어도 코드 블록을 최소 한 번은 실행하는 것이 repeat while 루프의 특징입니다. 다음과 같은 상황을 생각해보세요. 학교에서 집으로 돌아와 최소 한 번은 책상을 닦습니다. 책상을 닦았는데 아직 지저분하다면 책상이 깨끗해질 때까지 책상을 다시 닦습니다.

다음은 repeat while 루프의 문법입니다.

```
repeat {
  <code>
} while <condition>
```

[표 6-4]는 repeat while 루프의 문법을 설명합니다.

표 6-4 repeat while 루프의 문법 정의

문법	정의
<condition>	임의의 조건 조건이 참이면 repeat while은 루프를 계속 수행합니다. 조건이 거짓이 되면 다음 반복을 실행하지 않고 종료합니다.
<code>	repeat while이 루프를 돌 때 실행하는 코드입니다.

6.3.5 플레이그라운드 연습 문제. repeat while

다음은 간단한 repeat while 루프 플레이그라운드 예제입니다.

```
var loopCounter = 1
repeat {
    print("\(loopCounter)")
    loopCounter += 1
}
while loopCounter <= 10
```

NOTE_ 카운터와 조건에 주의를 기울이지 않으시면 무한 루프를 만들 수 있으니 주의하세요.

이 코드는 1 부터 10까지 세는 작업을 수행합니다. 플레이그라운드에서 코드를 실행하면 다음과 같은 출력이 나타납니다.

Quiz_ 쪽지 시험

1 1에서 12까지 반복하면서 4의 배수를 출력하는 repeat while 루프를 구현하세요.

2 1에서 25까지 숫자를 출력하면서 각 숫자가 4로 나누어 떨어지는지 알려 주는 프로그램을 repeat while 루프로 구현하세요.

정답 :

1.
```
var ctr = 1
repeat {
    print(ctr*4)    ← ❶
    ctr += 1
}
while ctr <= 12
```
❶ 'i*4'는 실제 'i' 값을 바꾸지 않음을 기억하세요. 이는 'i'에 4를 곱한 값을 출력할 뿐입니다.

2.
```
var ctr = 1
repeat {
    if ctr % 4 == 0 {    ← ❷
        print("\(ctr) is divisible by 4")    ← ❸
    }

    else {
        print("\(ctr) is not divisible by 4")    ← ❹
    }

    ctr += 1
}
while ctr <= 25
```
❷ 'i 모듈로 4가 0이면'이라는 의미입니다.

❸ 4로 나누어 떨어지는 숫자를 출력합니다.

❹ 4로 나누어 떨어지지 않는 숫자를 출력합니다.

6.4 앱: How Many Times?

6.4.1 앱의 기능

이 앱은 사용자로부터 숫자를 입력 받으며 두 개의 버튼을 제공합니다. 사용자가 첫 번째 버튼을 클릭하면 앱은 1부터 입력한 숫자까지 증가합니다. 사용자가 두 번째 버튼을 클릭하면 입력한 숫자부터 1까지 숫자가 감소합니다. 앱을 만들어보세요!

NOTE_ 깃허브에서 내려받은 `Hello-Swift-Code-master` 폴더 안의 `Chapter06_HowManyTimes` 파일을 열면 필요한 코드를 찾을 수 있습니다. 아직 코드를 내려받지 않았다면 `https://github.com/tanmayb123/Hello-Swift-Code/archive/master.zip`에서 코드를 내려받으세요. 한 번에 모든 장의 코드를 내려받을 수 있습니다.

6.4.2 프로젝트 설정하고 UI 만들기

How Many Times라는 앱을 만듭니다(이 과정이 기억나지 않으시면 2장을 다시 참고하세요). 그리고 [그림 6-4]를 참고해 UI를 만드세요.

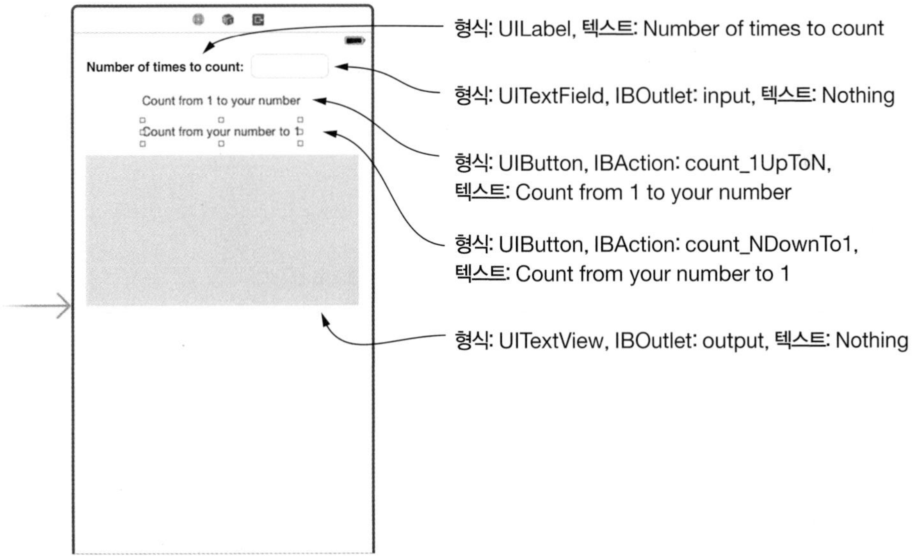

그림 6-4 How Many Times? UI

가운데 노란색 사각형은 텍스트 필드가 아니라 텍스트 뷰입니다. 텍스트 필드와 달리 텍스트 뷰에서는 너비뿐 아니라 높이도 조절할 수 있습니다. 텍스트 뷰는 여러 행의 텍스트를 포함할 수 있다는 사실을 2장에서 배웠습니다.

6.4.3 앱 코딩하기

[예제 6-1]처럼 코드를 구현합니다(추가할 부분은 다른 색으로 표시했습니다).

예제 6-1 How Many Times? 앱

```
class ViewController: UIViewController {
    @IBOutlet var input: UITextField!
    @IBOutlet var output: UITextView!
    override func viewDidLoad() {
        super.viewDidLoad()
        // 뷰를 로딩(보통 nib에서 로딩)한 다음 필요한 추가 작업 수행
    }

    @IBAction func count_1UpToN() {
        output.text = ""                      ← ❶ output 레이블의 텍스트 재설정
        var inputNumber = Int(input.text!)!   ← ❷ 사용자가 입력한 값을 정수 형태로 바꿔서 inputNumber 변수에 저장
        for outputNumber in 1...inputNumber {
            ← ❸ 1에서 inputNumber까지 증가시키는 for-in 루프
            output.text = "\(output.text!)\(outputNumber) \n"   ← ❹ output 레이블의 텍스트 설정
        }
    }

    @IBAction func count_NDownTo1() {
        output.text = ""                      ← ❺ output 레이블의 텍스트 재설정
        var inputNumber = Int(input.text!)!   ← ❻ 사용자가 입력한 값을 정수 형태로 바꿔서 inputNumber 변수에 저장
        while inputNumber != 0 {
            ← ❼ inputNumber에서 1까지 감소시키는 while 루프
            output.text = "\(output.text!)\(inputNumber) \n"
            inputNumber -= 1
        }
    }
```

```
    override func didReceiveMemoryWarning() {
        super.didReceiveMemoryWarning()
        // 재생성할 수 있는 모든 자원을 폐기
    }

}
```

[표 6-5]와 [표 6-6]은 추가한 코드가 수행하는 작업을 설명합니다.

표 6-5 How Many Times? 앱의 IBOutlet

IBOutlet	이유
input	앱이 몇 번이나 숫자를 바꿔야 하는지 사용자로부터 입력 받음
output	사용자에게 결과를 출력하는 IBOutlet. 정해진 숫자를 증가시키거나 감소시킴

표 6-6 How Many Times? 앱의 IBAction

IBOutlet	이유
count_1UpToN	사용자가 버튼을 클릭하면 1부터 입력한 숫자까지 증가시킴. 사용자가 입력한 값을 inputNumber 변수로 저장함. for-in 루프를 이용해 1부터 사용자가 입력한 inputNumber까지 숫자를 증가시키면서 이를 텍스트 뷰에 출력
count_NDownTo1	사용자가 버튼을 클릭하면 입력한 숫자에서 1까지 감소시킴. 사용자가 입력한 값을 inputNumber 변수로 저장함. while 루프를 이용해 사용자가 입력한 inputNumber에서 1까지 숫자를 감소시키면서 이를 텍스트 뷰에 출력

6.4.4 앱 실행하기

앱을 실행하면 [그림 6-5] 같은 결과가 나타납니다.

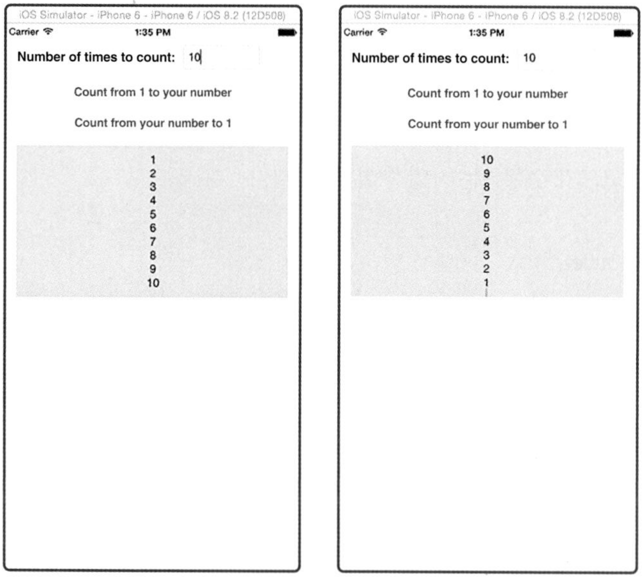

그림 6-5 How Many Times? 앱 테스트

6.5 정리하기

1 스위프트에서 가장 많이 사용하는 루프는 어떤 루프인가요?

2 `for-in` 루프는 어디에 사용하나요?

3 무한 `while` 루프를 만들었다면, 어떻게 중지하나요?

4 How Many Times?와 비슷한 동작을 수행하지만 짝수만 출력하는 앱을 만드세요(힌트: 3장, 6장을 참고하세요. 모듈러스나 다른 방법을 사용할 수 있습니다)

5 사용자가 요청한 숫자의 구구단을 출력하는 앱을 만드세요. 구구단을 거꾸로 출력하는 기능도 제공하세요.

6 다음 코드에는 어떤 문제가 있을까요?

```
for i in 2..5 {
  print("Hello!")
}
```

7 25...30 범위로 for-in 루프를 실행하면 몇 번이나 반복 실행할까요?

8 다음 루프 코드의 출력 결과를 예측해보세요.

코드 1

```
var i = 0
while i != 0 {
    print("Hello Frank!")
}
```

코드 2

```
var i = 0
repeat {
    print("Hello Frank!")
}
while i != 0
```

9 이 문제를 풀려면 시간이 좀 걸릴 수 있습니다. 준비되었나요? for-in 루프를 활용해 별표(*)로 나무를 만드세요. 이 나무는 아홉 개의 행 높이이며, 줄기는 두 개 행 높이와 두 개 열 너비를 갖고 있습니다. 다음 출력 결과를 참고하세요.

```
        *
       * *
      * * *
     * * * *
    * * * * *
   * * * * * *
  * * * * * * *
 * * * * * * * *
* * * * * * * * *
       * *
       * *
```

6.6 앱 연습: Hang Your Word Upside-Down

NOTE_ 깃허브에서 내려받은 Hello-Swift-Code-master 폴더 안의 Chapter05_a1_WhichNumberIsBigger 파일을 열면 필요한 코드를 찾을 수 있습니다. 아직 코드를 내려받지 않았다면 https://github.com/tanmayb123/Hello-Swift-Code/archive/master.zip에서 코드를 내려받으세요. 한 번에 모든 장의 코드를 내려받을 수 있습니다.

6.6.1 앱의 기능

이 절에서는 사용자가 입력한 문자열을 거꾸로 바꾸는 앱을 만듭니다(예를 들어 "Frank"를 입력하면 "knarF"로 바꿈). 먼저 플레이그라운드로 코드를 구현해본 다음에 앱 코드를 완성하세요.

다음과 같은 순서로 앱을 만듭니다.

- 설명, 플레이그라운드 연습
- 앱 만들기
- 앱 코딩
- 앱 실행, 테스트

[그림 6-6]은 앱을 완성한 모습입니다.

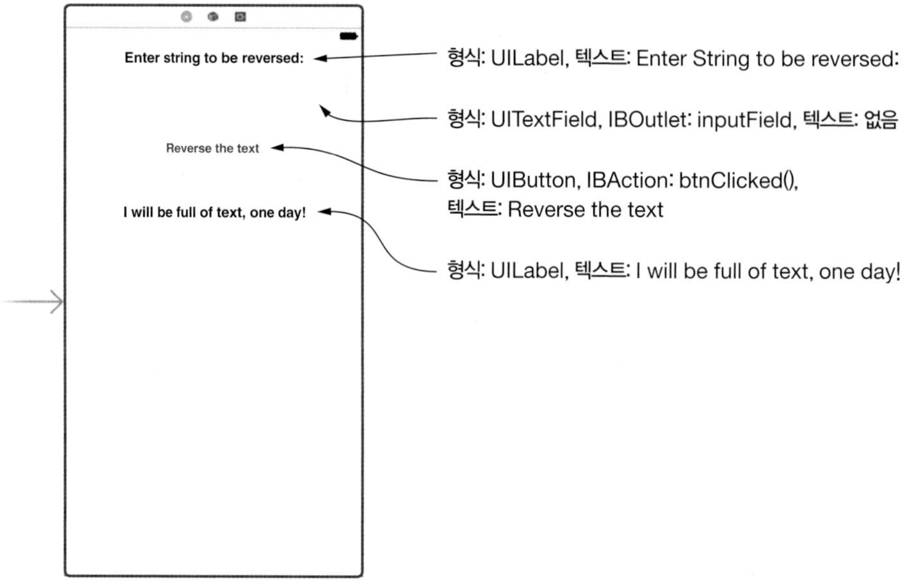

그림 6-6 Hang Your Word Upside-Down 완성 모습

6.6.2 설명, 플레이그라운드 연습, 헬퍼 코드

이 기능을 어떻게 구현해야 할까요?

앱 동작 원리를 설명할 것이므로 크게 걱정하지 마세요. 우선은 어떻게 동작하는지를 이해해야 합니다.

먼저 코드를 웹사이트에서 내려받으세요(extension은 7, 8, 9장에서 더 자세히 설명합니다). 일단 내려받은 코드를 그대로 코드에 추가합니다. [예제 6-2]는 내려받을 코드입니다.

예제 6-2 Hang Your Word Upside-Down에 사용할 String extension

```
extension String {
    subscript(value: Int) -> String {
        get {
            var j = 0
            for i in self.characters {
                if j == (value) {
                    return "\(i)"
                }
                j += 1
            }
            return ""
        }
        set(toSet) {
            var array: [String] = []
            var finalString: String = ""
            for i in self.characters {
                array.append("\(i)")
            }
            array[value] = toSet
            for i in array {
                finalString += i
            }
            self = finalString
        }
    }
}
```

strStart, strEnd 두 개의 변수를 만듭니다. strStart는 0으로 strEnd는 뒤집으려는 문자열의 길이 보다 1 작게 설정합니다(문자와 문자열은 3장에서 배웠습니다). 이제 strStart < strEnd 조건을 이용하는 while 루프를 만듭니다. 루프를 실행하면서 strStart와 strEnd가 가리키는 캐릭터를 문자열에서 서로 맞바꿉니다. 또한 각 루프를 실행할 때마다 strStart를 1 증가시키고 strEnd는 1 감소시킵니다. 다음은 스타터 플레이그라운드에서 시험해볼 수 있는 코드입니다.

```
var str = "Frankie!"
var strStart = 0
var strEnd = str.characters.count - 1
while strStart < strEnd {
    var temp = str[strStart]
    str[strStart] = str[strEnd]
    str[strEnd] = temp
    strStart += 1
    strEnd -= 1
}
print("\(str)")
```

[표 6-7]은 이 코드에 사용된 변수를 자세히 설명합니다.

표 6-7 Hang Your Word Upside-Down **앱의 변수**

변수	이유
str	역순으로 바꾸려는 문자열
strStart	0부터 시작하면서 str의 가운데로 증가하는 정수 변수
strEnd	str의 끝(길이) - 1에서 시작해 str의 가운데로 이동할 때까지 감소. str의 끝에서 -1을 사용하는 이유는 시작 위치가 0이기 때문입니다. 다음 예제를 확인하세요. "ABC" 이 문자열의 길이는 3입니다. 즉 A의 위치는 0, B의 위치는 1, C의 위치는 2입니다. 따라서 str이 "Frank"라면 strEnd는 4입니다.

바꾸려는 문자열을 포함하는 str 변수를 코드 위에 선언한 다음 아래쪽에서 바뀐 결과를 확인할 수 있습니다.

[그림 6-7]은 문자열을 역순으로 바꾸는 로직을 자세히 설명합니다.

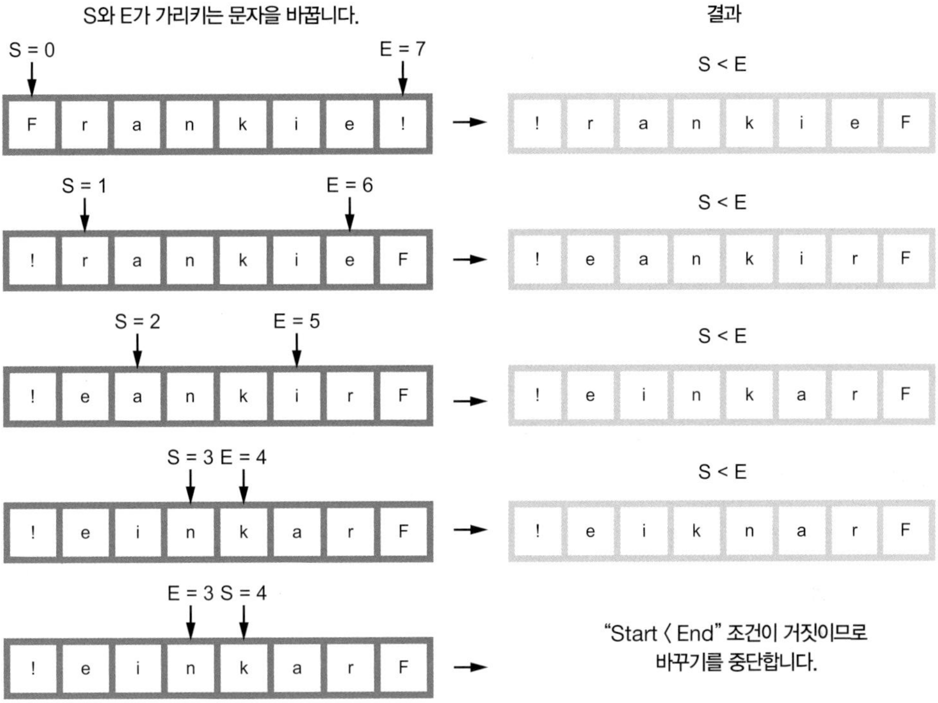

그림 6-7 문자열 역순 동작 로직

이제 배운 내용을 활용해 앱을 만듭니다.

앱을 만들려면 코드를 많이 구현해야 할까요? 그렇지 않습니다. 스위프트는 문자열을 역순으로 바꾸는 함수를 제공합니다. 다음 코드를 확인하세요.

```
var name = "Reader"
name = String(name.reversed())
print(name)
```

앞의 코드를 실행하면 `"redaeR"`가 출력됩니다(`"Reader"` 문자열을 역순으로 바꿈). 제공되는 함수를 이용하면 이렇게 간단하게 문자를 역순으로 바꿀 수 있습니다. 다만 논리적으로 문자열을 어떻게 역순으로 바꿀 수 있는지 이해할 수 있도록 지금까지 설명한 것입니다.

6.6.3 프로젝트 설정하고 UI 만들기

이제 Hang Your Word Upside-Down 이라는 또 다른 단일뷰 앱을 만듭니다. [그림 6-8]을 참고해 UI를 완성하세요.

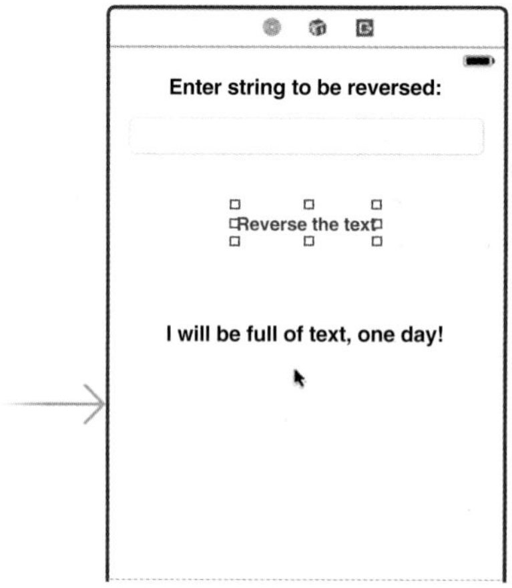

그림 6-8 The Hang Your Word Upside-Down UI

6.6.4 앱 코딩하기

이제 코드를 완성합니다. 다음 코드가 나오기 전에 있는 코드는 무시하세요.

```
class ViewController: UIViewController {
```

예제 6-3 Hang Your Word Upside-Down 앱 연습 문제

```
import UIKit

extension String {
    subscript(value: Int) -> String {
        get {
            var j = 0
            for i in self.characters {
                if j == (value) {
                    return "\(i)"
                }
                j += 1
            }
            return ""
        }
        set(toSet) {
            var array: [String] = []
            var finalString: String = ""
```

```swift
            for i in self.characters {
                array.append("\(i)")
            }
            array[value] = toSet
            for i in array {
                finalString += i
            }
            self = finalString
        }
    }
}

class ViewController: UIViewController {
    @IBOutlet var inputField: UITextField!
    @IBOutlet var outputField: UILabel!
    override func viewDidLoad() {
        super.viewDidLoad()
        // 뷰를 로딩(보통 nib에서 로딩)한 다음 필요한 추가 작업 수행
    }

    @IBAction func btnClicked() {
        var str = inputField.text!      ← ❶ 사용자가 입력한 문자열(역순으로 바꿀 대상)이에요.
        var strStart = 0      ← ❷ strStart 카운터를 0에서 증가시킵니다.
        var strEnd = str.characters.count - 1      ← ❸ strEnd 카운터를 문자열보다 1 작은 값부터 감소시킵니다.
        while strStart < strEnd {
            var temp = str[strStart]
            str[strStart] = str[strEnd]      ❹ 문자열을 역순으로 바꾸는 로직
            str[strEnd] = temp
            strStart += 1
            strEnd -= 1
        }
        outputField.text = "Reversed: \(str)"
    }

    override func didReceiveMemoryWarning() {
        super.didReceiveMemoryWarning()
        // 재생성할 수 있는 모든 자원을 폐기
    }
}
```

완성했어요!

6.6.5 앱 실행하기

[그림 6-9]는 앱을 실행한 모습입니다.

텍스트필드에 문자열을 입력한 다음 Reverse the text 버튼을 클릭하세요. [그림 6-10]처럼 역순으로 바뀐 문자열이 레이블에 출력됩니다. 6장에서는 다음 종류의 루프를 배웠습니다.

- `for-in`
- `while`
- `repeat while`

그림 6-9 Hang Your Word Upside-Down 앱 완성 모습

그림 6-10 Hang Your Word Upside-Down 앱 최종 테스트

7장에서는 변수를 자세히 살펴봅니다.

07 변수를 배열과 딕셔너리로 정리

Chapter

3장에서는 변수를 소개했습니다. 이번에는 배열, 딕셔너리에서 변수를 활용하는 방법을 배웁니다.

이 장의 학습 목표

- 배열과 딕셔너리는 무엇이며 이들이 필요한 이유
- 데이터를 배열이나 딕셔너리에 저장하는 방법
- 배열이나 딕셔너리에 저장된 데이터 사용 방법
- 데이터를 추가, 삭제, 변경하는 방법
- 배열이나 딕셔너리를 반복하는 방법

일곱 번째 여정에서는 변수를 배열과 딕셔너리로 정리하는 방법을 배웁니다. 7장에서는 여러 변수를 한 번에 정리합니다. 특히 7장에서는 변수를 배열, 딕셔너리에 사용하는 방법을 배웁니다. 예를 들어 등록자 이름 목록을 배열에 순서대로 등록합니다. 기존 다섯 개의 퀴즈 점수도 배열에 저장할 수 있습니다.

또한 수학 교과서 마지막의 부록 역시 폴리곤, 비율, 데이터, 대각선, 정수 등의 키워드를 나열하는 딕셔너리입니다. 사실 영어 '사전dictionary'도 프로그래밍에서 딕셔너리로 취급합니다.

7.1 배열과 딕셔너리는 왜 필요한가요?

열 명의 어린이가 학급 과제를 제출해야 한다고 가정하세요. 선생님은 각 레포트에 1에서 10 사이의 숫자를 할당합니다. 프랭크[Frank]는 1, 애이미[Amy]는 2, 마야[Maya]는 3, 톰[Tom]은 4, 티미[Timmy]는 5 등의 숫자를 받았습니다. 프로그래밍에서는 이 목록을 배열로 취급합니다. 배열은 순서를 가진 변수 집합입니다. 이 예제에서 값은 학급 어린이들의 이름과 레포트에 할당된 숫자(이 숫자로 순서를 결정)입니다.

이름1	이름2	이름3	···	이름N
Frank	Amy	Maya	···	Timmy

배열과 달리 딕셔너리에서는 숫자 이외의 값으로도 순서를 정할 수 있습니다. 자세한 내용은 뒤에서 설명하겠지만 일단 딕셔너리는 선생님이 숫자 대신 학생의 별명을 기록하는 것으로 생각할 수 있습니다. 덕분에 딕셔너리에서는 숫자 이외의 다른 값으로 변수의 순서를 결정할 수 있습니다.

다음처럼 어떤 목록에 번호를 할당할 수 있습니다(예를 들어 여러분이 스위프트 선생님이고 다섯 명의 학생에 번호를 할당에 각 학생의 진행 상황을 기록한다고 생각하세요).

```
var Frank = 1
var Amy = 2
var Maya = 3
var Tom = 4
var Timmy = 5
```

할당할 변수가 많지 않다면 큰 문제는 없어 보입니다. 하지만 아주 많은 수의 변수에 순서를 할당해야 한다고 가정해 보세요. 이런 방식으로 100개의 변수에 순서를 할당할 수 있을까요? 이런 작업은 시간이 많이 소요될뿐더러 오타의 위험 그리고 유지보수 하거나 사용하기 어려운 점 등의 문제가 있습니다. 이들 모든 변수의 값을 루프로 반복해야 한다면 정말 골치 아픈 문제가 될 것입니다. 그럼 이 문제를 어떻게 해결할 수 있을까요?

이럴 때 배열을 사용하면 편리합니다. 다음 절에서 배우는 것처럼 배열을 선언하고 루프를 돌면서 배열에 적당한 값을 할당합니다.

7.2 배열이 뭔가요?

배열은 같은 종류의 여러 변수를 그룹화한 결과물입니다. [그림 7-1]의 예를 살펴보세요.

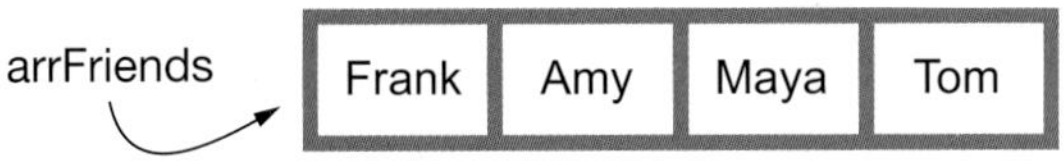

그림 7-1 이름 배열

다음처럼 배열을 만들 수 있습니다.

```
var arrFriends: [String] = ["Frank", "Amy", "Maya", "Tom"]
```

앞의 코드는 문자열 값으로 배열을 만드는 예제입니다. `String` 주변의 대괄호(`[]`)는 이 배열이 문자열을 포함할 것임을 의미합니다. 그리고 배열의 값으로 `Frank`, `Amy`, `Maya`, `Tom`을 포함합니다.

3장에서 설명했듯이 스위프트는 자동으로 변수의 형식을 추론하므로 변수의 형식을 꼭 지정할 필요가 없습니다. 배열에서도 마찬가지입니다. 다음처럼 간단하게 코드를 줄일 수 있습니다.

```
var arrFriends = ["Frank", "Amy", "Maya", "Tom"]
```

하지만 때로는 배열에 무엇을 저장할 수 있는지 분명하지 않을 때도 있습니다. 다음처럼 빈 배열을 생각해 보세요.

```
var arrFriends = []
```

값이 없으므로 스위프트는 배열의 형식을 추론할 수 없습니다. 이런 상황에서는 명시적으로 형식을 지정해야 합니다.

```
var arrFriends: [String] = []
```

?_ 학교에서는 학생의 과제에 번호를 할당했습니다. 하지만 예제 코드에서는 아무 숫자도 할당하지 않았습니다.

바로 이 점이 배열의 매력입니다. 배열에 값을 넣을 때 배열이 자동으로 숫자를 할당합니다. 이 예제에서 배열에 추가한 학생의 순서대로 배열이 각 학생에 번호를 할당합니다.

7.2.1 배열은 0부터 시작합니다!

조금 헷갈릴 수도 있는 개념을 설명하겠습니다. 배열은 1이 아니라 0부터 시작합니다. 학생 과제 예제에서 첫 번째 과제는 1이 아니라 0이 할당합니다. 즉 10개의 과제가 있다면 이들은 0부터 시작해 9로 끝납니다. 할당 숫자가 0부터 시작하기 때문입니다. 보통 학교에서는 1부터 번호를 매기므로 처음에는 이 개념이 조금 헷갈릴 수 있습니다. 0은 거의 잊혀진 존재입니다.

배열에 값을 저장하면 저장된 순서대로 편리하게 값을 가져올 수 있습니다.

과제에 숫자를 할당한 예제로 돌아가보세요. 다음 학생이 과제를 제출할 차례입니다. 그런데 선생님은 다음이 어떤 학생의 차례인지 기억을 못합니다. 다행히 마지막 과제의 번호가 2였으므로 다음 과제에는 3을 할당합니다.

배열에 저장된 누군가의 이름을 가져오려면 할당된 숫자를 알아야 합니다. 프로그래밍에서는 이를 인덱스index라 합니다.

배열의 어떤 값(친구의 이름)에 접근하려면 배열의 이름 다음에 `[<index>]`를 입력해야 합니다. 그러면 배열에서 이름을 반환합니다.

```
print("\(arrFriends[0])")
```

배열의 인덱스 0은 `"Tim"`입니다. 배열의 인덱스는 0부터 시작해 1, 2, 3 등으로 진행됩니다. 인덱스는 1에서 시작하지 않습니다. [그림 7-2]에서 보여주는 것처럼 배열의 인덱스는 1이 아니라 0에서 시작합니다.

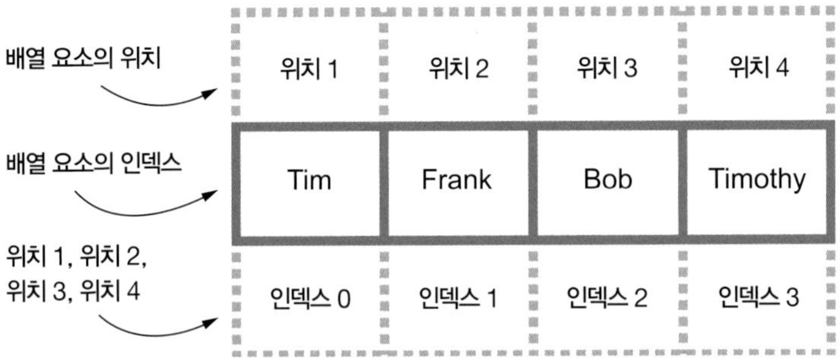

그림 7-2 이름 배열의 위치와 인덱스

인덱스 번호를 모르면 어떻게 될까요? 어떻게 하죠? 이런 상황은 잠시 뒤에 살펴봅니다(힌트: 루프를 이용해 값을 확인해 인덱스를 알아낼 수 있습니다).

7.2.2 데이터 접근

이번에는 데이터를 접근하는 방법을 배웁니다. 데이터에 접근하려면 해당 항목이 저장된 인덱스 번호를 알아야 합니다. 배열에 애완 동물의 목록이 저장되어 있다고 가정하세요. 그리고 이 배열에서 "fish" 항목에 접근하려 합니다.

플레이그라운드로 이 코드를 실행해보세요!

```
var arrPets: [String] = ["dog", "cat", "fish", "hamster"]

print("\(arrPets[2])")
```

플레이그라운드는 "fish"를 출력합니다.

[그림 7-3]은 이 배열의 상태를 보여줍니다.

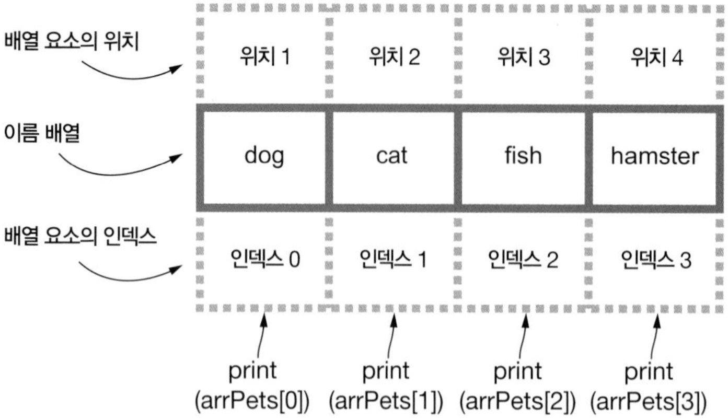

그림 7-3 애완 동물 배열의 위치, 인덱스 그리고 print 명령

?_ 인덱스 2에 저장된 값을 확인했더니 "cat"이 아니라 "fish"가 출력되었습니다. 어떻게 된 걸까요?

기억하세요. 프로그래밍에서는 대부분의 범위가 1이 아니라 0에서 시작합니다. 배열에서 인덱스 1에 접근하면 두 번째 값인 "cat"을 얻습니다. 인덱스 0번을 선택하면 배열의 첫 번째 요소 "dog"을 얻습니다. 따라서 "fish"를 얻으려면 인덱스 2번을 선택합니다.

Quiz_ 쪽지 시험

다음 배열을 살펴보세요.

```
var food: [String] = ["pizza", "burger", "salad", "fries"]
var bigNumbers: [Int] = [53000, 24789, 6093, 4949493]
```

다음 print() 명령의 출력 결과를 예상해보세요.

```
print("\(bigNumbers[2])")
print("\(food)")
print("\(food[4])")
```

첫 번째 명령은 6093을 출력합니다. 배열에 문자열 대신 정수를 저장할 수도 있습니다.
두 번째 명령은 food 배열의 모든 요소를 출력합니다. 직접 확인하세요!
세 번째 명령은 에러입니다. 배열에서 다섯 번째 값을 얻어오려 했지만 배열은 네 개의 값을 갖고 있기 때문입니다.

> **TIP_** 정수 배열도 만들 수 있습니다. `Int` 키워드를 사용하고 값에서 큰따옴표를 제거하세요.

7.2.3 배열 조작

프로그래밍으로 배열에 데이터를 저장하고 바꿀 차례입니다. 다음은 친구 이름을 포함하는 배열입니다.

```
var arrFriends: [String] = ["Tim", "Frank", "Ann", "Maya"]
```

`"Maya"`를 `"Tommy"`로 바꾸려면 어떻게 할까요? 배열에 저장된 이름은 어떻게 바꿀까요?

먼저 마야의 이름이 저장된 인덱스를 찾아야 합니다.

마야의 이름은 목록에서 네 번째 있으므로 인덱스 3번에서 그녀의 이름을 찾을 수 있습니다.

> **TIP_** 인덱스는 1이 아니라 0에서 시작하는 것 기억하죠? 네 번째 이름의 인덱스는 3번입니다.

다음처럼 배열에 저장된 이름을 바꿀 수 있습니다.

```
print("\(arrFriends[3])")   ← ❶ 인덱스 3번에 마야의 이름이 있는지 확인합니다.
arrFriends[3] = "Tommy"     ← ❷ 3번에 저장된 이름을 Tommy로 바꿉니다.
print("\(arrFriends[3])")   ← ❸ 인덱스 3번을 다시 출력해 이름이 Tommy로 바뀌었는지 확인합니다.
```

두 번째 행에서는 마치 변수의 값을 바꾸듯이 `arrFriends`의 세 번째 인덱스를 `"Tommy"`로 바꿨습니다.

직접 해보세요. 이번 플레이그라운드 연습 문제에서는 여러분이 좋아하는 게임 목록 배열을 만듭니다. 그리고 다음 절에서 루프로 이 배열을 반복합니다.

먼저 Xcode를 열어 새 플레이그라운드를 만듭니다. 플레이그라운드의 이름은 arrays_in_Swift로 저장합니다. 첫 번째 행을 지우고 다음 예제처럼 다섯 개의 게임 제목을 포함하는 배열을 선언합니다.

```
var gamesILike: [String] = ["Basketball", "Soccer", "Hockey", "Tetris", "Pacman"]
```

다음처럼 배열의 값에 접근할 수 있습니다.

```
print("\(gamesILike[0])")
print("\(gamesILike[1])")
print("\(gamesILike[2])")
print("\(gamesILike[3])")
print("\(gamesILike[4])")
```

어떻게 배열에 다른 게임을 추가할까요? 배열에 저장된 기존값을 바꾸는 것이 아니라 새 값을 배열에 추가할 수 있습니다. 다음 예제처럼 append 함수(메서드)를 이용합니다.

```
var gamesILike: [String] = ["Basketball", "Soccer", "Hockey", "Tetris", "Pacman"]
gamesILike.append("Agar.io")
```

배열 이름 뒤에 .append를 덧붙여 값을 추가할 수 있습니다. append는 배열의 마지막에 게임의 이름을 추가하는 함수입니다.

위 명령어를 실행한 다음 배열은 다음처럼 바뀝니다.

```
["Basketball", "Soccer", "Hockey", "Tetris", "Pacman", "Agar.io"]
```

이제 하키Hockey 게임이 지겨워져서 배열에서 삭제하려고 합니다. 배열에 값을 추가하는 것처럼 필요 없는 값을 간단하게 삭제할 수 있습니다. 다음 코드를 살펴보세요.

```
gamesILike.remove(at: 2)
```

그러면 배열에서 Hockey가 사라집니다.

7.2.4 배열을 루프로 반복

배열은 루프와 만났을 때 진정한 힘을 발휘합니다. 다음처럼 친구의 이름을 저장한 배열이 있습니다.

```
var arrFriends: [String] = ["Tim", "Bob", "Frank", "Tommy", "John"]
```

이번에는 배열에 저장된 모든 친구의 이름을 출력하려 합니다. print()를 다섯 번 사용하지 않고 한 번에 모든 이름을 출력할 수 있을까요(배열에 100개의 값이 있다고 생각해 보세요)?

루프로 배열을 반복하면서 모든 값을 출력할 수 있습니다. 그러려면 6장에서 배운 루프와 7장에서 배운 배열의 기능을 합쳐야 합니다.

6장에서 for in 루프는 배열을 반복하는 좋은 도구라 설명했습니다. 이제 곧 그 이유를 알 수 있습니다.

다음은 배열을 반복하는 루프 문법입니다.

```
for <variablename> in <arrayname> {
    <do something>
}
```

[표 7-1]은 코드의 의미를 설명합니다.

표 7-1 배열 for-in 루프의 문법 설명

문법	정의
<variablename>	6장에서 루프를 반복할 때마다 변수를 증가시켰습니다. 하지만 배열에서는 루프를 수행할 범위가 필요합니다. 범위는 어떻게 지정할까요? 곧 살펴볼 것입니다.
<arrayname>	루프를 반복하려는 배열의 이름입니다.
<do something>	실행하려는 코드를 가리킵니다. 반복 수행되는 코드 블록입니다.

?_ for in 루프에서 범위로 몇 번 루프를 반복할지 지정했는데 이번엔 범위가 없습니다. 루프를 몇 번 반복할지 어떻게 알 수 있죠?

for in은 배열의 길이를 이미 알고 있습니다. 따라서 number_from, number_to 값을 몰라도 <variablename> 만으로 배열의 길이를 알 수 있습니다. 다음 예제는 0, 1, 2, 3, 4가 아니라 친구의 이름을 출력하는 루프입니다.

다음 코드는 friends 배열을 루프로 반복하면서 이름을 출력합니다.

```
var arrFriends: [String] = ["Tim", "Bob", "Frank", "Tommy", "John"]

for friendname in arrFriends {
    print(friendname)

}
```

잠시만요. print() 문에 "\(friendname)"가 아니라 "friendname"을 입력했네요. 제대로 동작하지 않는 코드죠? 아닌가요?

잘 동작하는 코드입니다. 기존에는 헷갈리지 않도록 설명하지 않은 내용입니다. 변수의 값을 출력할 때는 print()에 큰따옴표 없이 변수명을 그대로 사용할 수 있으므로 print(firendname)은 올바른 코드입니다. 직접 해보세요!

for-in 문에는 어떤 변수명이든 사용할 수 있습니다. 즉, "friendname" 대신 i, x, myFriends 등을 사용할 수 있습니다. 다음은 앞의 코드를 실행한 결과입니다.

```
Tim
Bob
Frank
Tommy
John
```

다섯 개의 변수를 사용하지 않고도 친구들의 이름을 출력할 수 있다는 사실을 알았습니다!

여러 요소를 포함하는 배열에 루프를 이용하면 여러 변수를 사용하지 않고도 원하는 작업을 효과적으로 수행할 수 있습니다.

배열 동작 방법을 이해했으니 앱을 만들 시간입니다.

7.3 10 Number Sorter 앱

이 절에서는 사용자가 입력한 열 개의 숫자를 정렬하는 10 Number Sorter 앱을 만듭니다.

7.3.1 앱의 기능

사용자가 입력한 열 개의 숫자를 작은 수에서 큰 수 순으로 정렬합니다.

> **NOTE_** 숫자를 작은 수에서 큰 수(예를 들어 1에서 5)로 정렬하는 동작을 오름차순 정렬이라 합니다. 반대로 5에서 1 즉 반대로 정렬하는 동작을 내림차순 정렬이라 합니다.

> **NOTE_** 깃허브에서 내려받은 `Hello-Swift-Code-master` 폴더 안의 `Chapter07_10NumberSorter` 파일을 열면 필요한 코드를 찾을 수 있습니다. 아직 코드를 내려받지 않았다면 `https://github.com/tanmayb123/Hello-Swift-Code/archive/master.zip`에서 코드를 내려받으세요. 한 번에 모든 장의 코드를 내려받을 수 있습니다.

7.3.2 프로젝트 설정하고 UI 만들기

[그림 7-4]를 참고해 사용자 인터페이스(UI)를 만듭니다.

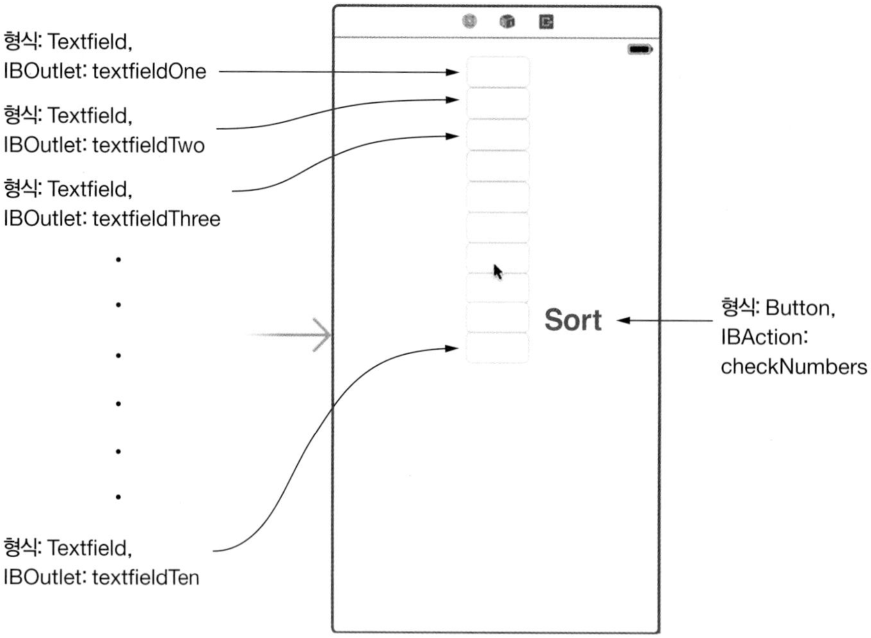

그림 7-4 10 Number Sorter UI

7.3.3 앱 코딩하기

[예제 7-1]처럼 코드를 입력합니다.

예제 7-1 10 Number Sorter 코드

```
class ViewController: UIViewController {
    @IBOutlet var textfield1: UITextField!   ← ❶ 사용자가 입력한 열 개의 숫자를 처리할
                                                 수 있도록 추가한 IBOutlet입니다.
    @IBOutlet var textfield2: UITextField!
    @IBOutlet var textfield3: UITextField!
    @IBOutlet var textfield4: UITextField!
    @IBOutlet var textfield5: UITextField!
    @IBOutlet var textfield6: UITextField!
    @IBOutlet var textfield7: UITextField!
    @IBOutlet var textfield8: UITextField!
    @IBOutlet var textfield9: UITextField!
    @IBOutlet var textfield10: UITextField!
```

```
override func viewDidLoad() {
    super.viewDidLoad()
    // 뷰를 로딩(보통 nib에서 로딩)한 다음 필요한 추가 작업 수행
}

@IBAction func checkNumbers() {                    ◀— ❷ IBAction은 '선택 정렬' 방식으로 숫자를
    var numArray = [                                    정렬해 텍스트필드로 결과를 출력합니다.
        Int(textfield1.text!)!,                    ◀— ❸ Int()를 이용해 텍스트 필드에 입력한 문
        Int(textfield2.text!)!,                         자열을 정수로 바꿉니다.
        Int(textfield3.text!)!,
        Int(textfield4.text!)!,
        Int(t extfield5.text!)!,
        Int(textfield6.text!)!,
        Int(textfield7.text!)!,
        Int(textfield8.text!)!,
        Int(textfield9.text!)!,
        Int(textfield10.text!)!]
    for outerLoop in 0...numArray.count - 2 {
        ◀— ❹ for 루프를 이용한 '선택 정렬' 알고리즘이에요.
        for innerLoop in outerLoop+1...numArray.count - 1 {
            if numArray[outerLoop] > numArray[innerLoop] {
                var temp = numArray[outerLoop]
                numArray[outerLoop] = numArray[innerLoop]
                numArray[innerLoop] = temp
            }
        }
    }
    textfield1.text = "\(numArray[0])"          ◀— ❺ 모든 정렬된 숫자를 각각의 텍스트 필드
    textfield2.text = "\(numArray[1])"               에 설정하는 코드입니다.
    textfield3.text = "\(numArray[2])"
    textfield4.text = "\(numArray[3])"
    textfield5.text = "\(numArray[4])"
    textfield6.text = "\(numArray[5])"
    textfield7.text = "\(numArray[6])"
    textfield8.text = "\(numArray[7])"
    textfield9.text = "\(numArray[8])"
    textfield10.text = "\(numArray[9])"
}
```

```
    override func didReceiveMemoryWarning() {
        super.didReceiveMemoryWarning()
        // 재생성할 수 있는 모든 자원을 폐기
    }
}
```

7.3.4 코드 동작 원리

바로 전 코드에서 선택 정렬Selection Sort이라는 알고리즘을 사용했습니다. 이 절에서는 선택 정렬 알고리즘을 설명합니다.

코드에서 두 개의 루프를 중첩으로 사용했습니다. 바깥쪽 루프는 "outerLoop" 변수를, 안쪽 루프는 "innerLoop" 변수를 사용했습니다. 바깥쪽 루프는 마지막 요소를 제외한 모든 요소를 루프로 반복합니다. 바깥 루프가 반복할 때마다 안쪽 루프는 나머지 숫자를 반복하면서 가장 작은 숫자를 바깥 루프에서 선택된 숫자와 바꿉니다. "outerLoop"가 배열의 끝 - 1에 도달하면 배열은 오름 차순으로 정렬된 상태가 됩니다.

?_ 정렬하는 방법을 왜 알아야 하죠? 프로그램에서는 이를 어떻게 활용하나요?

배열을 정렬하는 내장 함수가 있지만 직접 정렬 코드를 구현함으로 코딩 기술과 문제 해결 능력을 기를 수 있습니다.

다음과 같은 상황에서 정렬을 활용하세요. 배열에서 중복된 항목을 검사해야 할 때 정렬을 사용합니다. 정렬하면 필요한 값을 더 빠르게 찾을 수 있습니다. 또한 정렬된 숫자는 작업하기가 쉽습니다. 정렬을 다양한 상황에 활용할 수 있습니다.

7.3.5 앱 실행하기

앱을 실행하세요. 입력란에 숫자를 입력하고 Sort 버튼을 클릭합니다.

7.4 2차원 여행(행과 열)

이 절에서는 2차원을 배웁니다. 행 외에 행과 열을 포함하는 배열 말이죠. 즉 그리드 또는 행렬을 다룹니다.

[표 7-2]는 만들려는 배열 예제를2차원 시각적으로 보여줍니다.

표 7-2 2차원 배열을 보여주는 표

	teamArr 배열		
	player1	player2	player3
team1	Ann	Bob	Tim
team2	Todd	Jimmy	Tom
team3	Frank	Amy	Maya

	scoresArr 배열				
	student1	student2	student3	student4	student5
test1	1	3	5	2	4
test2	1	6	2	2	6

행과 열을 갖는 배열을 2차원 배열이라 합니다. 행과 열을 포함하는 배열을 2차원 배열이라 합니다. 삼차원, 사차원 배열도 있지만 당장은 설명하기 힘든 내용입니다. 간단하게 2차원 배열은 배열 안에 또 다른 배열을 포함합니다.

```
var teamsArr: [[String]] =
[["Ann", "Bob", "Tim"],
["Todd", "Jimmy", "Tom"],
["Frank", "Amy", "Maya"]]

var scoresArr: [[Int]] = [[1, 3, 5, 2, 4], [1, 6, 2, 2, 6]]
```

NOTE_ scoresArr은 한 행에 표현한 반면 teamsArr은 여러 행으로 표현했습니다. 그렇다고 기능이 달라지는 것은 아닙니다. 단지 여러 행으로 표현하면 가독성이 좋아질 뿐입니다.

보신 것처럼 기존의 배열 형식([〈TYPE〉])이 다음처럼 바뀝니다.

```
[[<TYPE>]]
```

기존 배열과 다른 점은 대괄호가 한 쌍이 아니라 두 쌍이라는 사실입니다. 대괄호는 필요한 만큼 중첩할 수 있습니다. 대괄호를 추가하면 배열의 차원이 그만큼 증가합니다.

다음 코드는 teamsArr에서 3행 2열에 있는 "Amy"에 접근하는 코드입니다.

```
print(teamsArr[2][1])
```

NOTE_ 배열의 범위는 0부터 시작하므로 "Amy"의 행 인덱스는 2, 열 인덱스는 1입니다.

지금까지 배열을 살펴봤고 이번에는 딕셔너리를 살펴봅니다.

7.5 딕셔너리란 무엇인가?

딕셔너리란 말 그대로 사전입니다. 배열이나 딕셔너리나 한 쌍의 데이터를 갖는 점은 비슷하지만 정수 인덱스를 이용하는 배열과 달리 여러분의 책장에 꽂혀 있는 실제 사전처럼 딕셔너리에서는 원하는 데이터를 인덱스로 사용할 수 있습니다.

7.5.1 딕셔너리를 코드로 구현하기

영영사전(딕셔너리)에서 다음의 단어들을 찾았습니다.

- Paper a sheet to write or print on
- Water a liquid you drink when you are thirsty
- Mouse a pointing & clicking device used in computers
- Pencil an instrument you write with on paper

이를 코드로 구현할 수 있습니다.

```
var meanings: [String: String] = ["paper": "a sheet to write or print
on", "water": "a liquid you drink when you are thirsty", "mouse":
"a pointing device used in computers", "pencil": "an instrument
you write with on paper"]
```

새 행과 공백을 추가해서 가독성을 높입니다.

```
var meanings: [String: String] = [
    "paper": "a sheet to write or print on",
    "water": "a liquid you drink when you are thirsty",
    "mouse": "a pointing device used in computers",
    "pencil": "an instrument you write with on paper"
]
```

> **TIP_** 배열처럼 딕셔너리의 형식도 자동 추론을 지원합니다. 즉 앞의 코드에서 `": [String: String]"` 형식을 생략할 수 있습니다.

다음 코드로 `"water"`의 의미를 확인할 수 있습니다.

```
print(meanings["water"])
```

다음은 출력 결과입니다.

```
a liquid you drink when you are thirsty
```

다음 코드로 "pencil"의 의미를 확인할 수 있습니다.

```
print(meanings["pencil"])
```

다음은 출력 결과입니다.

```
an instrument you write with on paper
```

?_ 꽤 간단해 보이는군요. 단어 의미를 검색하는 것 말고 다른 용도로 딕셔너리를 사용할 수 있을까요?

딕셔너리의 용도는 무궁무진합니다! 예를 들어, 플레이어의 점수나, 각 달의 날짜 수를 저장할 수 있습니다. 또한 실험 물질 이름, 끓는점, 어는점 등 과학 실험에 필요한 데이터를 저장할 수도 있습니다.

7.5.2 딕셔너리 만들고 데이터 사용하기

사람들을 포함하는 목록이 있는데 이들이 가족인지 친구인지 구분하려 한다고 가정합니다. 예를 들어 Frank는 친구고 Tom은 가족입니다. Mark는 가족입니다. Todd는 친구입니다.

친구의 이름과 관계를 동시에 저장해야 하므로 배열로는 이 작업을 수행할 수 없습니다. 딕셔너리로 이 문제를 해결할 수 있습니다. 다음은 사람 목록과 관계를 딕셔너리로 구현한 코드입니다.

```
var people: [String: String] = ["Frank": "Friend", "Tom": "Family",
"Mark": "Family", "Todd": "Friend"]
```

조금 더 읽기 쉽게 코드를 정리할 수 있습니다(기억하세요. 겉모습만 달라질 뿐 기능은 같습니다).

```
var people: [String: String] = [
    "Frank": "Friend",
    "Tom": "Family",
    "Mark": "Family",
    "Todd": "Friend"
]
```

들여쓰기를 하니 코드가 한결 읽기 쉬워졌습니다. 이제 딕셔너리를 어떻게 만든 것인지 확인하세요.

다음은 딕셔너리를 만드는 기본 문법입니다.

```
var <dictionaryName>: [<keytype>: <valuetype>] = [<key1>: <value1>,
<key2>: <value2>, <key3>: <value3>, 기타 등등]
```

[표 7-3]은 기존 코드의 문법 정의를 설명합니다.

표 7-3 딕셔너리 문법 정의

문법	정의
<dictionaryName>	선언하려는 딕셔너리 이름
<keytype>	키 변수의 형식
<valuetype>	값 변수의 형식
<key>	<keytype>으로 선언한 형식의 키
<value>	<valuetype>으로 선언한 형식의 값

딕셔너리에 데이터를 저장하는 방법을 알아봤으니 이제 저장된 데이터에 접근하는 방법을 확인합니다. 데이터 접근 문법은 다음처럼 간단합니다.

```
<dictionaryName>[<key>]
```

주어진 이름으로 이 사람이 친구나 가족인지 확인하려 합니다. 이름을 제공하면 프로그램은 이 사람이 친구인지 가족인지 알려줍니다. 예를 들어 다음은 "Frank"가 친구인지 가족인지 알아내는 코드입니다.

```
print(people["Frank"])
```

다음은 출력 결과입니다.

```
Friend
```

NOTE_ 딕셔너리에서 키는 두 번 이상 사용할 수 없습니다. 예를 들어 딕셔너리에 "Frank"라는 키는 오직 개만 존재해야 합니다. 같은 키를 다시 사용하려 하면 스위프트는 키에 할당된 기존 값을 교체합니다.

7.5.3 딕셔너리 내용 바꾸기

이 절에서는 사람 목록을 포함하는 기존에 만든 딕셔너리를 그대로 사용합니다.

```
var people: [String: String] = ["Frank": "Friend", "Tom": "Family",
"Mark": "Family", "Todd": "Friend"]
```

딕셔너리에 데이터를 추가하는 방법은 배열에 데이터를 추가하는 방법과는 조금 다릅니다. 배열에서는 다음처럼 데이터를 추가합니다.

```
array.append(value)
```

하지만 딕셔너리에서는 다음과 같은 방법으로 데이터를 추가합니다.

```
<dictionaryName>[<KEY>] = <VALUE>
```

예를 들어 다음처럼 사촌의 이름 "Craig"를 추가할 수 있습니다.

```
people["Craig"] = "Family"
```

NOTE_ 이미 인덱스가 존재하면, 새 값을 추가하지 않고 기존 값을 덮어씌웁니다.

친구 목록에서 이름을 삭제하려면 어떻게 할까요? 다음 코드로 항목을 삭제할 수 있습니다.

```
people["Frank"] = nil
```

NOTE_ nil은 아무것도 아님을 의미합니다.

이제 Frank가 친구 목록에서 사라졌습니다.

?_ 딕셔너리에는 왜 append 함수를 사용할 수 없죠?

배열에서 append를 사용하면 배열의 가장 뒷부분에 데이터를 추가합니다. 마지막 항목의 인덱스가 5라면 append는 6번 인덱스에 새 값을 추가합니다. 하지만 딕셔너리는 숫자를 인덱스로 사용하지 않으므로 '마지막' 항목이라는 개념이 없습니다. 그런 이유로 딕셔너리는 append를 지원하지 않습니다.

다음은 "Craig"를 배열에 추가한 다음 people 배열을 출력한 결과입니다.

```
["Todd": "Friend", "Craig": "Family", "Frank": "Friend", "Tom":
"Family", "Mark": "Family"]
```

배열이나 딕셔너리 모두 같은 방법으로 데이터를 출력할 수 있습니다. 즉 print() 명령어에 배열 또는 딕셔너리를 전달하면 안에 들어있는 내용이 출력됩니다. 다음처럼 people 배열의 내용을 출력할 수 있습니다.

```
print(people)
```

배열에 포함된 데이터를 반복하면서 항목을 출력하기 전에 그 항목이 어떤 조건을 만족하는지 확인할 수 있을까요? 루프와 `if` 문을 이용할 수 있습니다.

7.5.4 딕셔너리를 루프로 반복

이 절에서는 딕셔너리를 루프로 반복하는 방법을 배웁니다. 배열과 비슷한 방법으로 딕셔너리를 루프로 반복할 수 있는데 배열처럼 한 개의 값이 아닌 키, 값 쌍을 갖는다는 점이 다릅니다.

과일 목록과 동물 목록이 있다고 가정하세요. 이 항목들(apple, banana, cat, dog)은 키입니다. 그리고 키는 고유합니다. 어떤 항목(키)이 동물인지 과일인지 알아내야 합니다. 여기서 결과는 값입니다. 이제 여러분은 동물의 값을 갖는 모든 딕셔너리 키(즉 cat, dog)를 찾아내야 합니다.

<dictionary> myThings	
<vname1> key	<vname2> value
apple	fruit
banana	fruit
dog	animal
cat	animal

다음 코드로 이를 구현할 수 있습니다.

```
for (key, value) in myThings {
    if value == "animal" {
        print(key)
    }
}
```

앞의 코드는 '딕셔너리에서 값이 `animal`인 항목의 키를 출력'하라는 의미이며 다음은 그 출력 결과입니다.

```
dog
cat
```

다음은 딕셔너리 루프 반복 문법입니다.

```
for (<vname1>, <vname2>) in <dictionary> {
    <code>
}
```

[표 7-4]는 각 문법을 설명합니다.

표 7-4 딕셔너리 for in 루프 문법 정의

문법	설명
<vname1>	첫 번째 변수명 또는 딕셔너리의 키 항목
<vname1>	두 번째 변수명 또는 딕셔너리의 값 항목
<dictionary>	루프를 수행하려는 딕셔너리
<code>	루프를 반복할 때 실행되는 코드

Quiz_ 쪽지 시험

1 가족만 출력하는 루프를 구현하세요.

2 모든 "Family"를 "Relative"로 바꾸는 루프를 구현하세요.

정답 :

```
1. for (key, value) in people {
       if value == "Family" {
           print(key)
       }
   }
```

```
2. for (key, value) in people {
       if value == "Family" {
           people[key] = "Relative"
       }
   }
```

다음 절에서 더 다양한 예를 살펴봅니다.

7.6 Friend List 앱

이제 또 다른 앱을 구현합니다!

7.6.1 앱의 기능

친구 목록을 만드는 앱입니다.

> **NOTE_** 깃허브에서 내려받은 Hello-Swift-Code-master 폴더 안의 Chapter07_FriendList 파일을 열면 필요한 코드를 찾을 수 있습니다. 아직 코드를 내려받지 않았다면 https://github.com/tanmayb123/Hello-Swift-Code/archive/master.zip에서 코드를 내려받으세요. 한 번에 모든 장의 코드를 내려받을 수 있습니다.

7.6.2 앱 설정하고 UI 만들기

[그림 7-5]를 참고해 UI를 만듭니다.

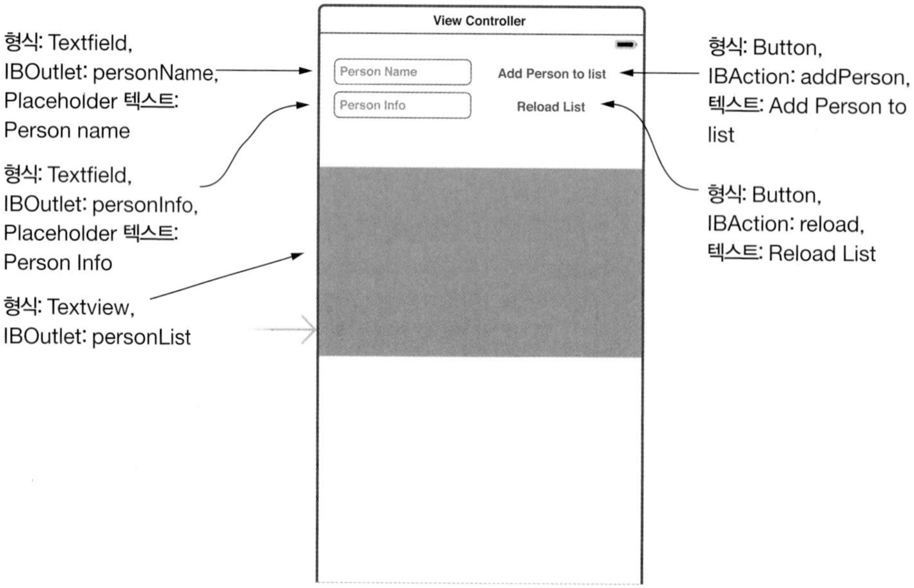

그림 7-5 Friend List UI

7.6.3 앱 코딩하기

이제 다음처럼 코드를 구현합니다.

예제 7-2 Friend List 코드

```
class ViewController: UIViewController {

    var persons: [String: String] = [:]   ← ❶ 콜론을 대괄호로 감싸서 빈
                                               딕셔너리를 선언했어요.

    @IBOutlet var personName: UITextField!
    @IBOutlet var personInfo: UITextField!
    @IBOutlet var personList: UITextView!

    override func viewDidLoad() {
        super.viewDidLoad()
        // Do any additional setup after loading the view, typically from a nib.
    }

    @IBAction func reload() {
        var finalString = ""
        for (name, who) in persons {
            finalString = "\(finalString)\(name), \(who)\n"
        }
        personList.text = finalString
    }

    @IBAction func addPerson() {
        persons[personName.text!] = personInfo.text!
        personName.text = ""
        personInfo.text = ""
    }

    override func didReceiveMemoryWarning() {
        super.didReceiveMemoryWarning()
        // Dispose of any resources that can be re-created.
    }
}
```

이름과 친구 정보를 저장하는 String, String 형식의 딕셔너리를 정의했습니다. 이 딕셔너리를 루프로 반복하면서(IBAction 코드) 얻은 정보를 다듬어 TextView로 출력합니다.

IBOutlet과 IBAction 연결하기

[표 7-5]는 앱에 사용된 모든 IBOutlet을 설명합니다.

표 7-5 Friend List 앱의 IBOutlet

IBOutlet	용도
personName	친구의 이름을 입력하는 텍스트 필드. 입력한 이름은 persons 딕셔너리의 키로 사용.
personInfo	친구의 정보를 입력하는 텍스트 필드. 입력한 정보는 persons 딕셔너리의 값으로 사용.
personList	텍스트 뷰로 출력하는 결과

[표 7-6]은 앱에 사용된 모든 IBAction을 설명합니다.

표 7-6 IBAction

IBAction	용도
reload	이 버튼(또는 연결된 IBAction)은 필요한 정보를 딕셔너리에서 다시 읽어 텍스트 뷰를 갱신.
addPerson	이 버튼(또는 연결된 IBAction)은 사용자가 텍스트 필드에 입력한 정보를 딕셔너리로 추가.

이제 다음처럼 모든 IBAction과 IBOutlet을 연결합니다.

1 'Person Name' 텍스트 필드를 personName IBOutlet으로 연결
2 'Person Info' 텍스트 필드를 personInfo IBOutlet으로 연결
3 'Add Person to list' 버튼을 addPerson IBAction으로 연결
4 'Reload List' 버튼을 reload IBAction으로 연결
5 'Output' 텍스트 뷰를 personList IBOutlet으로 연결

앱을 실행하면 [그림 7-6]처럼 화면이 나타납니다.

사람의 이름을 친구 목록에 추가한 다음 [그림 7-7]처럼 목록을 확인할 수 있습니다.

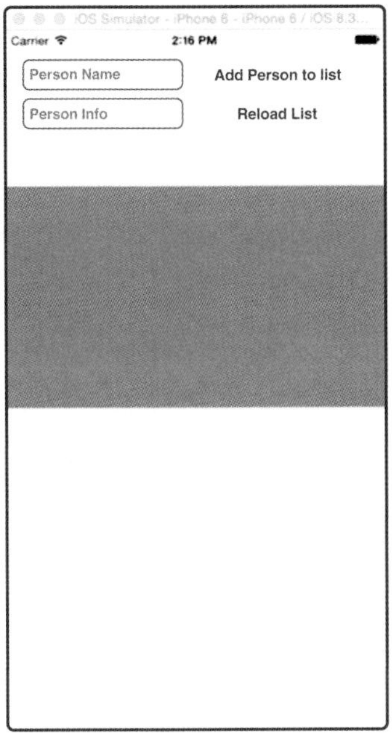

그림 7-6 Friend List 앱 실행

그림 7-7 Friend List 앱 사용

7.7 정리하기

1 빈 배열과 빈 딕셔너리는 어떻게 만드나요?

2 배열과 딕셔너리의 세 가지 차이를 설명하세요.

3 다음 코드에서 잘못된 부분을 찾으세요.

```
var emptyDictionary: [String: String] = []
```

4 다음 코드의 빈 칸을 채우세요.

```
for ____ in arr {
    print(____)
}
```

5 배열에 `for in` 루프를 어떻게 사용할까요? 예제 코드로 설명하세요.

6 기존의 `people` 딕셔너리에서 모든 친구 목록을 추출하세요(규칙: 루프와 `if` 문을 이용하세요).

7 다음 코드를 더 간단하게 만들 수 있을까요?

```
var someArray = [1, 4, 23, 6, 7, 2, 8, 9]
for j in 0…someArray.count - 1 {
    print(someArray[j])
}
```

8 [그림 7-8]의 표는 언어, 수학, 과학, 소셜 탐구 클래스를 수강하는 다섯 학생의 시험 점수입니다.

	언어	수학	과학	소셜 연구
학생 1	2	3	1	7
학생 2	8	5	6	2
학생 3	7	1	4	5
학생 4	3	4	8	5
학생 5	9	4	7	8

그림 7-8 2차원 배열로 표현한 점수

다음은 그림의 정보를 2차원 배열로 구현해 출력하는 코드입니다.

```
var scores: [[Int]] = [[2, 3, 1, 7], [8, 5, 6, 2], [7, 1, 4, 5], [3, 4, 8, 5],
                        [9, 4, 7, 8]]
for i in scores {
    print(i)
}
```

출력 결과를 예상해보세요. 출력 결과를 예상하기 힘들면 플레이그라운드로 코드를 실행해보세요.

7.8 앱 연습: Alphabet Unscrambler

7장의 첫 번째 연습 앱을 만듭니다.

7.8.1 앱 기능

이 절에서는 Alphabet Unscrambler라는 게임 앱을 만듭니다.

> **NOTE_** 깃허브에서 내려받은 `Hello-Swift-Code-master` 폴더 안의 `Chapter07_AlphabetUnscrambler` 파일을 열면 필요한 코드를 찾을 수 있습니다. 아직 코드를 내려받지 않았다면 `https://github.com/tanmayb123/Hello-Swift-Code/archive/master.zip`에서 코드를 내려받으세요. 한 번에 모든 장의 코드를 내려받을 수 있습니다.

이 게임은 A, B, C, D, E, F, G, H, I 아홉 개의 문자를 사용합니다. 아홉 문자가 뒤섞인 상태로 게임이 시작됩니다. 사용자는 흐트러진 문자의 순서를 올바로 정렬해야 합니다. 사용자는 문자를 클릭할 수 있습니다. 한 문자를 클릭하면 처음부터 클릭한 문자까지 모든 문자의 순서가 뒤바뀝니다. 이 과정을 반복하면서 문자의 순서를 올바로 정렬하는 것이 게임의 규칙입니다.

다음과 같은 문자 집합이 주어졌다고 가정하세요.

```
C D I H A B F E G
```

A를 클릭하면 C, D, I, H, A의 순서가 A, H, I, D, C로 뒤바뀝니다. 즉 다음처럼 문자의 순서가 바뀝니다.

```
A H I D C B F E G
```

문자를 클릭해서 다음처럼 정렬해야 합니다.

```
A B C D E F G H I
```

[그림 7-9]는 완성된 앱의 모습입니다.

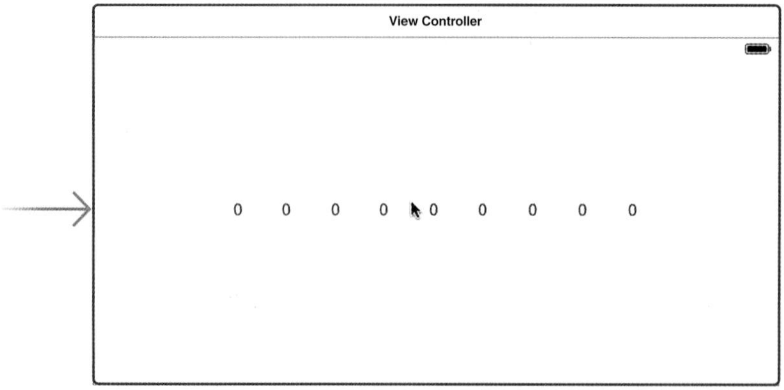

그림 7-9 최종 앱

7.8.2 프로젝트 설정, UI 만들기

[그림 7-10]을 참고해 UI를 완성하세요.

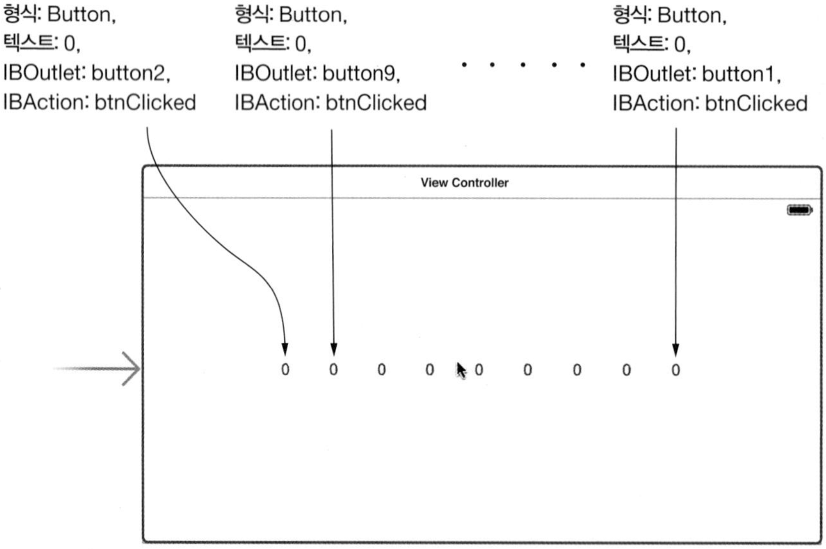

그림 7-10 Alphabet Unscrambler 게임 UI

7.8.3 앱 코딩하기

[예제 7-3]을 참고해 앱을 코딩하세요.

예제 7-3 Alphabet Unscrambler 코드

```
import UIKit

extension Array {
    func shuffle() -> Array {
        var tempArr = self
        for (index, _) in tempArr.enumerated() {
            let rand = Int(arc4random_uniform(UInt32(tempArr.count - 1)))
            let temp = tempArr[rand]
            tempArr[rand] = tempArr[index]
            tempArr[index] = temp
        }
        return tempArr
    }
}

extension UIButton {
    func text() -> String {
        return self.titleLabel!.text!
    }

}

class ViewController: UIViewController {

    var alphabet: [String] = []   ← ❶ A부터 I까지 알파벳을 포함하는 배열입니다.

    @IBOutlet var button1: UIButton!   ← ❷ 버튼과 연결할 IBOutlet이며 A에서 I까지
    @IBOutlet var button2: UIButton!        알파벳을 표시합니다.
    @IBOutlet var button3: UIButton!
    @IBOutlet var button4: UIButton!
    @IBOutlet var button5: UIButton!
    @IBOutlet var button6: UIButton!
    @IBOutlet var button7: UIButton!
```

```
@IBOutlet var button8: UIButton!
@IBOutlet var button9: UIButton!

override func viewDidLoad() {
    super.viewDidLoad()
    alphabet = ["A", "B", "C", "D", "E", "F", "G", "H", "I"]
    alphabet = alphabet.shuffle()
    button1.setTitle(alphabet[0], for: .normal)
    button2.setTitle(alphabet[1], for: .normal)
    button3.setTitle(alphabet[2], for: .normal)
    button4.setTitle(alphabet[3], for: .normal)
    button5.setTitle(alphabet[4], for: .normal)
    button6.setTitle(alphabet[5], for: .normal)
    button7.setTitle(alphabet[6], for: .normal)
    button8.setTitle(alphabet[7], for: .normal)
    button9.setTitle(alphabet[8], for: .normal)
    // 뷰를 로딩(보통 nib에서 로딩)한 다음 필요한 추가 작업 수행
}

@IBAction func btnClicked(sender: UIButton) {
    var indexTo: Int = 0
    for (index, i) in alphabet.enumerated() {
        if i == sender.text() {
            indexTo = index
        }
    }
    let indexFrom: Int = 0
    var newArray: [String] = []
    for i in indexFrom...indexTo {
        newArray.append(alphabet[i])
    }
    //새 배열을 뒤집기!
    var k = 0
    var j = newArray.count - 1
    while k < j {
        let temp = newArray[j]
        newArray[j] = newArray[k]
        newArray[k] = temp
        k += 1
```

❸ 뒤섞인 알파벳을 한 개씩 할당합니다.

❹ 이 IBAction에서는 첫 번째 글자부터 사용자가 클릭한 글자까지 모든 글자의 순서를 뒤집습니다.

```
            j -= 1
        }
        //기존 배열에 추가!
        for i in indexFrom...indexTo {
            alphabet[i] = newArray[i]
        }
        button1.setTitle(alphabet[0], for: .normal)
        button2.setTitle(alphabet[1], for: .normal)
        button3.setTitle(alphabet[2], for: .normal)
        button4.setTitle(alphabet[3], for: .normal)
        button5.setTitle(alphabet[4], for: .normal)
        button6.setTitle(alphabet[5], for: .normal)
        button7.setTitle(alphabet[6], for: .normal)
        button8.setTitle(alphabet[7], for: .normal)
        button9.setTitle(alphabet[8], for: .normal)
    }

    override func didReceiveMemoryWarning() {
        super.didReceiveMemoryWarning()
        // 재생성할 수 있는 모든 자원을 폐기
    }
}
```

⑤ 기존에 alphabet.shuffle()을 호출한 다음 버튼에 텍스트를 설정했던 것과 같은 작업입니다.

7.8.4 코드 동작 원리

NOTE_ 코드의 두 개의 extension은 일단 무시하세요. 하지만 해당 코드를 추가해야 앱이 제대로 동작합니다. extension은 9장에서 자세히 설명합니다.

코드의 동작 원리를 살펴봅니다.

우선 A, B, C, D, E, F, G, H, I 상태로 게임이 시작되지 않도록 viewDidLoad 함수에서 배열에 들어 있는 아홉 문자를 섞습니다. 그리고 섞인 순서대로 문자를 하나씩 버튼에 할당합니다.

```
button1.setTitle(alphabet[0], for: .normal)
```

앞의 코드는 배열의 0번 위치 요소를 첫 번째 버튼의 제목으로 설정합니다. 이런 방식으로 사용자 인터페이스의 모든 버튼의 제목을 설정합니다.

다음으로 모든 버튼을 `btnClicked`라는 `IBAction`과 연결합니다. 이 `IBAction`에서 버튼이 가리키는 인덱스를 확인합니다. 배열의 첫 요소에서 버튼이 가리키는 문자까지 모든 문자의 순서를 뒤집습니다. 코드의 마지막 부분에서는 `viewDidLoad` 함수에서 했던 것처럼 모든 버튼의 텍스트를 갱신합니다. 함수를 이용하면 이런 코드 반복을 피할 수 있습니다.

7.8.5 앱 실행하기

게임을 실행해보세요. 잘 동작하나요?

고생했습니다! 8장에서는 함수가 무엇이며 어떻게 코드 반복을 제거할 수 있는지 배웁니다.

08 코드 재사용: 세제로 함수를 깨끗하게

Chapter

가장 중요하고 재미있는 함수를 살펴봅니다.

이 장의 학습 목표

- 함수란 무엇인가
- 함수를 만들고 사용하는 방법
- 함수에 데이터를 전달하는 방법
- 함수에서 데이터를 받는 방법

코드를 재사용하는 여덟 번째 이정표에 도달했습니다. 함수를 이용하면 코드를 재사용할 수 있으므로 깔끔한 코드를 구현할 수 있습니다.

지금부터 왜 재사용할 수 있는 코드가 필요한지 설명합니다.

8.1 함수로 코드를 재사용하고 깔끔하게 만드세요

함수란 무엇일까요? 간단한 예제로 설명하겠습니다.

컴퓨터에서 게임을 즐기고 있다고 가정하세요. 게임의 주인공은 장애물을 점프해서 넘어야 합니다. 세 가지 방법으로 점프 할 수 있습니다.

- J 키 누르기
- 위 화살표 키 누르기
- 스페이스 바 누르기

간단한 동작 같지만 실제 이 동작을 구현하려면 40행 이상의 코드가 필요합니다.

구현해야 할 40행 이상의 점프 코드를 살펴보겠습니다. 코드를 살펴보기 전에 [그림 8-1]의 다이어그램을 확인하세요.

모든 코드 블록은 '주인공 점프'라는 같은 동작을 수행합니다. 그림에서 보여주듯 40행의 코드를 세 개의 이벤트에 똑같이 구현할 수 있지만 그러면 몇 가지 문제가 생깁니다.

- 복잡합니다. 코드가 길어지고 이해하기 어려우며, 나중에 코드를 바꾸기도 어렵습니다.
- 코드의 동작을 바꾸기 까다롭습니다. 주인공이 더 높이 점프하도록 동작을 바꾸려면 어떨까요? 세 군데의 코드를 모두 찾아서 코드를 바꿔야 합니다. 깜빡 잊고 모든 코드를 바꾸지 않으면 버그가 발생하며 앱 품질에 문제가 생깁니다.

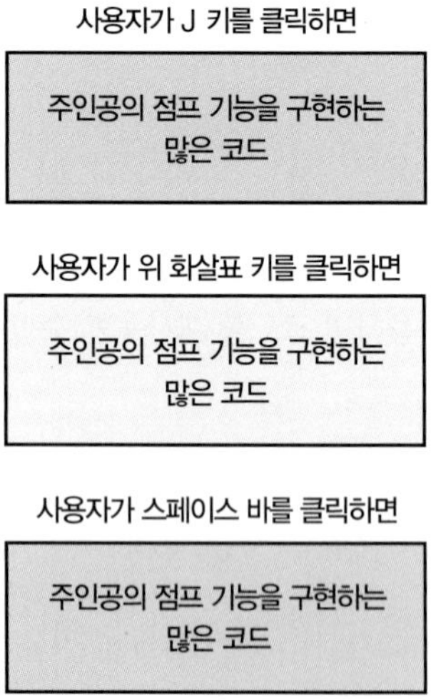
사용자가 J 키를 클릭하면
주인공의 점프 기능을 구현하는 많은 코드
사용자가 위 화살표 키를 클릭하면
주인공의 점프 기능을 구현하는 많은 코드
사용자가 스페이스 바를 클릭하면
주인공의 점프 기능을 구현하는 많은 코드

그림 8-1 그림으로 표현한 점프 기능

함수를 구현하면 함수에 접근할 수 있는 범위에서는 어디서나 몇 번이고 함수를 호출할 수 있으므로 같은 코드를 여러 번 구현할 필요가 없습니다. 범위는 9장에서 자세히 살펴봅니다.

함수를 이용하면 코드를 한 곳으로 모을 수 있고 쉽게 코드를 바꿀 수 있습니다. 따라서 위 예제에서 세 개의 코드 블록을 함수로 바꾸면 [그림 8-2]처럼 달라집니다.

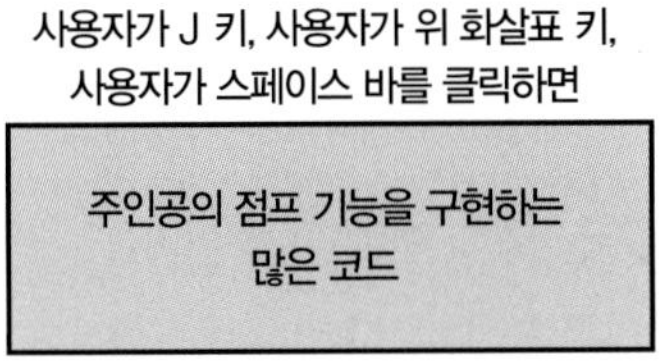
사용자가 J 키, 사용자가 위 화살표 키,
사용자가 스페이스 바를 클릭하면
주인공의 점프 기능을 구현하는
많은 코드

그림 8-2 함수 이해

함수를 어떻게 만드는지 살펴보실 준비 되었나요?

8.1.1 간단한 함수

간단한 함수를 구현해봅니다.

- functions_in_swift라는 이름으로 플레이그라운드를 만드세요.
- 첫 번째 행 코드를 삭제합니다.
- 다음처럼 함수를 구현합니다.

```
func sayHello() {
    print("Hello, iOS!")
}
```

함수를 만드는 방법입니다.

- 함수 이름 정하기
- 함수를 호출했을 때 실행할 코드를 두 개의 중괄호 사이에 구현하기

코드의 설명을 자세히 살펴보세요.

```
func sayHello() {
    print("Hello, iOS!")
}
```

❶ func라는 키워드 다음에 함수 이름이 나오고 뒤로 괄호와 중괄호가 등장합니다. 여는 중괄호는 닫는 중괄호가 나오기 전까지 나타나는 모든 코드가 이 함수에 속함을 의미합니다.

❷ 예제의 함수는 한 행의 코드를 포함합니다. 보통 함수는 필요한 만큼의 코드 행을 포함할 수 있습니다. 예를 들어 주인공 점프 코드처럼 40 개의 행을 함수에 구현할 수 있습니다.

❸ 닫는 중괄호는 함수 블록의 끝을 가리킵니다.

이 함수를 실행하면 "Hello, iOS"를 출력합니다. 함수를 실행하려면 함수를 호출해야 합니다. 함수를 호출하면 함수가 포함하는 코드가 실행됩니다.

다음처럼 함수 이름을 입력해 함수를 호출합니다. 직접 해보세요.

```
sayHello()
```

플레이 그라운드로 "Hello, iOS"를 출력했습니다.

다음은 함수의 기본 문법입니다.

```
func <functionName>() {
    <funcCode>
}
```

[표 8-1]은 각 함수 문법의 의미를 설명합니다.

표 8-1 간단한 함수의 문법 정의

문법	설명
<functionName>	함수의 이름으로 함수를 호출할 때 필요
<funcCode>	함수의 이름을 호출하면 중괄호 안의 코드 실행

?_ 같은 텍스트를 반복 출력하는 함수가 왜 필요하죠? 그냥 필요한 코드를 구현하는 것과 차이가 없어 보여요.

백 행을 출력하는 코드를 여러 번 사용해야 한다면 어떨까요? 백 행의 코드를 반복 구현할 수 있을까요? 물론 그렇게 하는 사람은 없을 겁니다! 함수는 수 백 행의 코드도 포함할 수 있으며 함수를 한 번 구현하면 몇 번이고 반복 사용할 수 있습니다. 물론 위 예제 함수는 같은 코드를 반복 실행하므로 크게 유용한 코드는 아닙니다. 하지만 조건에 따라 다른 기능을 수행하도록 함수를 구현하는 방법도 있는데 이는 곧 자세히 살펴봅니다.

다른 두 함수를 더 살펴봅니다.

enjoy() 함수는 Frank에게 좋은 주말을 보내라는 인사말을 출력합니다.

```
func enjoy() {
    print("Enjoy your weekend, Frank! See you next week.")
}

enjoy() ←― ❶ 함수를 호출하는 행이에요.
```

printDaysOfWeek() 함수는 배열을 이용해 요일을 출력합니다.

```
func printDaysOfWeek() {
    let days = ["Sunday", "Monday", "Tuesday", "Wednesday", "Thursday",
"Friday", "Saturday"]
    for i in days {
        print(i)
    }
}

printDaysOfWeek() ←― ❶ 요일을 출력하는 함수를 호출합니다.
```

Quiz_ 연습 문제

각 행의 코드에 알맞은 설명을 선택하세요.

1 1부터 10까지 숫자를 출력하는 함수를 구현하세요(힌트. 함수 블록에서 루프 사용). 그리고 함수를 호출해 결과를 확인하세요.

2 구구단 중 3단을 출력하는 함수를 구현하세요. 함수를 호출해 결과를 확인하세요.

지금까지 살펴본 함수는 기능이 제한적입니다. 같은 작업만 반복하기 때문이죠. 하지만 함수로 더 다양한 작업을 할 수 있습니다. 이제 함수로 데이터를 전달하면 어떤 일이 일어나는지 살펴봅니다.

8.2 재사용할 수 있는 코드에 정보 전달

이 절에서는 파라미터parameter로 함수에 정보를 전달하는 방법을 배웁니다. 함수로 제공하는 정보를 **파라미터**라 합니다. 파라미터는 함수의 입력과 같습니다.

[그림 8-3]은 간단한 함수를 보여줍니다. 이 함수는 다음 파라미터를 이용해 프로그래머가 요청한 값을 출력합니다.

```
printThis:
```

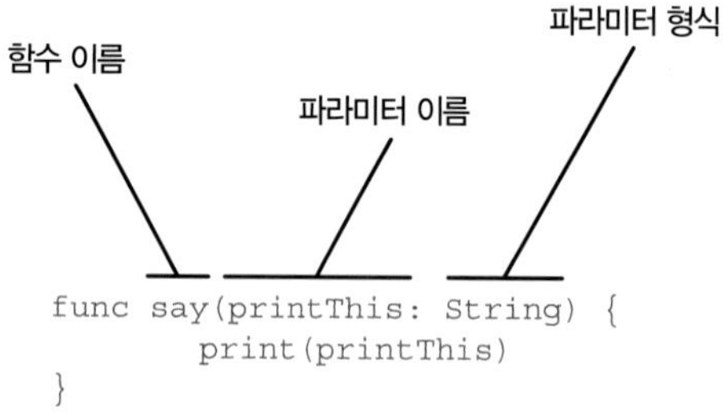

그림 8-3 함수 이해

직접 해보세요! 기존에 사용한 플레이그라운드를 재사용할 수 있습니다.

1 플레이그라운드에 다음 함수를 입력합니다.

```
func say(printThis: String) {
    print(printThis)
}
```

2 다음처럼 say() 함수를 호출합니다.

```
say(printThis: "Hi, my name is Frank.")
```

함수를 호출할 때 데이터를 전달합니다. 예제에서는 "Hi, my name is Frank."라는 문자열을 전달했습니다.

say("Hi, my name is Frank.") 코드는 say() 함수의 printThis 파라미터를 "Hi, my name is Frank."로 설정하라는 의미입니다. 그러면 say() 함수는 전달된 파라미터를 출력합니다.

어떤 문자열이든 전달할 수 있습니다. 다음을 시도해보세요.

```
say(printThis: "Good morning!")
```

이 코드는 "Good morning!"을 출력합니다.

이렇게 하면 하나의 함수로 매번 다른 내용을 출력할 수 있습니다. 즉 printThis 파라미터에 설정한 값에 따라 다르게 동작하는 함수를 구현한 것입니다. 하지만 함수는 파라미터로 전달된 값을 그대로 출력하는 것 외에 더 다양한 작업을 할 수 있습니다.

다음은 다른 기능을 제공하는 함수입니다. 두 개의 숫자를 파라미터로 받아 이를 더하고 합계를 출력하는 함수가 있다고 가정하세요. 함수를 호출할 때 각 파라미터의 이름과 값을 함께 지정해야 합니다(파라미터가 한 개뿐이더라도 예외가 아님). [그림 8-4]는 num1, num2 두 정수 파라미터를 갖는 함수 모습입니다.

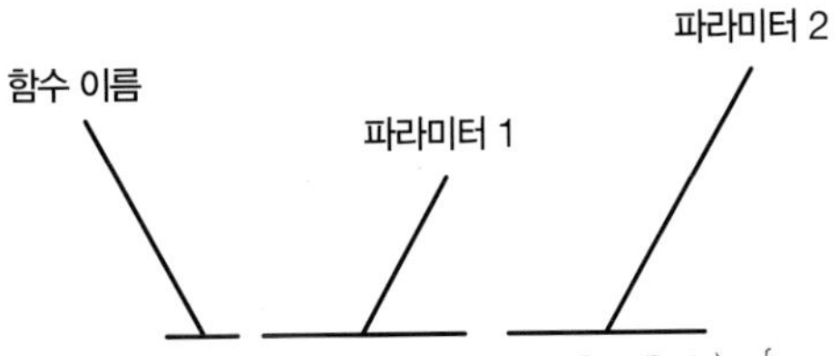


```
func add(num1: Int, num2: Int) {
        print(num1 + num2)
}
```

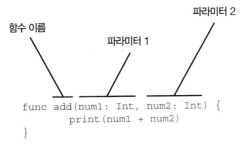

그림 8-4 파라미터를 가진 함수

다음처럼 23과 5의 합을 구하도록 함수를 호출할 수 있습니다.

```
add(num1: 23, num2: 5)
```

결과로 28을 출력합니다.

say() 함수에서는 파라미터 값에 큰따옴표를 사용했지만 add() 함수의 파라미터에서는 큰따옴표를 사용하지 않았습니다. 이는 전달하는 데이터 형식에 따라 달라집니다. say() 함수는 문자열을 파라미터로 가지므로 큰따옴표가 필요합니다. add() 함수는 정수를 받으므로 큰따옴표가 필요 없습니다.

?_ 왜 파라미터 이름을 입력해야 하죠? 파라미터를 다른 순서로 전달할 수 있는 건가요?

파라미터 이름으로 전달하는 값을 식별할 수 있습니다. 안타깝게 파라미터 이름, 값 쌍은 함수를 정의할 때 정한 순서대로 전달해야 합니다. 하지만 덕분에 코드를 이해하는 데 조금 도움이 됩니다.

add() 함수에 다양한 숫자(큰 숫자, 작은 숫자, 음수, 양수 등)를 전달할 수 있습니다.

다음은 파라미터를 갖는 함수 문법입니다.

```
func <funcName>(<parameter1: type>, <parameter2: type>, ...) {
    <funcCode>
}
```

[표 8-2]는 파라미터를 갖는 함수 문법을 설명합니다.

표 8-2 파라미터를 갖는 함수의 문법 설명

문법	설명
<funcName>	함수의 이름으로 함수를 호출할 때 필요
<parameter1: type>, <parameter2: type>, ...	함수를 호출할 때 취하는 변수 또는 값. 이들 파라미터(값이나 변수)를 이용하려면 함수 선언 시 괄호 안에 각 파라미터를 <varName>: <varType>으로 선언해야 함
<funcCode>	함수의 이름을 호출하면 중괄호 안의 코드 실행

?_ 두 개의 파라미터가 필요한 함수에 한 개의 파라미터만 전달하면 어떻게 되죠?

이런 상황에서 Xcode는 "fix-it."이라는 특별 종류의 에러를 일으킵니다. 에러를 클릭하면 Xcode가 자동으로 해결책을 제시하며 필요하면 자동으로 에러를 고칠 수 있습니다.

텍스트, 정수 외에 어떤 형식의 파라미터를 이용할 수 있나요?

변수, 상수로 사용할 수 있는 모든 유효한 데이터 형식을 파라미터에 지정할 수 있습니다.

다음 과정으로 넘어가기 전에 두 숫자를 받아 이를 더한 결과를 출력하는 add() 함수를 다시 살펴보세요. 만약 함수가 결과를 출력하는 대신 결과를 반환 받아 이를 처리하고 싶다면 어떨까요? 다음 예를 확인하세요. 점원이 500원에 펜을 팔고 있습니다. 손님이 펜을 살 때 점원은 현재 가격에 펜 개수를 곱해 총 금액을 계산해야 합니다.

프로그래머는 두 개의 파라미터(펜의 개수와 단가)를 갖는 penCost()라는 함수를 구현할 수 있습니다. 이 함수는 고객이 지불해야 할 총 금액을 반환합니다.

하지만 펜의 단가에는 세금이 포함되어 있지 않으므로 부가세를 추가해야 합니다. 프로그래머는 costPlusTax()라는 세금 계산 함수를 구현합니다. 이 세금 계산 함수 costPlusTax()는 첫 번째 함수 penCost()에서 반환한 결과를 전달받아 세금을 계산합니다.

함수에서 데이터를 받으려면 반환값이 필요합니다. 함수가 사용할 수 있도록 텍스트나 숫자를 전달하는 방법인 이미 살펴봤습니다. 이번에는 함수가 값, 계산 결과 등을 호출자에게 반환하는 방법을 배웁니다.

8.3 재사용할 수 있는 코드에서 정보 받기

드디어 함수의 마지막이자 가장 흥미로운 주제 반환값을 살펴봅니다.

함수에서 값을 받으려면 어떻게 할까요? 다행히 간단하게 반환값을 받을 수 있습니다. 다음 예제를 살펴보세요. 두 숫자를 더한 결과를 반환하도록 이전 add() 함수의 코드를 바꿨습니다.

```
func addNums(num1: Int, num2: Int) -> Int {   ← ❶ addNumbs() 함수는 num1, numb2 두 개의 파라미터를 받아 Int 형식의 데이터를 반환합니다.
    return num1 + num2   ← ❷ 두 숫자를 더한 값을 반환하는 행입니다.
}
```

다음처럼 함수를 호출하고 반환값을 받을 수 있습니다.

```
var result: Int!   ← ❶ Int 형식의 변수 result를 만들었으며 값은 할당하지 않았습니다.
result = addNums(num1: 23, num2: 5)   ← ❷ addNumbs 함수가 반환한 값을 result 변수의 값으로 설정합니다.
print(result)   ← ❸ result 변수의 값을 출력합니다.
```

이제 직접 함수를 구현하면서 문법을 확인하세요. 플레이그라운드로 addNums() 함수를 시험하세요.

```
func <funcName>(<parameters>) -> <returnType> {
    <funcCode>
    return <valueToReturn>
}
```

[표 8-3]은 파라미터와 반환값을 갖는 함수의 문법을 설명합니다.

표 8-3 파라미터와 반환값을 갖는 함수의 문법 설명

문법	설명
<funcName>	함수의 이름으로 함수를 호출할 때 필요
<parameters>	함수가 호출되었을 때 전달되는 변수나 값. 이들 파라미터(값이나 변수)를 받으려면 각 파라미터는 <varName>: <varType>, ...으로 미리 선언해야 함
<returnType>	함수가 반환하는 변수의 형식. ->(화살표) 기호는 return이라는 의미로 해석할 수 있음
<funcCode>	함수가 호출되면 실행하는 코드
<valueToReturn>	함수가 반환하는 값이나 변수. 예: return num1 + numb2 또는 var answer = 0 answer = num1 + num2 return answer

다음은 사각형의 면적을 계산하는 예제입니다.

```
func areaOfRectangle(length: Int, width: Int) -> Int {
    return length * width
}
```

다음처럼 함수를 호출합니다.

```
var area = areaOfRectangle(length: 10, width: 5)
print("The area of the rectangle with length 10 and width 5 is
\(area)")
```

TIP_ 함수 블록에서 return 문을 어디에서 추가할 수 있지만 아무데나 추가하지 않도록 주의하세요. return 문 이후의 코드는 실행되지 않기 때문입니다.

하지만 때로는 return을 의도적으로 추가할 수 있습니다. if 문에 return 문을 추가하면 if 문의 조건이 참이 되어야 return이 실행됩니다. if 문의 조건이 참이 아니라면 스위프트는 함수 코드를 계속 이어 실행합니다. 이 때 다른 return 문으로 값을 반환해야 하며 그렇지 않으면 스위프트가 에러를 일으킵니다. 다음 예를 확인하세요.

```
func franksStatus() -> String {
    let franksAge = 13
    if franksAge >= 18 {
        return "Adult"
    }
}
```

플레이그라운드로 이 코드를 실행하려 하면 에러가 발생합니다. 이 프로그램은 Frank의 나이가 18 이상이어야 "Adult"를 반환합니다. 하지만 현재 Frank는 13살이므로 if 문의 블록이 실행되지 않습니다. 따라서 이 함수는 아무것도 반환하지 않고 함수 선언에는 문자열을 반환한다고 명시했으므로 스위프트는 에러를 일으킵니다.

반면 다음 두 예제는 문제없이 컴파일 되는 코드입니다.

```
func franksStatus() -> String {
    var franksAge = 13
    if franksAge >= 18 {
        return "Adult"
    }
```

```
    return "Minor"
}

func franksStatus() -> String {
    var franksAge = 13
    if franksAge >= 18 {
        return "Adult"
    }

    else {
        return "Minor"
    }
}
```

다음은 두 숫자를 받아 두 숫자의 값이 같은지 알려 주는 예제입니다.

```
func isEqual(num1: Int, num2: Int) -> Bool {
    if num1 == num2 {
        return true
    }

    return false
}
```

Quiz_ 연습 문제

다음 숫자 쌍을 대입하면 어떤 return 문이 실행될지 맞혀보세요.

num1	num2
2	4
7	3
10	10

NOTE_ 스위프트 함수에 Int, Bool을 반환 형식으로 지정했다면 어떤 데이터 형식이든 반환할 수 있습니다.

이제 파라미터를 전달하고 반환값을 받는 함수를 만드는 방법을 배웠습니다. 배운 내용을 응용해 세 가지 앱을 만들어 봅니다. 앱을 만들기 전에 여러분의 지식을 확인하세요.

8.4 정리하기

1 두 숫자를 파라미터로 받아 곱한 결과를 반환하는 함수를 구현하세요. 그리고 뺄셈과 나눗셈을 계산하는 함수를 구현하세요. 이들 함수의 반환 형식은 `Double`입니다.

2 다음 코드에서 잘못된 부분을 찾으세요.(힌트: 머리로 생각해본 다음, 플레이그라운드로 직접 확인하세요!)

```
func returnRandom(input: Int) -> Int {
    if input == 5 {
        return 1
    }
}
```

3 다음 코드의 출력 결과는 무엇일까요? (실수를 유도하는 문제!)

```
func customPrint() {
    print(“Hello World”)
}
```

4 다음 코드의 출력 결과는 무엇입니까?

```
func a() {
    print(“A CALLED”)
    b()
}

func b() {
    print(“B CALLED”)
    c()
}

func c() {
    print("C CALLED")
```

```
}

a()
```

5 세 개의 정수를 받아 가장 큰 수를 반환하는 함수를 구현하세요.

6 Int 형식의 숫자를 받아 제곱 값을 반환하는 squareit()를 구현하세요. 반환된 숫자를 출력해야 합니다.

8.5 앱 연습: Virtual Dice

8장의 첫 번째 앱 연습 앱 Virtual Dice를 구현합니다. 이제 진짜 주사위는 필요 없어요!

8.5.1 앱의 기능

이 절에서는 1부터 6까지 두 개의 임의의 숫자를 생성하는 가상 주사위 앱을 만듭니다.

NOTE_ 깃허브에서 내려받은 Hello-Swift-Code-master 폴더 안의 Chapter08_VirtualDice 파일을 열면 필요한 코드를 찾을 수 있습니다. 아직 코드를 내려받지 않았다면 https://github.com/tanmayb123/Hello-Swift-Code/archive/master.zip에서 코드를 내려받으세요. 한 번에 모든 장의 코드를 내려받을 수 있습니다.

[그림 8-5]는 앱 완성 모습입니다.

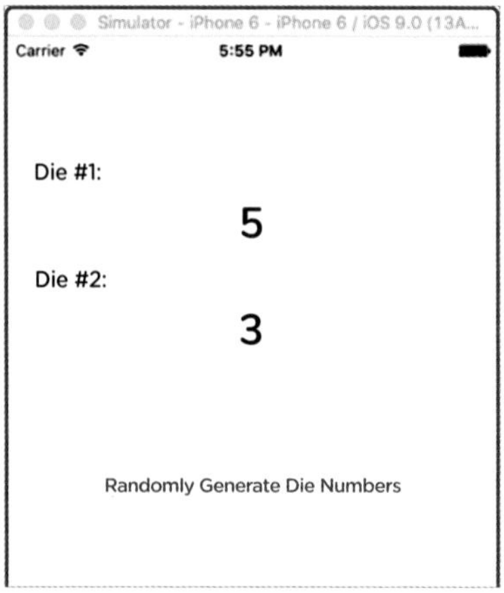

그림 8-5 Virtual Dice 최종 앱

8.5.2 프로젝트 설정, UI 만들기

[그림 8-6]을 참고해 UI를 만듭니다.

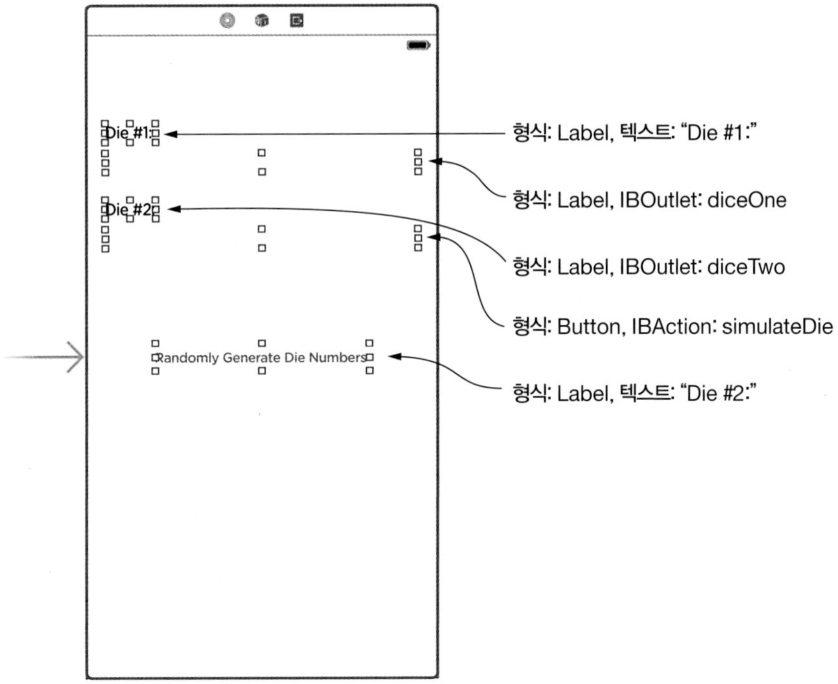

그림 8-6 Virtual Dice UI

8.5.3 앱 코딩하기

[예제 8-1]을 참조해 앱을 코딩하세요.

예제 8-1 Virtual Dice 앱 코드

```
class ViewController: UIViewController {
    @IBOutlet var diceOne: UILabel!
    @IBOutlet var diceTwo: UILabel!

    override func viewDidLoad() {
        super.viewDidLoad()
```

```
        // 뷰를 로딩(보통 nib에서 로딩)한 다음 필요한 추가 작업 수행
    }

    @IBAction func simulateDie() {◀── ❶ 사용자가 버튼을 클릭할 때마다 IBAction이 실행됩니다.
        diceOne.text = "\(randDice())"
        diceTwo.text = "\(randDice())"
    }

    func randDice() -> Int {  ◀── ❷ 1에서 6까지의 범위에서 임의의 숫자를 반환하는 함수입니다.
        return Int(arc4random_uniform(UInt32(6))+1)
    }

    override func didReceiveMemoryWarning() {
        super.didReceiveMemoryWarning()
        // 재생성할 수 있는 모든 자원을 폐기
    }

}
```

IBOutlet과 IBAction 연결하기

먼저 IBOutlet을 살펴봅니다(표 8-4).

표 8-4 IBOutlet Virtual Dice 앱

IBOutlet	컨트롤
diceOne	Die #1: 아래의 레이블
diceTwo	Die #2: 아래의 레이블

[표 8-5]는 IBAction을 보여줍니다.

표 8-5 Virtual Dice 앱의 IBAction

IBAction	버튼
simulateDie	Randomly Generate Die Numbers 버튼

8.5.4 코드 동작 원리

이 앱은 간단하므로 설명할 내용이 많지 않습니다. 사용자가 버튼을 클릭하면 1에서 6까지 범위에서 두 숫자를 생성해 두 개의 레이블에 표시합니다.

randDice()는 실제 한 쌍의 주사위처럼 임의의 숫자를 생성하는 함수입니다. 이 앱을 폰에 설치하면 주사위를 들고 다닐 필요가 없습니다.

8.5.5 앱 실행하기

앱을 실행하면 [그림 8-7]처럼 임의의 숫자 두 개가 나타납니다.

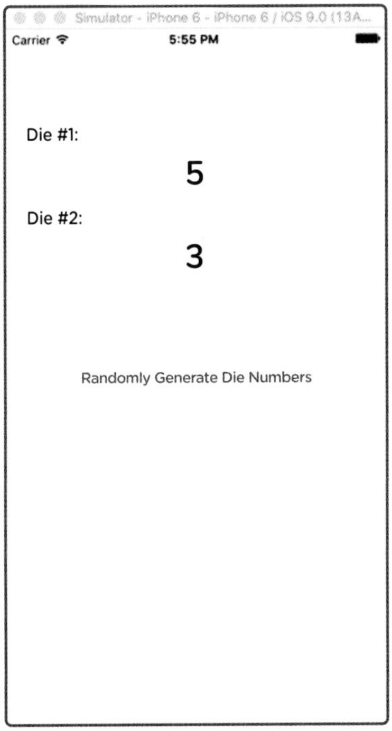

그림 8-7 Virtual Dice 최종 앱

완성했습니다. 다른 앱을 구현해봅니다.

8.6 앱 연습: Rock Paper Scissors

이번에는 두 번째 앱 Rock Paper Scissors(가위, 바위, 보)를 만듭니다. 이 앱으로 언제 어디서든 가위, 바위, 보를 즐길 수 있습니다.

8.6.1 앱의 기능

이번에는 컴퓨터와 가위, 바위, 보를 대결하는 앱을 만듭니다. 이 게임에는 Tanmay(컴퓨터)가 등장하는데 무엇을 낼 지는 누구도 알 수 없습니다.

NOTE_ 깃허브에서 내려받은 Hello-Swift-Code-master 폴더 안의 Chapter08_RockPaperScissors 파일을 열면 필요한 코드를 찾을 수 있습니다. 아직 코드를 내려받지 않았다면 https://github.com/tanmayb123/Hello-Swift-Code/archive/master.zip에서 코드를 내려받으세요. 한 번에 모든 장의 코드를 내려받을 수 있습니다.

[그림 8-8]은 완성된 앱을 실행한 모습입니다.

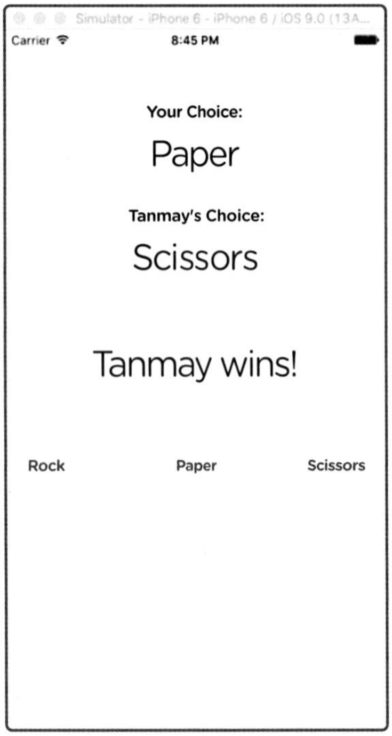

그림 8-8 Rock Paper Scissors UI

8.6.2 프로젝트 설정하고 UI 만들기

[그림 8-9]처럼 UI를 만듭니다.

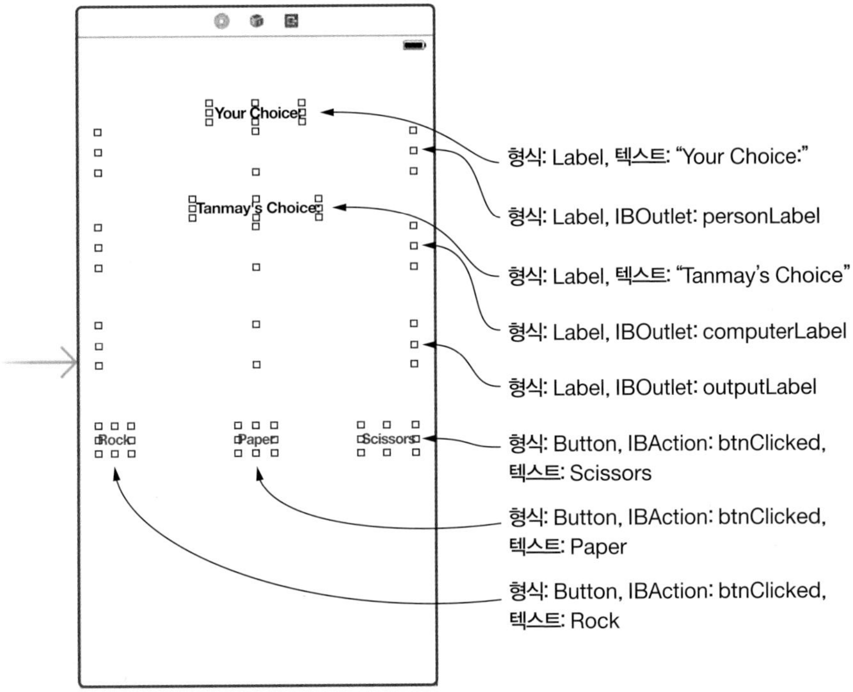

그림 8-9 Rock Paper Scissors UI

8.6.3 앱 코딩하기

다음을 참고해 앱을 코딩하세요.

예제 8-2 Rock Paper Scissors 앱 코드

```
import UIKit

extension UIButton {    ← ❶
    var text: String {
        get {
            return self.titleLabel!.text!
```

❶ 이 extension은 무시해요! 하지만 필요한 코드입니다. 이 extension이 있어야 UIButton의 텍스트를 간단하게 얻을 수 있습니다.

```
        }
        set {
            self.setTitle(newValue, for: .normal)
        }
    }
}

class ViewController: UIViewController {
    @IBOutlet var computerLabel: UILabel!
    @IBOutlet var personLabel: UILabel!
    @IBOutlet var outputLabel: UILabel!
    override func viewDidLoad() {
        super.viewDidLoad()
        // 뷰를 로딩(보통 nib에서 로딩)한 다음 필요한 추가 작업 수행
    }

    @IBAction func btnClicked(sender: UIButton) {
        personLabel.text = sender.text
        computerLabel.text = type()
        if personLabel.text! == computerLabel.text! {
            outputLabel.text = "TIE! Play Again?"
            return
        }
        if checkForPlayerWin(
            humanType: personLabel.text!,
            compType: computerLabel.text!) {
            outputLabel.text = "You win!"
        }
        else {
            outputLabel.text = "Tanmay wins!"
        }
    }

    func type() -> String {
        let randNum = arc4random_uniform(UInt32(3))+1
        switch randNum {
            case 1:
            return "Rock"
            case 2:
            return "Paper"
```

❷ 세 버튼 중 하나를 클릭하면 이 IBAction이 실행됩니다.

❸ 컴퓨터가 내린 임의의 결

```
            case 3:
            return "Scissors"
            default:
            return "ERROR"
        }
    }

    func checkForPlayerWin(humanType: String, compType: String) -> Bool {
        if humanType == "Rock" {
            if compType == "Paper" {
                return false
            }
            if compType == "Scissors" {
                return true
            }
        }
        if humanType == "Paper" {
            if compType == "Scissors" {
                return false
            }
            if compType == "Rock" {
                return true
            }
        }
        if humanType == "Scissors" {
            if compType == "Rock" {
                return false
            }
            if compType == "Paper" {
                return true
            }
        }
        return false
    }

    override func didReceiveMemoryWarning() {
        super.didReceiveMemoryWarning()
        // 재생성할 수 있는 모든 자원을 폐기
    }
}
```

❹ 사용자가 이겼는지 졌는지 확인하는 함수입니다.

8.6.4 IBOutlet과 IBAction 연결하기

우선 `IBOutlet`을 살펴봅니다(표 8-6).

표 8-6 Rock Paper Scissors 앱의 `IBOutlet`

IBOutlet	컨트롤
`personLabel`	`Your Choice`: 아래의 레이블
`computerLabel`	`Tanmay's Choice`: 아래의 레이블
`outputLabel`	`computerLabel`: 아래의 레이블

[표 8-7]은 IBAction 목록을 보여줍니다.

표 8-7 Rock Paper Scissors 앱의 `IBAction`

IBAction	버튼
`btnClicked`	세 개의 사용자 버튼(Rock, Paper, Scissors)

8.6.5 코드 동작 원리

앱은 다음처럼 동작합니다.

1 사용자의 결정을 저장합니다.

2 `turn()` 함수로 앱의 결정의 임의로 생성합니다.

3 사용자의 결정을 `personLabel`에 저장하고 컴퓨터의 결정은 `computerLabel`에 저장합니다.

4 `checkForPlayerWin()` 함수로 누가 승자인지 확인해 사용자가 이기면 참을 사용자가 지면 거짓을 반환합니다.

5 결과를 `outputLabel`로 출력합니다.

8.6.6 앱 실행하기

간단하죠? 앱을 실행하면 사용자와 Tanmay 모두 rock, paper, scissors 중 하나를 선택합니다. [그림 8-10]과 [그림 8-11]을 참고하세요.

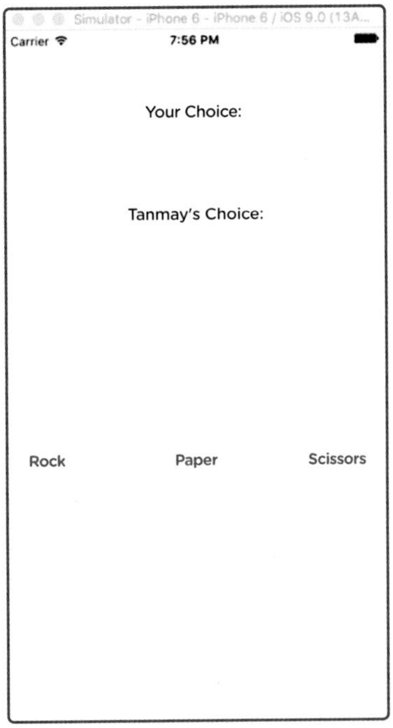

그림 8-10 RPS 앱을 완성한 모습

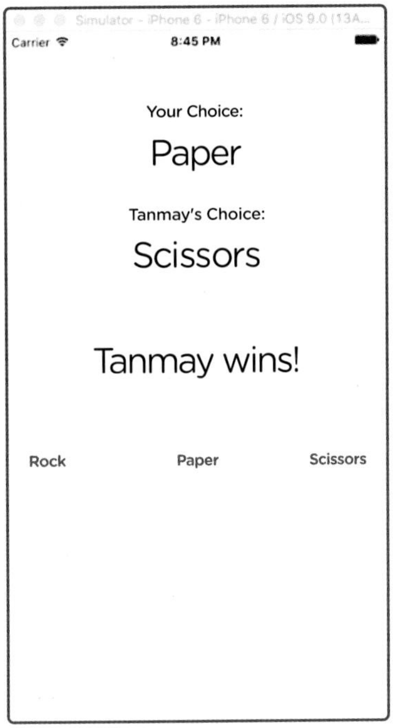

그림 8-11 Rock Paper Scissors UI

8.7 앱 연습: Money Denomination

또 다른 앱을 만듭니다. 이 앱을 만들면서 프로그래밍 기술, 수학 기술을 단련할 수 있으며 일상에도 앱을 활용할 수 있습니다.

NOTE_ 깃허브에서 내려받은 `Hello-Swift-Code-master` 폴더 안의 `Chapter08_MoneyDenomination` 파일을 열면 필요한 코드를 찾을 수 있습니다. 아직 코드를 내려받지 않았다면 `https://github.com/tanmayb123/Hello-Swift-Code/archive/master.zip`에서 코드를 내려받으세요. 한 번에 모든 장의 코드를 내려받을 수 있습니다.

> **TIP_** 이번에는 코드가 많으므로 코드를 입력할 때 참을성이 필요합니다. 참을성이 부족하신 분은 내려받은 코드를 활용하세요.

8.7.1 앱의 기능

이 절에서는 사용자에게 전체 금액을 입력 받아 이를 지폐[bill]와 동전[coin]으로 환산하는 앱입니다. 이 앱은 다음처럼 캐나다 화폐를 이용합니다.

- $100 bills
- $50 bills
- $20 bills
- $10 bills
- $5 bills
- $2 coins
- $1 coins
- $0.25 coins
- $0.10 coins
- $0.05 coins
- $0.01 coins

[그림 8-12]는 앱 실행 모습입니다($234.67을 예로 입력한 모습).

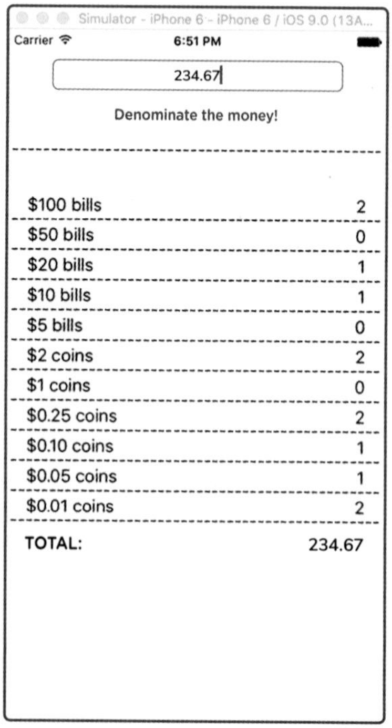

그림 8-12 Money Denomination 최종 앱

8.7.2 앱 동작 원리

먼저 앱 동작 원리를 설명합니다. 앱이 조금 어려우므로 [그림 8-13]에 다이어그램을 준비했습니다. 이 다이어그램을 본 다음 설명을 읽으세요.

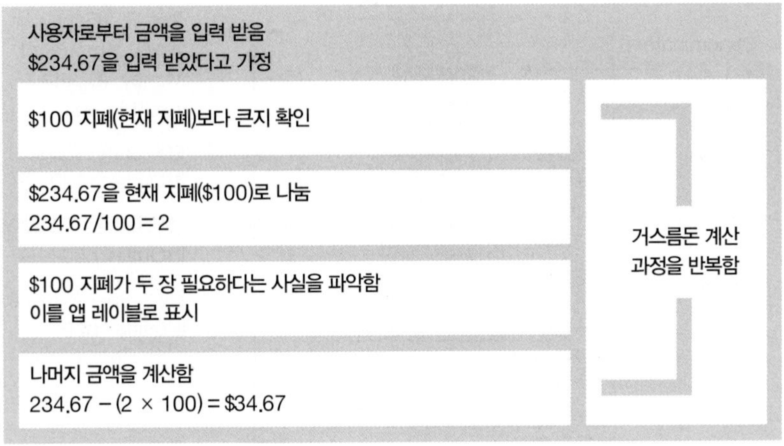

그림 8-13 지폐와 코인 환산 방법

이제 그림을 설명합니다.

1 사용자가 입력한 전체 금액이 시작 금액이라 부릅니다.

2 $100 지폐부터 시작해 크거나(>) 같은(=) 연산자로 현재 확인 중인 지폐나 코인으로 금액을 대체할 수 있는지 확인합니다. 대체할 수 있다면 현재 확인 중인 지폐나 코인을 얼마나 사용할 수 있는지 계산하고 결과 금액을 시작 금액에서 뺍니다.

3 가장 큰 지폐에서 작은 동전까지 이 거스름돈 계산 과정을 반복합니다.

4 $1 동전으로 계산을 마치면 센트를 확인합니다. 센트를 확인할 때는 계산 방법이 조금 달라지므로 수학 지식이 조금 필요합니다.

여러분이 $0.40 또는 40센트를 갖고 있다고 가정하세요. 소수점 숫자가 있으면 계산하기가 어려워지므로 소수점을 없애고 싶습니다. 따라서 코드에서는 소수점 두 번째 자리에서 반올림 한 다음 이에 100을 곱했습니다. 이렇게 나머지 금액을 센트로 변환할 수 있습니다. 이제 복잡하게 소수점을 계산할 필요 없이 동전 거스르는 과정을 진행할 수 있습니다.

8.7.3 프로젝트 설정하고 UI 만들기

먼저 UI를 만듭니다. [그림 8-14]는 UI를 만드는 데 필요한 모든 요소를 보여줍니다.

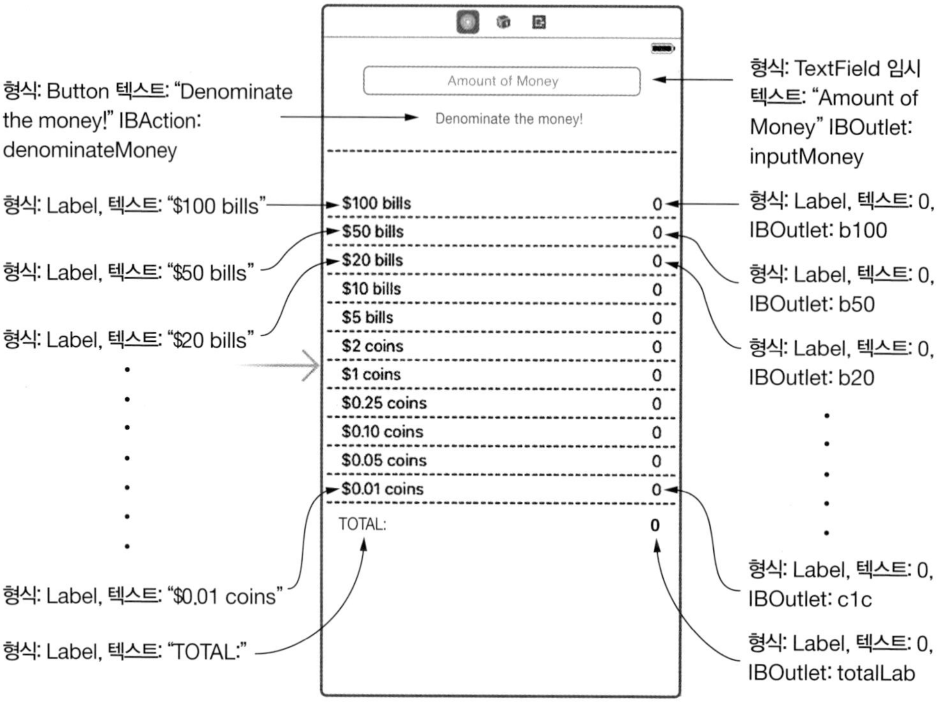

그림 8-14 Money Denomination UI

8.7.4 앱 코딩하기

다음 코드를 입력하세요.

예제 8-3 Money Denomination 앱

```
class ViewController: UIViewController {
    @IBOutlet var inputMoney: UITextField!
    @IBOutlet var b100: UILabel!
    @IBOutlet var b50: UILabel!
    @IBOutlet var b20: UILabel!
    @IBOutlet var b10: UILabel!
```

```
@IBOutlet var b5: UILabel!
@IBOutlet var c2: UILabel!
@IBOutlet var c1: UILabel!
@IBOutlet var c25: UILabel!
@IBOutlet var c10: UILabel!
@IBOutlet var c5: UILabel!
@IBOutlet var c1c: UILabel!
@IBOutlet var totalLab: UILabel!

var moneyVals: [String: Int] = ["NB100d": 0, "NB50d": 0, "NB20d":
            ➥ 0, "NB10d": 0, "NB5d": 0, "NC2d": 0, "NC1d": 0, "NC25c": 0,
            ➥ "NC10c": 0, "NC5c": 0, "NC1c": 0] ◀── ❶ 필요한 지폐 종류와 개수
                                                    를 저장하는 딕셔너리 코
                                                    드입니다.
override func viewDidLoad() {
    super.viewDidLoad()
    // 뷰를 로딩(보통 nib에서 로딩)한 다음 필요한 추가 작업 수행
}
                                          ❷ 버튼을 클릭하면 이 IBAction이 실행되어
@IBAction func denominateMoney() { ◀──     거스름돈 계산을 시작합니다.
    moneyVals = ["NB100d": 0, "NB50d": 0, "NB20d": 0, "NB10d": 0,
        ➥ "NB5d": 0, "NC2d": 0, "NC1d": 0, "NC25c": 0, "NC10c": 0, "NC5c":
        ➥ 0, "NC1c": 0]
    var total = (inputMoney.text! as NSString).doubleValue
    if total >= 100 {
        let nOfBills: Int = Int(total / 100)
        total -= Double(nOfBills * 100)
        moneyVals["NB100d"] = nOfBills
    }
    if total >= 50 {
        let nOfBills: Int = Int(total / 50)
        total -= Double(nOfBills * 50)
        moneyVals["NB50d"] = nOfBills
    }
    if total >= 20 {
        let nOfBills: Int = Int(total / 20)
        total -= Double(nOfBills * 20)
        moneyVals["NB20d"] = nOfBills
    }
    if total >= 10 {
        let nOfBills: Int = Int(total / 10)
```

```
        total -= Double(nOfBills * 10)
        moneyVals["NB10d"] = nOfBills
    }
    if total >= 5 {
        let nOfBills: Int = Int(total / 5)
        total -= Double(nOfBills * 5)
        moneyVals["NB5d"] = nOfBills
    }
    if total >= 2 {
        let nOfCoins: Int = Int(total / 2)
        total -= Double(nOfCoins * 2)
        moneyVals["NC2d"] = nOfCoins
    }
    if total >= 1 {
        let nOfCoins: Int = Int(total / 1)
        total -= Double(nOfCoins * 1)
        moneyVals["NC1d"] = nOfCoins
    }
    total = round(100 * total) / 100
    total = total * 100
    if total >= 25 {
        let nOfCoins: Int = Int(total / 25)
        total -= Double(nOfCoins) * 25
        moneyVals["NC25c"] = nOfCoins
    }
    if total >= 10 {
        let nOfCoins: Int = Int(total / 10)
        total -= Double(nOfCoins) * 10
        moneyVals["NC10c"] = nOfCoins
    }
    if total >= 5 {
        let nOfCoins: Int = Int(total / 5)
        total -= Double(nOfCoins) * 5
        moneyVals["NC5c"] = nOfCoins
    }
    if total >= 1 {
        let nOfCoins: Int = Int(total / 1)
        moneyVals["NC1c"] = nOfCoins
    }
```

```
        var total__: Double = 0
        total__ += Double(moneyVals["NB100d"]!) * 100
        total__ += Double(moneyVals["NB50d"]!) * 50
        total__ += Double(moneyVals["NB20d"]!) * 20
        total__ += Double(moneyVals["NB10d"]!) * 10
        total__ += Double(moneyVals["NB5d"]!) * 5
        total__ += Double(moneyVals["NC2d"]!) * 2
        total__ += Double(moneyVals["NC1d"]!)
        total__ += Double(moneyVals["NC25c"]!) * 0.25
        total__ += Double(moneyVals["NC10c"]!) * 0.10
        total__ += Double(moneyVals["NC5c"]!) * 0.05
        total__ += Double(moneyVals["NC1c"]!) * 0.01
        totalLab.text = "\(total__)"
        putValuesInLabels()
    }

    func putValuesInLabels() {
        let b100V = (moneyVals["NB100d"]!)
        let b50V = (moneyVals["NB50d"]!)
        let b20V = (moneyVals["NB20d"]!)
        let b10V = (moneyVals["NB10d"]!)
        let b5V = (moneyVals["NB5d"]!)
        let c2V = (moneyVals["NC2d"]!)
        let c1V = (moneyVals["NC1d"]!)
        let c25V = (moneyVals["NC25c"]!)
        let c10V = (moneyVals["NC10c"]!)
        let c5V = (moneyVals["NC5c"]!)
        let c01V = (moneyVals["NC1c"]!)
        b100.text = "\(b100V)"
        b50.text = "\(b50V)"
        b20.text = "\(b20V)"
        b10.text = "\(b10V)"
        b5.text = "\(b5V)"
        c2.text = "\(c2V)"
        c1.text = "\(c1V)"
        c25.text = "\(c25V)"
        c10.text = "\(c10V)"
        c5.text = "\(c5V)"
        c1c.text = "\(c01V)"
```

```
    }

    override func didReceiveMemoryWarning() {
        super.didReceiveMemoryWarning()
        // 재생성할 수 있는 모든 자원을 폐기
    }
}
```

8.7.5 IBOutlet과 IBAction 연결하기

이제 IBOutlet과 IBAction을 각 컨트롤과 연결합니다(표 8-8, 표 8-9 참고).

표 8-8 Money Denomination 앱의 IBOutlet

IBOutlet	컨트롤
b100	$100 bills 옆의 레이블
b50	$50 bills 옆의 레이블
b20	$20 bills 옆의 레이블
b10	$10 bills 옆의 레이블
b5	$50 bills 옆의 레이블
c2	$2 coin 옆의 레이블
c1	$2 coin 옆의 레이블
c25	$0.25 coin 옆의 레이블
c10	$0.10 coin 옆의 레이블
c5	$0.05 coin 옆의 레이블
c1c	$0.01 coin 옆의 레이블
inputMoney	입력 텍스트 필드
totalLab	TOTAL: 옆의 레이블

표 8-9 Money Denomination 앱의 IBAction

IBAction	버튼
denominateMoney()	Denominate the Money!

8.7.6 앱 실행하기

[그림 8-15]는 앱을 실행한 모습입니다.

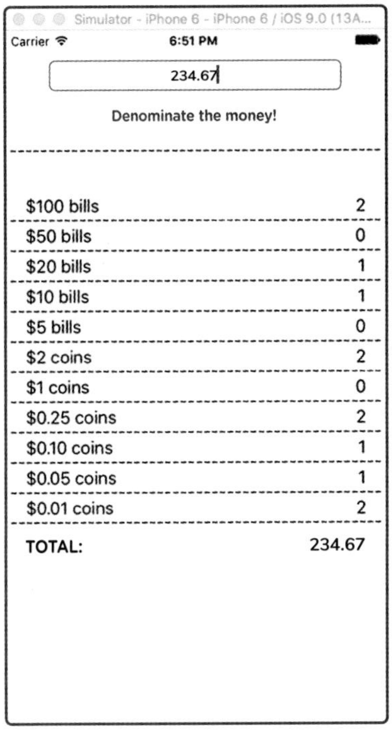

그림 8-15 Money Denomination 앱

지금까지 함수를 배워 앱을 만들었습니다. 9장에서는 함수와 변수를 클래스로 그룹화하는 방법과 클래스를 사용하는 이유를 배웁니다.

09 코드를 간결하게: 클래스 세제 이용하기

Chapter

축하합니다. 지금까지 초보자 코스를 완료했고 이제 중급자 코스에 들어섰습니다. 중급자 코스의 첫 번째 주제는 클래스입니다. 클래스란 무엇이며, 어떻게 클래스로 코드를 깔끔하고, 간단하고, 쉽게 재사용할 수 있는지 배웁니다.

이 장의 학습 목표

- 클래스란 무엇인가?
- 왜 클래스를 사용할까?
- 클래스의 장점은?
- 초기화란 무엇인가?
- 클래스는 어떻게 부모 클래스를 상속받는가?
- 진화evolution란 무엇인가?
- 범위scope란 무엇이며 범위는 코드에 어떻게 적용되는가?
- 선언declaring과 정의defining의 차이는 무엇인가?

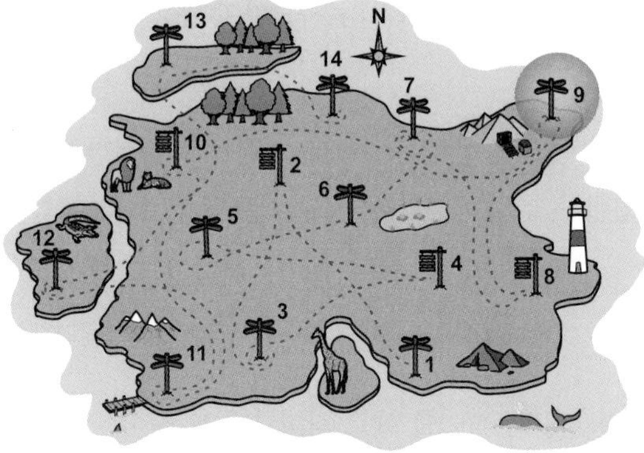

아홉 번째 여정에서는 코드 줄이기라는 고급 주제를 살펴봅니다. 클래스를 이용하면 코드의 이식성, 유지보수성이 좋아집니다.

9.1 클래스로 코드를 간결하고 깔끔하게 정리하기

클래스가 무엇이며 어떻게 코딩하는지를 전체적으로 설명합니다.

NOTE_ 클래스는 간단한 주제가 아닙니다. 9장은 여러분이 클래스를 잘 이해하도록 도울 것입니다. 하지만 9장에서 클래스의 모든 것을 설명하진 않습니다. 모든 것을 설명하지 않는 이유는 뒤에서 더 자세히 설명하거나 아니면 아직 알아야 할 필요가 없는 내용이기 때문입니다.

9.1.1 클래스란 무엇인가요?

클래스란 특별한 기능을 가진 관련 함수(기능)와 변수(속성)를 모아 한 개의 묶음으로 조직한 것입니다. 다음 예를 살펴보세요.

우선 **사람**person이라는 단어의 의미를 통해 클래스 개념을 이해할 수 있습니다. 사람은 누구나 피부 색, 나이, 머리 색, 성별, 등등 다양한 특징을 가지지만 여전히 사람은 사람입니다.

`Person`이라는 클래스를 만든다고 가정하세요. 이 클래스는 키, 나이, 눈동자 색 등 다양한 속성을 가집니다. 또한 숨쉬기, 걷기, 일하기, 놀기, 먹기, 책 읽기 등 사람이 수행할 수 있는 다양한 기능도 포함합니다.

즉, **클래스**란 어떤 것을 포괄적으로 식별할 수 있도록 관련된 속성과 기능을 그룹화한 것입니다. 사람은 누구나 `Person` 클래스로 식별됩니다.

팀 쿡Tim Cook 같은 특정 인물을 거론할 때, `Person`의 **객체**object를 가리킵니다(객체는 뒤에서 설명합니다).

`Person` 클래스로 모든 사람을 설명할 수 있습니다. 상어를 예로 살펴보세요. 상어는 `Person` 클래스와 완전히 다른 특징을 지니므로 같은 클래스가 아님을 쉽게 알 수 있습니다.

마찬가지로 강아지, 고양이, 뱀, 식물 모두 다른 특징과 기능을 가지고 있으므로 클래스가 서로 다릅니다. 프로그래밍에도 같은 개념을 적용할 수 있습니다. 즉 관련된 속성과 함수를 한 클래스로 묶을 수 있습니다.

9.1.2 클래스를 배워야 하는 이유

"클래스가 관련된 속성과 함수를 묶은 것이라는 점 이해했어요. 그래도 왜 클래스를 굳이 사용해야 하는지 잘 모르겠어요."라고 생각하는 분도 있을 거예요.

클래스를 사용하면 코드를 유지하고 보수하는 데 큰 도움이 됩니다(그 이유는 곧 설명할게요). 다음은 모든 코드를 한 곳에 모으지 말고 클래스를 사용해야 하는 이유를 설명합니다.

- 코드를 간결하게 정리합니다.
- 코드의 가독성이 좋아집니다.
- 기능을 추가합니다(이 부분은 나중에 설명할게요).
- 코드를 이해하기 쉬우므로 디버깅하기 편리합니다. 문제가 발생했을 때 빨리 고칠 수 있습니다.
- 전역으로 기능을 바꿀 수 있습니다. 한 클래스의 코드를 고치면 이를 참조하는 모든 동작이 바뀝니다.
- 코드를 쉽게 공유할 수 있습니다(예를 들어 선을 그리는 클래스를 만든 다음 인터넷으로 수 천 명의 사람들과 공유할 수 있습니다).
- 초기화, 상속 등 클래스가 제공하는 기능을 활용할 수 있습니다. 이들 기능은 10장에서 설명합니다.

9.1.3 클래스 만져보기

클래스를 직접 만져볼까요? [표 9-1]의 A, B, C, D행에 있는 것은 각각 무엇일까요?

표 9-1 무엇일까요?

A		
B		
C		

D		

A는 강아지, B는 자동차, C는 식물, D는 말이라고 답했을 것입니다. 자세한 정보(속성)는 모르더라도 대상의 클래스는 쉽게 판단할 수 있습니다.

NOTE_ 우리 두뇌는 강아지, 자동차, 식물, 말을 어떻게 구별할까요? 두뇌는 Dog 클래스에 해당하는 대상의 모양을 기억합니다. 대상(Dog)의 상세 정보는 이를 자세히 들여다봐야 알 수 있습니다. 이런 방식으로 일상에서도 클래스의 개념을 사용합니다.

우리는 일상에서 클래스를 사용합니다. 예를 들어 각 자동차마다 모양이나 크기가 다르지만 '네 개의 바퀴, 후드, 트렁크, 운전대, 가속 페달을 누르면 스로틀이 바퀴를 움직이는 기능 등' 기본 개념은 같습니다.

마찬가지로 프로그래밍에서도 클래스를 사용합니다. 클래스는 최종 **물건**thing을 만드는 데 사용하는 틀(템플릿)입니다(어떤 종류의 물건이든 템플릿으로 만들 수 있습니다).

특정 강아지를 만드는 Dog라는 템플릿을 만들 수 있습니다. Dog 클래스로 만든 모든 강아지는 짖기, 꼬리 흔들기, 냄새 맡기 등 같은 동작(기능)을 할 수 있습니다. 이름, 색, 종, 크기, 털의 양, 꼬리 크기, 입 크기, 눈 색 등과 같은 속성을 설정할 수 있도록 템플릿을 만들 수 있습니다. 템플릿으로 만든 최종 물건을 **객체**object 또는 **인스턴스**instance라 합니다. 객체가 수행할 수 있는 기능을 **함수**function 또는 **메서드**method라 합니다. 털 색, 꼬리 길이, 눈 색 등 다른 특징을 **변수**variable 또는 **프로퍼티**property라 합니다.

일반적으로 강아지란 객체를 가리킬까요 아니면 클래스를 가리킬까요? 철수의 강아지 '뽀삐'처럼 특정 강아지를 가리킨다면 이는 템플릿(클래스)의 인스턴스(객체)를 가리키는 것입니다.

[표 9-2]는 클래스를 시각적으로 잘 설명합니다.

표 9-2 Dog 클래스와 인스턴스 시각화

클래스	속성	값	인스턴스
Dog 	이름	뽀삐	뽀삐 
	색	갈색	
	귀 크기	7.5cm	
	기능		
	짖기		
	꼬리 흔들기		
	공 가져오기		

Quiz_ 실생활에서 세 개의 클래스 예제를 찾아 적으세요. 이 클래스에 속성(이 클래스로 만든 인스턴스를 서로 구별해 줌)과 함수(수행할 수 있는 기능)를 추가하세요.

클래스의 장점 중 하나는 코드를 재사용하고 프로그램의 크기를 줄일 수 있다는 것입니다.

9.1.4 어떻게 클래스로 코드를 줄일 수 있을까?

어떻게 클래스로 코드를 줄일 수 있는지 직접 확인하는 것이 가장 좋습니다.

이 절에서는 `TestClass`라는 클래스를 만든 다음 name이라는 속성을 클래스에 추가합니다. 그리고 클래스에 선언한 name 변수에 접근하고 값을 바꾸는 방법을 배웁니다.

나머지는 실제 코드를 구현하면서 설명합니다.

클래스에 함수를 추가하고, 클래스를 초기화하고, 다른 클래스를 상속받는 방법을 배웁니다. 그리고 특별한 Calculator 앱을 만듭니다.

9.2 클래스 만들기

classes_in_swift라는 새로운 플레이그라운드에 다음처럼 간단한 클래스를 만듭니다.

```
class TestClass {        ← ❶ class 키워드로 클래스를 시작하며
}  ← ❷ 닫는 중괄호로 클래스가 끝납니다.   클래스 이름(TestClass), 여는 중괄호가 등장합니다.
```

이렇게 쉽게 클래스를 만들 수 있습니다. 함수, 변수, 메서드, 초기화 등이 없는 가장 단순한 형태의 클래스입니다.

9.2.1 변수 추가하기

이제 클래스에 변수를 추가합니다. 중괄호 사이에 다음 코드를 추가하세요.

```
var name: String = "Frank"
```

"Frank"라는 값을 갖는 name 변수를 클래스에 추가했습니다. 이 변수를 어떻게 활용할 수 있을까요? 어떻게 플레이그라운드로 name이라는 클래스 변수에 접근할 수 있을까요?

답을 살펴보기 전에 플레이그라운드로 클래스의 밖에서 name 변수를 입력해보세요.

?_ 왜 동작하지 않죠? 무슨 일인가요?

name 변수는 TestClass 클래스 안에서만 사용할 수 있으므로 에러(Use of unresolved identifie 'name')가 발생합니다. 외부 영역(이 장위 뒤에서 설명)에서는 클래스 변수에 접근할 수 없습니다(이 장의 뒤에서 설명). name 변수에 접근하려면 TestClass 형식의 인스턴스를 만들어야 합니다.

9.2.2 클래스 인스턴스 만들기

다음은 인스턴스를 만드는 코드입니다.

```
var testClassInstance = TestClass()
```

플레이그라운드에서 클래스 밖에 앞의 코드를 입력하세요.

본인이 정의한 형식의 변수를 만들었습니다. 이 변수는 `Int`, `String` 데이터 형식은 아니지만 일반 변수처럼 인스턴스화 할 수 있습니다. 앞의 코드는 `testClassInstance` 변수를 만들었습니다.

앞의 코드에서 콜론과 변수 형식을 지정하지 않았습니다. 이는 3장에서 설명한 형식 추론 기능 덕분입니다.

다음은 이전 코드와 완전 같은 의미입니다.

```
var testClassInstance: TestClass = TestClass()
```

형식 추론을 이용하면 콜론과 형식을 추가하지 않고 간단하게 코드를 줄일 수 있습니다.

```
var testClassInstance = TestClass()
```

이제 클래스로 뭘 할 수 있을까요? `testClassInstance`는 기본적으로 `TestClass` 형식의 상자라 할 수 있습니다. 이 상자는 `String` 형식의 `name` 변수를 포함합니다. 플레이그라운드에 다음 코드를 입력해보세요.

```
testClassInstance.name
```

이 코드는 `"Frank"`를 출력합니다.

이렇게 클래스 안의 변수에 접근할 수 있습니다. 먼저 클래스의 인스턴스를 만들고 `<instanceName>.<variableName>`을 입력하면 안의 값을 확인할 수 있습니다.

NOTE_ 인스턴스를 클래스의 객체라고도 부릅니다.

9.2.3 변수의 값 바꾸기

멋지죠? 다음처럼 name 변수의 값을 바꿀 수도 있습니다.

```
testClassInstance.name = "Tim Billy"
```

즉, 상자 안의 값을 바꿀 수 있습니다.

Quiz_ 쪽지 시험

간단한 문제입니다. 다음처럼 새 인스턴스를 만들면 어떤 일이 일어날까요?

```
var instance2 = TestClass()
```

그리고 name을 출력합니다.

```
instance2.name
```

"Frank", "Tim Billy" 무엇이 출력될까요?

네, "Frank"가 출력됩니다. 이전 코드에서 이름을 바꿨을 땐 특정 상자(testClassInstance)의 이름만 바뀌기 때문입니다. [그림 9-1]에서 보여주는 것처럼 클래스 변수의 값은 바뀌지 않으며 특정 상자의 인스턴스(testClassInstance)의 값만 바뀝니다.

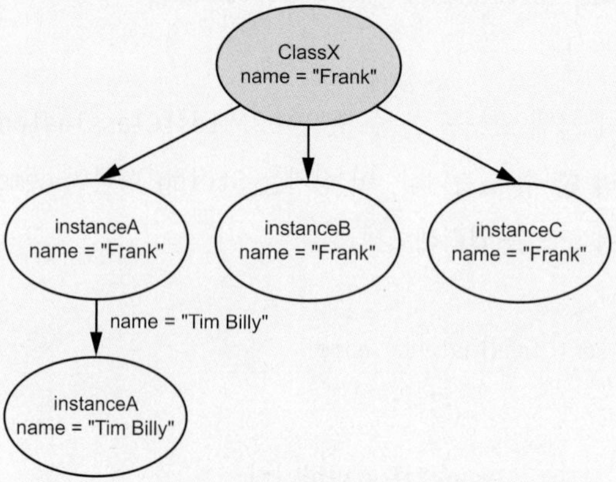

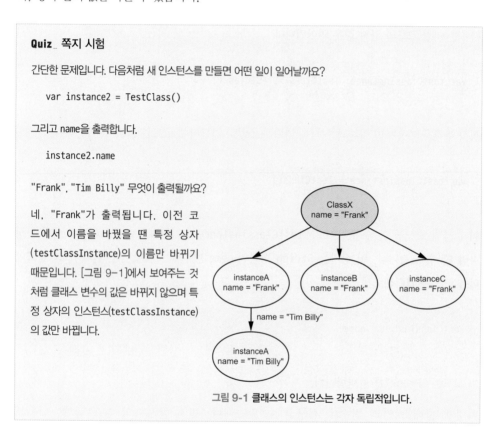

그림 9-1 클래스의 인스턴스는 각자 독립적입니다.

9.2.4 클래스에 기능 추가하기

클래스란 무엇인지 살펴봤으니 이번엔 기능 또는 함수를 클래스에 추가합니다. 다음처럼 name 변수의 값을 얻거나 설정하는 함수를 추가할 수 있습니다.

```
class TestClass {

    var name = ""

    func getName() -> String {
        return name
    }

    func setName(yourName: String) {
        name = yourName
    }
}
```

name의 값을 이용하는 동시에 유효성도 검증(Metric Conversion 앱을 만들 때 다른 기법도 설명합니다)할 수 있도록 getName() -> String 함수와 setName(yourName: String)를 추가했습니다. 예를 들어 다음 코드처럼 변수를 설정하거나 얻어올 때 변수의 값을 출력할 수 있습니다.

```
class TestClass {

    var name = ""

    func getName() -> String {
        print("Name is currently: \(name) ")
        return name
    }

    func setName(yourName: String) {
        print("Now setting name to: \(yourName) ")
        name = yourName
    }
}
```

[표 9-3]은 두 함수를 자세히 설명합니다.

표 9-3 TestClass 클래스의 함수

함수	기능
`getName() -> String`	name 변수의 값을 반환(접근)합니다.
`setName(yourName: String)`	name 변수에 yourName의 값을 설정(저장)합니다.

다음처럼 인스턴스를 만들 수 있습니다.

```
var testClassInstance = TestClass()
```

다음처럼 name 변수에 접근합니다.

```
testClassInstance.name
```

이렇게 name 변수를 사용해도 큰 문제는 없지만 `getName() -> String` 함수를 이용하지 않았으므로 변수의 값이 출력되지 않습니다.

9.2.5 간단한 복습

`setName(yourName: String)` 함수를 이용하면 name 변수에 값을 할당함과 동시에 값을 출력할 수 있습니다.

9.2.6 인스턴스를 만들 때마다 실행되는 초기화 함수 추가하기

이번에는 클래스의 인스턴스(객체)를 만들 때 자동으로 호출되는 초기화 함수를 추가합니다. 이 함수는 파라미터를 가질 수 있지만 아무 것도 반환하지 않습니다. 다양한 형식의 초기화 함수가 있지만 주로 다음과 같이 세 가지 초기화 함수를 사용합니다.

- **Required(필요)**: 클래스 인스턴스를 만들 때 반드시 호출해야 하는 초기화 함수
- **Convenience(편의)**: 이 초기화 함수는 선택 사항이며 다양한 초기화 함수를 가질 수 있음
- **Designated(지정)**: 초기화 함수의 형식을 지정하지 않으면 스위프트가 자동으로 해당 초기화 함수를 지정함

이 외에 다양한 초기화 함수가 있지만 아직은 신경 쓰지 않아도 됩니다.

?_ 초기화가 함수라면 파라미터는 가지면서 왜 아무것도 반환하지 않죠?

처음에는 조금 이상해 보일 수 있지만 곰곰히 생각해보면 당연한 결과입니다. 초기화 함수가 Int를 반환한다면 어떻게 초기화하는 클래스의 인스턴스를 만들 수 있을까요? 따라서 초기화 함수는 〈자신_클래스〉 객체 형식을 반환합니다.

플레이그라운드에 다음 코드를 입력하면서 초기화 함수가 필요한 이유를 확인하세요.

```
class TestClass {

    var name = ""

    // required init, 즉 반드시 실행해야 하는 초기화 함수.
    required init(yourName: String) {
        name = yourName
    }

    func getName() -> String {
        print(name)
        return name
    }
}
```

다음처럼 클래스의 인스턴스를 만듭니다.

```
var testClassInstance = TestClass()
```

에러가 발생했습니다. 초기화 함수가 `required`인데 `init`을 호출하는 데 필요한 인수를 제공하지 않았기 때문입니다. 다음과 같은 에러가 발생합니다.

```
"Missing argument for parameter 'yourName' in call"
```

required init 함수에 필요한 값을 제공해 문제를 해결할 수 있습니다. 다음 코드를 확인하세요.

```
var testClassInstance = TestClass(yourName: "Amy Rizzo")
```

이제 에러가 사라집니다.

getName() 함수를 호출하면 name의 값을 출력하거나 가져올 수 있습니다.

```
testClassInstance.getName()
```

예제에서는 초기화 함수에 제공한 "Amy Rizzo"라는 문자열이 출력됩니다. 이 클래스를 초기화하려면 name 인수가 필요하다는 사실을 알았습니다.

?_ 성과 이름을 다른 인수로 제공하려면 어떻게 할까요? 상황에 따라 앱이 이를 처리하도록 만들 수 없을까요?

좋은 질문입니다. 다음 절에서 이 질문의 답을 제공합니다.

convenience 초기화 함수를 이용해 이 문제를 해결할 수 있습니다. 다음 코드를 보고 어떤 일이 벌어지는지 추측해보세요. 그리고 결과를 설명하겠습니다.

```
class ConvenientClass {

    var name = ""

    init(yourName: String) {
        name = yourName
    }

    convenience init(fName: String) {
        self.init(yourName: fName)
    }
```

```
    convenience init(lName: String) {
        self.init(yourName: lName)
    }

    convenience init(fName: String, lName: String) {
        self.init(yourName: "\(fName) \(lName)")
    }

    func getName() -> String {
        print(name)
        return name
    }
}
```

NOTE_ 이 코드는 다음 절에서도 계속 사용하니까 삭제하지 마세요.

다양한 방법으로 클래스 인스턴스를 초기화할 수 있습니다.

- 한 개의 인수 yourName에 전체 이름 문자열을 제공합니다.
- fName 한 인수에 이름을 제공합니다.
- lName 한 인수에 이름을 제공합니다.
- fName과 lName에 이름과 성을 제공합니다.

designated init을 호출하는 것은 required init을 호출했을 때와 효과가 같습니다. 하지만 convenience init을 호출하면 convenience init에서 얻은 값으로 designated init을 다시 호출합니다.

NOTE_ convenience init을 사용할 때는 convenience 형식이 아닌 다른 일반 init(designated 또는 required)을 첫 번째 행에서 반드시 호출해야 합니다.

다음은 ConvenientClass의 각 init의 설명입니다.

- init(yourName: String). Designated init입니다. "yourName" 파라미터에 문자열을 제공하면 이 함수가 실행됩니다. "yourName"으로 제공한 문자열을 name 변수에 설정합니다.

- convenience init(fName: String). "fName" 파라미터에 문자열을 제공했을 때 실행되는 convenience init 함수입니다. 이 함수는 "fName"으로 얻은 문자열을 "yourName" 파라미터로 설정해 designated init 함수를 호출합니다.
- convenience init(lName: String). "lName" 파라미터에 문자열을 제공했을 때 실행되는 convenience init 함수입니다. 이 함수는 "lName"으로 얻은 문자열을 "yourName" 파라미터로 설정해 designated init 함수를 호출합니다.
- convenience init(fName: String, lName: String). "fName"과 "lName" 모두를 설정했을 때 호출되는 convenience init 함수입니다. 이 함수는 파라미터 값으로 name 변수를 설정하지 않으며 대신 fName, lName 사이에 공백을 추가해 두 문자열을 연결한 결과를 "yourName" 파라미터로 설정해 designated init 함수를 호출합니다.

지금까지 클래스의 기본 내용을 살펴봤습니다. 다음은 클래스의 문법입니다.

```
class <classname> {
    <variables>
    <initializers>
    <methods & functions>
}
```

[표 9-4]는 각 문법을 하나씩 설명합니다.

표 9-4 클래스 문법 설명

문법 블록	설명
<classname>	클래스의 이름
<initializers, methods, variables...>	클래스의 코드

이제 모든 의문이 해결되었을 겁니다!

다음 절에서는 클래스의 중급 주제를 다룹니다.

9.3 아버지와 아들처럼: 상속

이 절에서는 기존에 구현한 코드를 이용해 상속을 배웁니다. 코드를 따라 입력해보세요!

ConvenientClass를 구현한 플레이그라운드 창에서 다음을 입력해보세요.

```
class sonOfConvClass: ConvenientClass {
}
```

믿기 어려울 수 있지만 이 클래스는 완전한 클래스입니다. sonOfConvClass는 ConvenientClass를 상속받으며, sonOfConvClass 클래스와 비슷하게 동작한다는 의미입니다. 다음 코드를 확인하세요.

```
var dad = ConvenientClass(yourName: "Robert Brooks")
dad.getName()    ← ❶ "Robert Brooks" 출력
```

다음처럼 바꿔보세요.

```
var son = sonOfConvClass(yourName: "Jim Brooks")
son.getName()    ← ❷ "Jim Brooks" 출력
```

그림 9-2 '아버지'와 '아들'처럼 닮은 클래스

두 클래스는 완전 같은 방법으로 동작합니다. 이는 sonOfConvClass(아들 클래스라 부를게요)가 ConvenientClass(아빠 클래스가 부를게요)의 사본, 복제판이기 때문입니다.

아빠 클래스를 복사한 다음 아들 클래스에 몇 가지 편리한 기능을 추가할 수 있을까요? 아빠 클래스에서 가져온 기능을 아들 클래스에서 덮어쓸 수 있습니다(오버라이드override).

물론 코드에서는 아빠 클래스 같은 단어를 사용하지 않습니다. 코드에서는 super라는 키워드로 클래스의 관계를 표현합니다.

또한 아빠 클래스는 아들 클래스가 존재하는지 알 수 없습니다. 다음은 이름에 메시지를 추가해 반환하도록 getName() 함수를 오버라이드한 코드입니다.

```
class sonOfConvClass: ConvenientClass {
    override func getName() -> String {
        return name + " from Convenient's son"
    }
}
```

다음을 입력해보세요.

```
var son = sonOfConvClass(name: "Jim Brooks")
son.getName()
```

"Jim Brooks from Convenient's son"라는 문자열을 반환합니다.

다음 코드에서는 함수의 기능이 그대로이므로 "Robert Brooks"를 반환합니다.

```
var dad = ConvenientClass(name: "Robert Brooks")
dad.getName()
```

TIP_ 클래스가 다른 클래스를 상속할 때 자동으로 모든 함수, 초기화 함수, 변수를 부모 클래스에서 물려받습니다. 그리고 필요하면 자식 클래스에 함수를 추가하거나 기존 함수를 다시 구현할 수 있습니다. 이렇게 자식 클래스는 부모 클래스와 다른 동작을 수행할 수 있습니다.

9.4 범위의 모든 것

범위scope는 코드로 특정 변수, 함수, 클래스에 접근할 수 있는지 결정합니다.

> **NOTE_** 이제 public, private, 전역 등 전문 용어가 쏟아집니다. 이는 중급 수준의 앱을 만드는 데 필요한 지식입니다. 이 외의 내용은 다른 장에서 필요할 때마다 따로 설명합니다.

9.4.1 변수의 범위란 무엇인가?

플레이그라운드나 앱을 만들면서 코드 블록의 시작과 끝을 중괄호({})로 감싸는 것을 보았을 것입니다. 이 중괄호는 항상 쌍으로 사용하며 중첩할 수 있습니다(예를 들어, 클래스 안의 함수). 이 중괄호로 코드를 더 작은 블록으로 구분할 수 있습니다. 이 중괄호 쌍 안에 선언한 변수는 중괄호 외부에서 접근할 수 없다는 것이 **변수 범위**의 기본 원칙입니다.

다음 코드를 플레이그라운드에 시험하면서 범위가 어떻게 동작하는지 확인하세요.

```
var age = 20

if age >= 18 {
    let status = "Adult"
    status   ◀── ❶ 이 코드는 문제 없이 동작하며 Adult를 출력합니다.
}

                ❷ "status"는 괄호 블록 안에 선언되어 있으므로
Status     ◀──    접근할 수 없으며 에러가 발생합니다.
```

> **?_ status 변수를 중괄호 안에 선언했으므로 중괄호 밖에서는 접근할 수 없습니다. 그럼 if 문 이전에 status 변수에 접근하면 어떻게 될까요?**
>
> 마찬가지로 에러가 발생합니다. 변수를 선언(`let status`)하기 전까지 프로그램은 status가 무엇인지 모르기 때문입니다. [그림 9-3]은 이를 시각적으로 설명합니다.

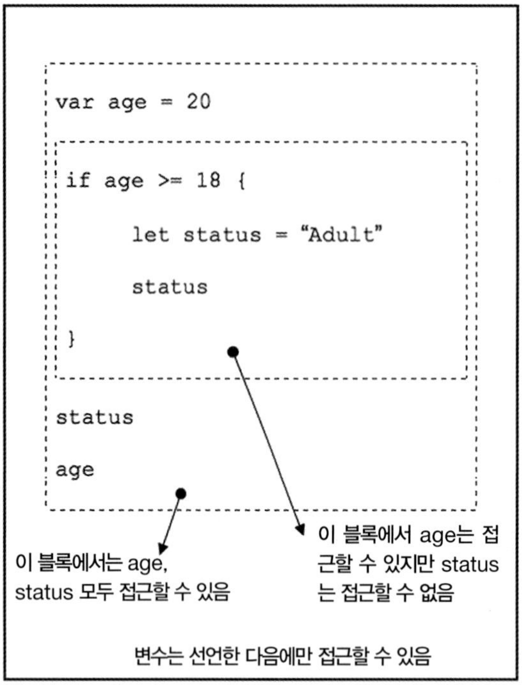

그림 9-3 코드 블록 안의 범위를 선언하는 다이어그램

NOTE_ 지금 변수 선언에 관한 내용을 설명하고 있습니다. 변수 **선언**과 변수 **정의**를 혼동하지 않도록 주의하세요!

- 선언은 변수를 만드는 동작입니다(`var age: Int!`).
- 정의는 변수에 값을 할당하는 동작입니다(`age = 20`).

변수를 선언하면서 동시에 정의할 수 있습니다.

```
(var age = 20 or var age: Int = 20)
```

?_ 괄호 밖에서 변수에 접근하려면 어떻게 하죠?

다음처럼 중괄호 쌍 밖에서 `status` 변수의 값을 얻어올 수 있습니다.

```
var age = 20
var status: String = "Child"
if age >= 18 {
    status = "Adult"
    print(status)  ◀── ❶ 제대로 동작하며 Adult를 출력합니다.
}
print(status) ◀── ❷ 중괄호 쌍이 등장하기 전에 'status'를 선언했고 괄호 안에서 정의했으므로 제대로 동작합니다. 이 블록에서 status에 접근할 수 있으며 정상적으로 Adult를 출력합니다.
```

Quiz_ 맞혀보세요!

1 함수를 만드세요.

2 함수 내부에 변수를 선언하세요.

3 함수의 내부와 외부에서 이 변수를 정의해보세요. 어떤 일이 일어나나요?

4 함수 외부에서 변수를 선언하세요.

5 함수 내부와 외부에서 이 변수를 정의해보세요. 어떤 일이 일어나나요?

클래스와 범위를 연습할 준비가 되었나요? 그럼 다음 절에서 앱을 만들어보세요.

9.5 Calculator 앱

여러분의 수학 계산을 도와줄 Calculator 앱을 만듭니다.

9.5.1 앱의 기능

NOTE_ 깃허브에서 내려받은 `Hello-Swift-Code-master` 폴더 안의 `Chapter09_Calculator` 폴더를 열면 필요한 코드를 찾을 수 있습니다. 아직 코드를 내려받지 않았다면 `https://github.com/tanmayb123/Hello-Swift-Code/archive/master.zip`에서 코드를 내려받으세요. 한 번에 모든 장의 코드를 내려받을 수 있습니다.

이 절에서는 덧셈, 뺄셈, 곱셈, 나눗셈을 동시에 수행하는 앱을 만듭니다. [그림 9-4]는 앱을 완성한 모습입니다.

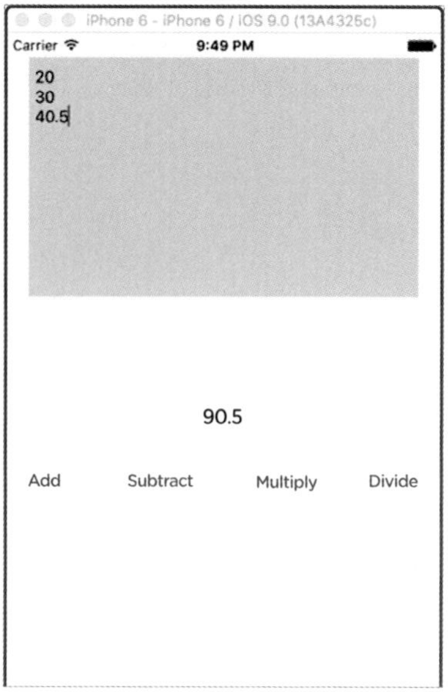

그림 9-4 앱을 완성한 모습

9.5.2 UI 만들기

[그림 9-5]를 참고해 필요한 컨트롤로 사용자 인터페이스(UI)를 만듭니다.

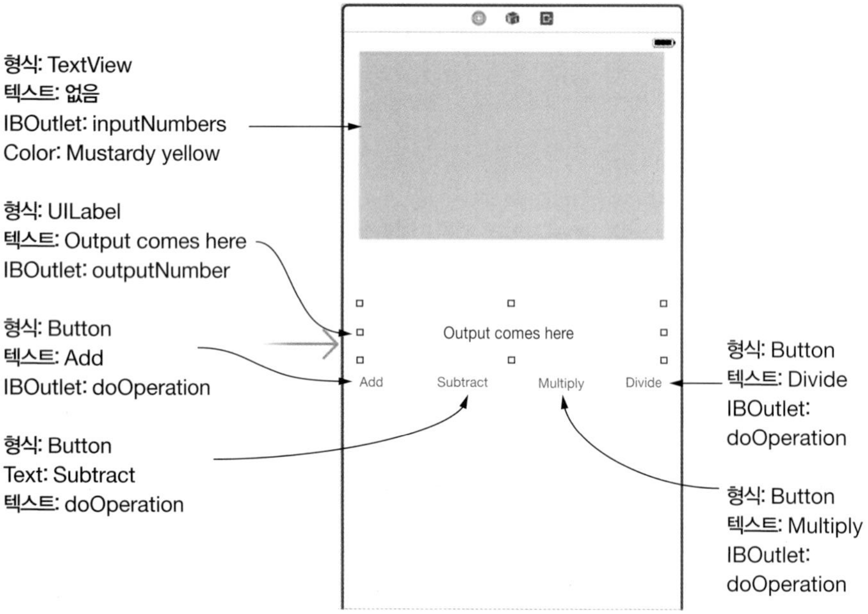

그림 9-5 Calculator 앱 UI

9.5.3 앱 동작 원리

앱은 한 행에 한 개씩 여러 숫자를 텍스트 뷰에 입력 받습니다(공백은 지원하지 않음). 이들 숫자를 배열로 만듭니다. 이들 숫자를 저장한 numberList라는 배열을 포함하는 ListOfNumbers 클래스를 구현합니다. 이 클래스는 한 개의 파라미터를 갖는 required init 함수(initWithNumberList: [Double])를 포함합니다. init 함수는 initWithNumberList 파라미터의 값을 numberList 변수에 설정합니다. 다음으로 Calculator 클래스는 ListOfNumbers 클래스를 상속받습니다. Calculator 함수는 ListOfNumbers 클래스의 복사본입니다. 그리고 Calculator 클래스에 다음과 같은 함수를 추가합니다.

```
addAllInNumberList() -> Double              ← ❶ 목록의 모든 숫자를 더함
subtractAllInNumberList() -> Double         ← ❷ 목록의 모든 숫자를 뺌
multiplyAllInNumberList() -> Double         ← ❸ 목록의 모든 숫자를 곱함
divideAllInNumberList() -> Double           ← ❹ 목록의 모든 숫자를 나눔
```

이들 함수가 어떤 일을 수행하는지 코드를 자세히 이해할 필요는 없으며 대략 어떤 일을 수행할 것이라는 정도만 이해한다면 충분합니다.

9.5.4 앱 코딩하기

[예제 9-1]의 Calculator 앱 코드를 참고하세요.

예제 9-1 Calculator 앱 코드

```
extension UIButton {
    var text: String {
        get {
            return self.titleLabel!.text!
        }
        set {
            self.setTitle(newValue, for: .normal)
        }
    }
}
```

```
class ListOfNumbers {
    var numberList: [Double] = []
    required init(initWithNumberList: [Double]) {
        numberList = initWithNumberList
    }
}

class Calculator: ListOfNumbers {
    func addAllInNumberList() -> Double {
        let temp = numberList
        var finalVal = numberList[0]
        numberList.remove(at: 0)
        _ = numberList.map({
            finalVal += $0
        })
        numberList = temp
        return finalVal
    }

    func subtractAllInNumberList() -> Double {
        let temp = numberList
        var finalVal = numberList[0]
        numberList.remove(at: 0)
        _ = numberList.map({
            finalVal -= $0
        })
        numberList = temp
        return finalVal
    }

    func multiplyAllInNumberList() -> Double {
        let temp = numberList
        var finalVal = numberList[0]
        numberList.remove(at: 0)
        _ = numberList.map({
            finalVal *= $0
        })
        numberList = temp
```

```
        return finalVal
    }

    func divideAllInNumberList() -> Double {
        let temp = numberList
        var finalVal = numberList[0]
        numberList.remove(at: 0)
        _ = numberList.map({
            finalVal /= $0})
        numberList = temp
        return finalVal
    }
}

class ViewController: UIViewController {
    @IBOutlet var inputNumbers: UITextView!
    @IBOutlet var outputNumber: UILabel!

    override func viewDidLoad() {
        super.viewDidLoad()
        // 뷰를 로딩(보통 nib에서 로딩)한 다음 필요한 추가 작업 수행
    }

    @IBAction func doOperation(sender: UIButton) {
        var finalNumberlist: [Double] = []
        _ = inputNumbers.text
        ➥ .components(separatedBy: "\n")
        ➥ .map({
            finalNumberlist.append(Double($0)!)
        })
        let calculatorInstance = Calculator(
            initWithNumberList: finalNumberlist)
        if sender.text == "Add" {
            let shouldRemove =
            ➥ "\(calculatorInstance.addAllInNumberList())"
            ➥ .componenents(separatedBy: ".")[1] == "0" ? true : false
            let intVal =
            ➥ Int("\(calculatorInstance.addAllInNumberList())"
                ➥ .components(separatedBy: ".")[0])!
```

```
            outputNumber.text = shouldRemove ? "\(intVal)" :
            ➡ "\(calculatorInstance.addAllInNumberList())"
        }
        else if sender.text == "Subtract" {
            let shouldRemove =
            ➡ "\(calculatorInstance.subtractAllInNumberList())"
            ➡ .components(separatedBy: ".")[1] == "0" ? true : false
            let intVal =
            ➡ Int("\(calculatorInstance.subtractAllInNumberList())"
                ➡ .components(separatedBy: ".")[0])!
            outputNumber.text = shouldRemove ? "\(intVal)" :
            ➡ "\(calculatorInstance.subtractAllInNumberList())"
        }
        else if sender.text == "Multiply" {
            let shouldRemove =
            ➡ "\(calculatorInstance.multiplyAllInNumberList())"
            ➡ .components(separatedBy: ".")[1] == "0" ? true : false
            let intVal =
            ➡ Int("\(calculatorInstance.multiplyAllInNumberList())"
                ➡ .components(separatedBy: ".")[0])!
            outputNumber.text = shouldRemove ? "\(intVal)" :
            ➡ "\(calculatorInstance.multiplyAllInNumberList())"
        }
        else if sender.text == "Divide" {
            let shouldRemove =
            ➡ "\(calculatorInstance.divideAllInNumberList())"
            ➡ .components(separatedBy: ".")[1] == "0" ? true : false
            let intVal =
            ➡ Int("\(calculatorInstance.divideAllInNumberList())"
                ➡ .components(separatedBy: ".")[0])!
            outputNumber.text = shouldRemove ? "\(intVal)" :
            ➡ "\(calculatorInstance.divideAllInNumberList())"
        }
    }

    override func didReceiveMemoryWarning() {
        super.didReceiveMemoryWarning()
        // 재생성할 수 있는 모든 자원을 폐기
    }
}
```

NOTE_ 텍스트 뷰에 숫자를 입력할 때 키보드 리턴 키는 누르지 않도록 주의하세요. 스위프트는 개행 문자를 숫자로 바꿀 수 없으므로 앱이 크래시됩니다. 리턴 키 대신 화면 아래의 버튼을 클릭하세요.

?_ "_ = numberList.map({finalVal += $0})" 코드에서 왜 밑줄(_)을 사용했을까요?

map 함수를 실행하면 값을 반환합니다. 함수가 반환한 값을 사용하지 않으면 스위프트가 경고(뭔가 잘못되었음을 암시)를 일으킵니다. 함수 결과를 밑줄로 바꾸면 스위프트는 함수 결과를 사용하지 않는 다는 사실을 받아들이며 경고가 사라집니다.

9.5.5 IBOutlet과 IBAction 연결하기

앱을 코딩했으니 IBOutlet과 IBAction을 연결합니다(표 9-5, 표 9-6 참고).

표 9-5 Calculator 앱의 IBOutlet

IBOutlet	컨트롤
inputNumbers	노란색 TextView
outputNumber	"Output Comes Here" 레이블

표 9-6 Calculator 앱의 IBAction

IBAction	버튼
doOperation	Add, Subtract, Multiply, Divide

9.5.6 앱 실행하기

텍스트 뷰에 숫자를 입력한 다음 Add 버튼을 클릭하면 [그림 9-6]처럼 앱이 실행됩니다.

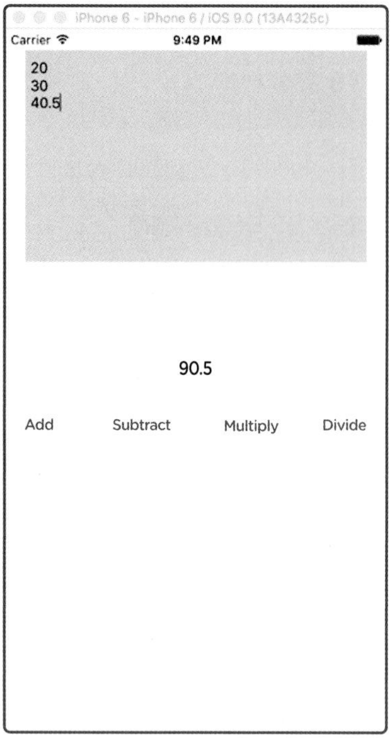

그림 9-6 Calculator 앱 실행

특별한 계산기 앱을 이용하면 여러 숫자의 중간값이나 평균값 찾기 등 데이터 관리 문제를 쉽게 해결할 수 있습니다.

이제 복습과 앱 연습 문제를 제외한 모든 내용을 확인했습니다. 지금까지 여정을 즐겼기를 바라며 10장에서는 파일 관리를 배웁니다.

9.6 정리하기

1 선언과 정의는 무엇이 다를까요?

2 변수의 범위를 결정하는 문자는 무엇인가요?

3 어떤 종류의 초기화 함수가 있으며, 각각 어떤 역할을 담당하나요?

4 프로그래밍의 클래스 중에 일상과 비교할 수 있는 클래스는 어떤 것이 있을까요?

5 다음 코드에서 잘못된 부분을 찾으세요.

```
class somethingIsWrong {
    convenience init(name: String) {
        print(name)
    }
}
```

6 convenience 초기화 함수에서 반드시 해야 하는 작업은 무엇인가요?

7 다음 코드의 출력 결과를 맞혀보세요.

```
var age = 20
var status: String = "Child"
if age >= 18 {
    status = "Adult"
}
"I am a(n) \(status) "
```

9 다음 코드의 출력 결과를 맞혀보세요.

```
var age = 17
var status: String = "Child"
if age >= 18 {
    status = "Adult"
}
"I am a(n) \(status)"
```

9.7 앱 연습: Metric Conversion

첫 번째 연습 문제로 측정에 도움을 주는 Metric Conversion 앱을 만듭니다.

9.7.1 앱의 기능

이번엔 미터 단위를 변환하는 앱을 만듭니다. 이 앱은 미터 단위를 다른 단위로 변환합니다. 예를 들어 2.5킬로미터를 미터로 바꾸거나 25밀리미터를 센티미터로 바꿉니다. 미터를 마일이나 야드로 변환하는 기능은 없습니다.

> **NOTE_** 깃허브에서 내려받은 Hello-Swift-Code-master 폴더 안의 Chapter09_MetricConversion 파일을 열면 필요한 코드를 찾을 수 있습니다. 아직 코드를 내려받지 않았다면 https://github.com/tanmayb123/Hello-Swift-Code/archive/master.zip에서 코드를 내려받으세요. 한 번에 모든 장의 코드를 내려받을 수 있습니다.

9.7.2 수학: 음의 지수

먼저 스위프트에서 아직 설명하지 않은 음의 지수를 설명하겠습니다. 3장에서 배운 지수를 기억하나요?

- 10의 지수 2 = 10 × 10 즉, 100
- 10의 지수 5 = 10 × 10 × 10 × 10 × 10 즉, 100,000

음의 지수도 있습니다.

- 10의 지수 −3 = (1 / 10) × (1 / 10) × (1 / 10) 즉, 0.001.
- 10 의 지수 −5 = (1 / 10) × (1 / 10) × (1 / 10) × (1 / 10) × (1 / 10) 즉, 0.00001

음의 지수는 아니지만 0일 수도 있습니다.

- 10의 지수 0 = 1

이해했다면 다음 절에서 UI를 만듭니다.

9.7.3 UI 만들기

[그림 9-7]을 참고해 UI를 만드세요.

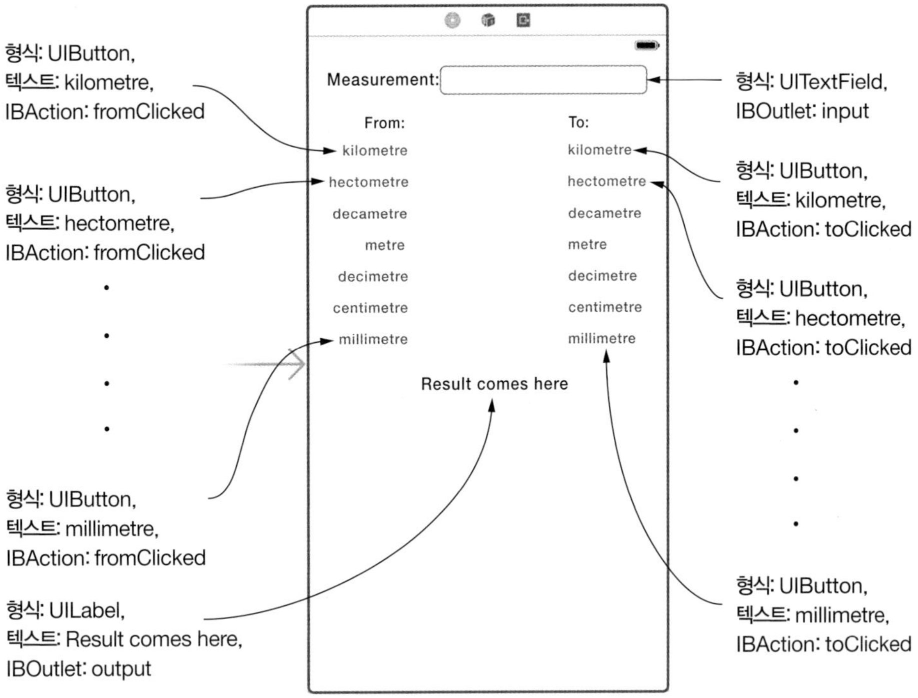

그림 9-7 Metric Conversion UI

9.7.4 앱 코딩하기

먼저 킬로미터를 미터로 바꾸는 방법을 살펴봅니다.

[표 9-7]은 미터 시스템의 단위를 등급순으로 보여줍니다. 이 순서를 이용해 단위를 변환합니다.

표 9-7 Metric Conversion에 사용한 단위 등급

단위	줄임 표시	등급	예제
킬로미터	km	1	1
헥토미터	hm	2	10
데카미터	Dm	3	100
미터	m	4	1,000
데시미터	dm	5	10,000

센티미터	cm	6	100,000
밀리미터	mm	7	1,000,000

예를 들어 5킬로미터는 다음 단계를 거쳐 미터로 변환할 수 있습니다.

1 변환하려는 단위(킬로미터)를 확인합니다(1등급).

2 변환하려는 단위(미터)를 확인합니다(4등급).

3 기존 단위와 바꿀 대상 단위의 등급 차를 확인합니다. 이 예에서는 4 - 1 = 3입니다.

4 앞의 과정에서 얻은 결과를 10의 지수로 숫자에 적용합니다. 예제에서는 10의 지수 3 즉 1000을 얻습니다.

5 앞 과정의 결과를 변환하려는 단위에 곱합니다. 즉 5 × 1000 또는 5000미터가 결과입니다.

이렇게 5킬로미터 = 5000미터라는 답을 얻습니다.

일곱 단계를 거쳐 2.5킬로미터를 미터로, 348밀리미터를 센티미터로 바꿀 수 있습니다. 이 두 가지 예제를 바꿔봅니다(표 9-8).

표 9-8 Metric Conversion 과정

단계	단계 설명	2.5킬로미터를 미터로 바꾸는 방법	348밀리미터를 센티미터로 바꾸는 방법
1	[표 9-6]처럼 단위의 등급 준비		
2	변환 전 단위의 등급 확인	1등급	7등급
3	변환 후 단위의 등급 확인	4등급	6등급
4	변환 후 단위의 등급에서 변환 전 단위의 등급 뺄셈.	4 - 1 = 3	6 - 7 = 1
5	위 결과를 10의 지수로 계산	10의 지수 3 = 1,000	10의 지수 -1 = 0.1
6	10의 지수로 계산한 결과를 변환 전 단위에 곱함	2.5 × 1,000 = 2,500	348 × 0.1 = 34.8
7	정답 확인	2.5km = 2,500m	348mm = 34.8cm

[예제 9-2]를 참고해 스위프트 코드를 입력합니다. 모든 단위의 등급을 저장한 딕셔너리를 포함하는 `MetricConversionHandler`라는 클래스를 만드세요. 이 클래스는 변환 전 단위, 변환 전 값, 변환 후 단위를 저장하는 변수를 제공합니다.

예제 9-2 MetricConversion 앱

```
import UIKit

extension UIButton {
    var text: String {
        get {
            return self.titleLabel!.text!
        }
        set {
            self.setTitle(newValue, for: .normal)
        }
    }
}

class MetricConversionHandler {
    var from = ""
    var to = ""
    var fromNumber: Double = 0.0
    var value = ["kilometer": 1, "hectometer": 2, "decameter": 3, "meter": 4,
                ➥ "decimeter": 5, "centimeter": 6, "millimeter": 7]
    init(userFrom: String, userTo: String, fromNum: Double) {
        from = userFrom
        to = userTo
        fromNumber = fromNum
    }

    func convert() -> Double {
        let numberToUse = pow(10.0, Double(value[to]!) -
                                    ➥ Double(value[from]!))
        return Double("\(fromNumber * numberToUse)")!
    }
}

class ViewController: UIViewController {
    @IBOutlet var input: UITextField!
    @IBOutlet var output: UILabel!

    var from = ""
```

```
    @IBAction func fromClicked(sender: UIButton) {
        from = sender.text
    }

    @IBAction func toClicked(sender: UIButton) {
        let metricHandlerInst = MetricConversionHandler(userFrom: from,
                                                        ➥ userTo: sender.text,
fromNum: Double(input.text!)!)
        let converted = round(pow(10.0, 10.0) *
                              ➥ metricHandlerInst.convert()) / pow(10.0, 10.0)
        if floor(converted) == converted {
            output.text = "\(input.text!) \(from)(s) = \(Int(converted))
            ➥ \(sender.text)(s)"
        }
        else {
            var convertedString = String(format: "%.10f", converted)
            while "\(convertedString.last!)" == "0" {
                convertedString.removeLast()
            }
            output.text = "\(input.text!) \(from)(s) =
            ➥ \(convertedString) \(sender.text)(s)"
        }
    }

    override func viewDidLoad() {
        super.viewDidLoad()
        // 재생성할 수 있는 모든 자원을 폐기
    }
}
```

코드를 구현했습니다. 이제 extension을 알아볼 차례입니다. extension은 상속받는 클래스의 코드를 상속받는다는 의미입니다.

왜 extension이 필요할까요? 현재 extension 코드가 하는 일을 확인해보면 간단하게 답을 얻을 수 있습니다. 현재 extension은 text라는 계산된 속성을 추가했으며 게터getter와 세터setter를 제공합니다.

NOTE_ extension으로 변수나 상수는 추가할 수 없으며 계산된 속성만 추가할 수 있습니다.

그리고 text 변수(일단 혼동되지 않게 변수라 부릅니다)를 UIButton 클래스에 추가했습니다. UIButton은 IBOutlet의 버튼에 사용하는 클래스입니다.

?_ 왜 이 변수를 계산된 속성이라 부르죠?

속성은 **변수**를 가리키는 다른 표현입니다. 계산된 속성이란 값을 가져오거나 설정했을 때 계산되는 속성을 가리킵니다. 다음 예를 살펴보세요. A, B, C 세 변수가 있습니다. C의 값을 얻어오려 하면 A + B의 결과가 C로 반환됩니다. 그리고 C에 값을 설정하면 이 값이 A, B에도 적용됩니다. 즉, A, B에 직접 값을 설정하거나, A + B를 계산하지 않고도 C의 값을 가져오거나 설정하는 것만으로 지정된 동작이 실행됩니다.

이전에 설명한 일곱 과정을 실행하는 MetricConversionHandler라는 클래스를 구현하세요.

else 블록의 while 루프에서 output 레이블에 출력하기 전 floor 함수를 적용했습니다. 그래야 "3.0 meter(s)" 대신 "3 meter(s)"를, "3.1000000000 meter(s)" 대신 "3.1 meter(s)"를 출력할 수 있습니다.

9.7.5 IBOutlet과 IBAction 연결하기

[표 9-9]는 ViewController 클래스에 사용한 모든 IBOutlet을 설명합니다.

표 9-9 Metric Conversion 앱의 IBOutlet

IBOutlet	설명
input	입력한 값의 단위를 설명하는 텍스트 필드 예를 들어, 15킬로미터
output	변환한 단위로 환산한 결과를 알려 주는 레이블 예를 들어, 15킬로미터(s) = 15000미터(s)

[표 9-10]은 IBAction 목록입니다.

표 9-10 Metric Conversion 앱의 IBAction

IBAction	설명
`fromClicked(sender: UIButton)`	From에 나열된 버튼 중 하나를 클릭하면 실행됨
`toClicked(sender: UIButton)`	To에 나열된 버튼 중 하나를 클릭하면 실행됨

9.7.6 앱 실행하기

앱을 실행한 다음에 Measurement 입력란에 30을 입력한 다음 시작 단위는 From:에서는 metre를 선택하고 To:에서는 kilometre를 선택합니다. [그림 9-8]은 앱 실행 결과입니다.

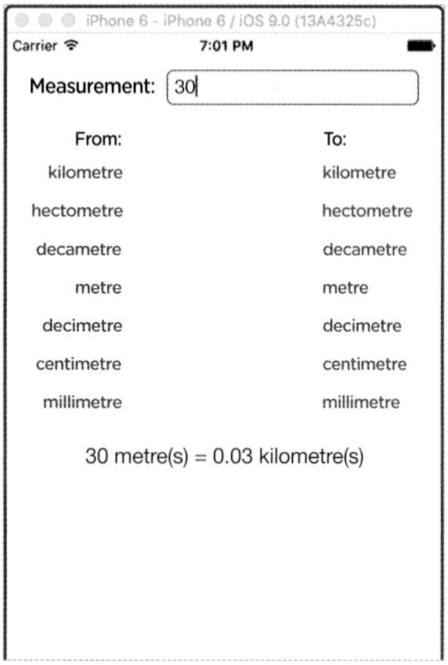

그림 9-8 Metric Conversion 앱 실행

9.8 추가 앱 연습: Metric Conversion 2부

이번엔 Metric Conversion 앱의 2부를 다룹니다.

9.8.1 앱의 기능

NOTE_ 깃허브에서 내려받은 Hello-Swift-Code-master 폴더 안의 Chapter09_MetricConversionLined 폴더를 열면 필요한 코드를 찾을 수 있습니다. 아직 코드를 내려받지 않았다면 https://github.com/tanmayb123/Hello-Swift-Code/archive/master.zip에서 코드를 내려받으세요. 한 번에 모든 장의 코드를 내려받을 수 있습니다.

UI는 이미 완성했으므로 새로운 기능 추가로 바로 들어갑니다. [그림 9-9]는 새 UI를 보여줍니다.

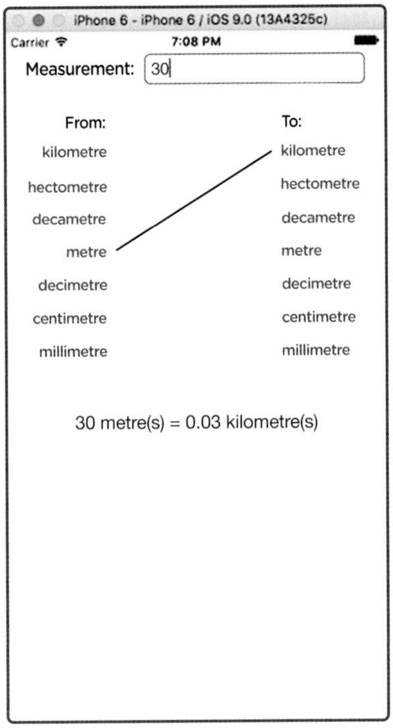

그림 9-9 새로운 Metric Conversion 앱. 연결 선이 있습니다.

2부에서는 `From:` 단위에서 `To:` 단위를 연결하는 선을 추가합니다. 왼쪽 단위에서 오른쪽 단위로 변환하는 모습을 시각적으로 보여주는 선입니다.

9.8.2 앱 코딩하기

전체 앱을 다시 코딩하지 말고 기존 앱 코드를 바꿉니다.

우선 `Connector` 클래스를 추가합니다. `UIButton` 클래스 `extension` 뒤에 코드를 복사 붙여넣기 하거나 직접 코드를 입력하세요.

두 변수를 만듭니다.

```
var fromButton: UIButton!    ← ❶ From: 부분에서 클릭한 버튼을 저장하는 변수입니다.
var lineDrawer: Connector!   ← ❷ 선을 쉽게 그릴 수 있도록 Connector 클래스의
                                 인스턴스를 저장하는 변수입니다.
```

viewDidLoad() 함수에 다음 행을 추가하세요.

```
lineDrawer = Connector(initWithView: self.view)
```

fromClicked(sender: UIButton) IBAction에 다음 행을 추가하세요.

```
fromButton = sender
```

마지막으로 toClicked(sender: UIButton) IBAction 아래에 다음 코드를 추가하세요.

```
lineDrawer.clear()
lineDrawer.drawLineBetweenPoints(
    CGPoint(
        x: 110,
        y: fromButton.frame.origin.y + lineDrawer.thickness),
    CGPoint(
        x: 260,
        y: sender.frame.origin.y + lineDrawer.thickness))
```

선을 그리는 코드는 아직 이해할 필요가 없습니다. 기본적으로 이 코드는 기존의 연결 선을 지우고 From: 버튼에서 To: 버튼으로 연결하는 선을 새로 그립니다.

"정말 쉽네요! 선을 그리는 부분을 코딩하지 않았는데도 선이 그려지네요. 어떻게 된 거예요?" 라고 묻는 독자도 있을 것입니다. 비밀은 클래스로 공유한 코드에 숨어 있습니다. 클래스는 코드를 공유할 때 유용할 뿐만 아니라 다른 개발자로부터 기능을 숨기는 능력도 제공합니다. 예를 들어 제가 이미 구현한 클래스를 이용해 저는 여러분이 선을 그리는 기능을 알지 못하게 감췄습니다. 여러분은 Connector 클래스의 인스턴스를 만들고 초기화 함수에 필요한 파라미터를 제공하므로 선을 그릴 수 있습니다.

여러분은 선을 그리는 기능이 어떻게 동작하는지는 이해할 필요가 없으며 클래스를 사용하는 방법만 알면 선을 그릴 수 있습니다. 다만 일부 독자는 그래도 클래스가 어떻게 동작하는지 궁금해할 수 있습니다. 기능이 어떻게 동작하는지 이해하려면 클래스 내부를 들여다봐야 합니다

(들여다볼 뿐 아니라 클래스의 기능을 바꾸거나, 다른 동작을 수행하고 개선하도록 확장할 수 있습니다.

다음은 최종 코드입니다.

예제 9-3 Metric Conversion 2부

```
import UIKit

extension UIButton {
    var text: String {
        get {
            return self.titleLabel!.text!
        }
        set {
            self.setTitle(newValue, for: .normal)
        }
    }
}

class Connector {
    var lines = [UIImageView]()
    var lineHeight = 3
    var lineWidth = 3
    var thickness: CGFloat {
        get {
            return CGFloat(((lineWidth + lineHeight)) + 10)
        }
    }

    var viewToEdit: UIView!
    var allFrames = [CGRect]()
    convenience init(initWithView view: UIView) {
        self.init()
        viewToEdit = view
    }

    func drawLineBetweenPoints(_ p1: CGPoint, _ p2: CGPoint) {
        if p1.x == p2.x && p1.y == p2.y {
```

```
            handleTouch(p1)
        }
        if p1.y == p2.y {
            if p2.x - p1.x > 1 {
                var xVal = p1.x
                for _ in 1...Int(p2.x - p1.x) {
                    xVal += 1
                    handleTouch(CGPoint(x: xVal, y: p1.y))
                }
            }
            else if p2.x - p1.x < -1 {
                var xVal = p1.x
                for _ in (Int(p2.x - p1.x)) * 2...Int(p2.x - p1.x) {
                    xVal -= 1
                    handleTouch(CGPoint(x: xVal, y: p1.y))
                }
            }
            else {
            }
        }
        else if p1.x == p2.x {
            if p2.y - p1.y > 1 {
                var yVal = p1.y
                for _ in 1...Int(p2.y - p1.y) {
                    yVal += 1
                    handleTouch(CGPoint(x: p1.x, y: yVal))
                }
            }
            else if p2.y - p1.y < -1 {
                var yVal = p1.y
                for _ in (Int(p2.y - p1.y)) * 2...Int(p2.y - p1.y) {
                    yVal -= 1
                    handleTouch(CGPoint(x: p1.x, y: yVal))
                }
            }
            else {
            }
        }
        else {
```

```
        let rise = p2.y - p1.y
        let run = p2.x - p1.x
        let res: Double = Double(rise) / Double(run)
        var xVal = Double(p1.x)
        var yVal = Double(p1.y)
        if run > 1 {
            for _ in 1...Int(run) {
                yVal += res
                xVal += 1
                handleTouch(CGPoint(x: xVal, y: yVal))
            }
        }
        else if run < -1 {
            xVal = Double(p2.x)
            yVal = Double(p2.y)
            for _ in Int(run) * 2...Int(run) {
                yVal += res
                xVal += 1
                handleTouch(CGPoint(x: xVal, y: yVal))
            }
        }
        else if run == 1 {
            for _ in 0...Int(run * (rise > 0 ? rise : -rise)) {
                yVal += res / Double(rise > 0 ? rise : -rise)
                xVal += 1 / Double(rise > 0 ? rise : -rise)
                handleTouch(CGPoint(x: xVal, y: yVal))
            }
        }
        else if run == -1 {
            drawLineBetweenPoints(p2, p1)
            return
        }
    }
}

func handleTouch(_ location: CGPoint) {
    let newImage = UIImageView()
    newImage.backgroundColor = UIColor.black
    newImage.frame = CGRect(x: Int(location.x), y: Int(location.y),
```

```
                                    ➡ width: lineWidth, height: lineHeight)
        allFrames.append(newImage.frame)
        lines.append(newImage)
        drawLines()
    }

    func drawLines() {
        _ = viewToEdit.subviews.map({
            if self.allFrames
            ➡ .contains($0.frame) {
                $0.removeFromSuperview()
            }
        })
        for i in lines {
            viewToEdit.addSubview(i)
        }
    }

    func clear() {
        lines = []
        drawLines()
    }
}

class MetricConversionHandler {
    var from = ""
    var to = ""
    var fromNumber: Double = 0.0
    var value = ["kilometer": 1, "hectometer": 2, "decameter": 3,
                ➡ "meter": 4, "decimeter": 5, "centimeter": 6, "millimeter": 7]
    init(userFrom: String, userTo: String, fromNum: Double) {
        from = userFrom
        to = userTo
        fromNumber = fromNum
    }

    func convert() -> Double {
        let numberToUse = pow(10.0, Double(value[to]!) -
                                ➡ Double(value[from]!))
```

```
        return Double("\(fromNumber * numberToUse)")!
    }

}

class ViewController: UIViewController {
    @IBOutlet var input: UITextField!
    @IBOutlet var output: UILabel!
    var from = ""
    var fromButton: UIButton!
    var lineDrawer = Connector()
    @IBAction func fromClicked(sender: UIButton) {
        from = sender.text
        fromButton = sender
    }

    @IBAction func toClicked(sender: UIButton) {
        let metricHandlerInst = MetricConversionHandler(userFrom:
                ➥ from, userTo: sender.text, fromNum: Double(input.text!)!)
        let converted = round(pow(10.0, 10.0) * metricHandlerInst
                ➥ .convert()) / pow(10.0, 10.0)
        if floor(converted) == converted {
            output.text = "\(input.text!) \(from)(s) =
            ➥ \(Int(converted)) \(sender.text)(s)"
        }
        else {
            var convertedString = String(format: "%.10f", converted)
            while "\(convertedString.last!)" == "0" {
                convertedString.removeLast()
            }
            output.text = "\(input.text!) \(from)(s) =
            ➥ \(convertedString) \(sender.text)(s)"
        }
        lineDrawer.clear()
        lineDrawer.drawLineBetweenPoints(CGPoint(x: 110,
            ➥ y: fromButton.frame.origin.y + lineDrawer.thickness),
            ➥ CGPoint(x: 260, y: sender.frame.origin.y +
            ➥ lineDrawer.thickness))
    }
```

```
    override func viewDidLoad() {
        super.viewDidLoad()
        lineDrawer = Connector(initWithView: self.view)
        // 재생성할 수 있는 모든 자원을 폐기
    }

}
```

9.8.3 앱 실행하기

[그림 9-10]은 앱을 실행한 결과입니다.

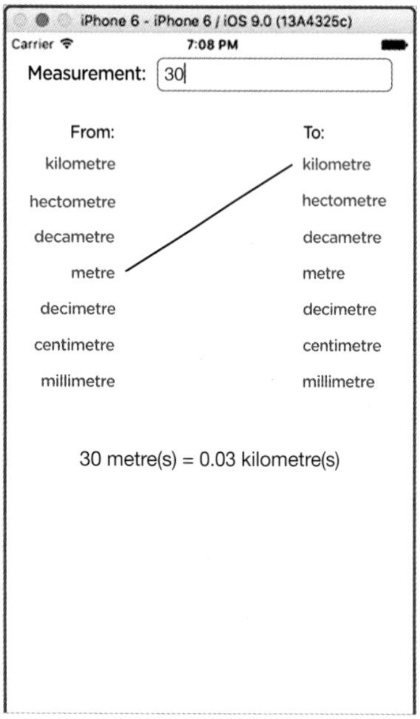

그림 9-10 Metric Conversion 2부 실행

야호! 동작하네요!

고생했습니다. 첫 스위프트 중급 과정을 마쳤습니다! 10장에서는 파일 입출력을 배웁니다.

10 Chapter 파일 입출력

파일 콘텐츠 관리 즉 데이터를 영구 저장하는 새로운 스위프트 기술을 배웁니다.

이 장의 학습 목표

- 파일이란?
- 파일 입출력이 필요한 이유?
- 파일 입출력을 수행하는 방법
- 앱으로 인터넷의 파일을 내려받는 방법
- 파일 관리와 파일 콘텐츠 관리란?

열 번째 여정에서는 파일 입출력 방법을 배웁니다. 코드로 파일을 읽고 쓰는 방법을 모르면 어떤 컴퓨터 언어를 배웠다고 말하기 어렵습니다. 앱은 파일 입출력을 이용해 앱이나 디바이스를 재시작한 다음 저장된 데이터에 접근할 수 있습니다.

게임 점수가 좋은 예입니다. 〈템플 런〉 같은 게임에서 매 라운드에서 번 코인은 변수에 저장됩니다. 따라서 메모리에서 앱을 지우거나, 디바이스를 다시 시작하면 점수가 초기화됩니다. 하지만 점수를 파일에 기록했다면 얘기가 달라집니다. 개인 정보, 사용자 설정, 볼륨 설정, 전자책에서 읽은 마지막 위치나 영화 파일을 시청한 위치 등 다양한 정보를 파일에 저장할 수 있습니다.

10.1 파일에는 무엇이 들어있나요?

파일은 음악, 숙제, 앱 등의 정보를 여러 번 반복 저장할 수 있는 장소입니다. 램random-access memory(RAM)과는 달리 파일에 저장한 데이터는 앱이나 아이디바이스를 재시작한 다음에도 다시 불러올 수 있습니다.

다음 예를 살펴보세요. 컴퓨터로 이 책을 읽는 독자 여러분 중에는 파일에 저장된 .pdf 파일(또는 .mobi나 .ipub)을 읽고 있을 것입니다.

또는 새 음원을 컴퓨터로 내려받았다면 이를 열 수 있는 앱으로 감상할 수 있습니다. 파일 편집기로 .mp3 파일을 열어보면 이상한 문자만 가득 들어 있습니다. 하지만 MP3 재생기로 이 파일을 열면 음악을 들을 수 있습니다. [그림 10-1]은 다양한 종류의 파일 예제입니다.

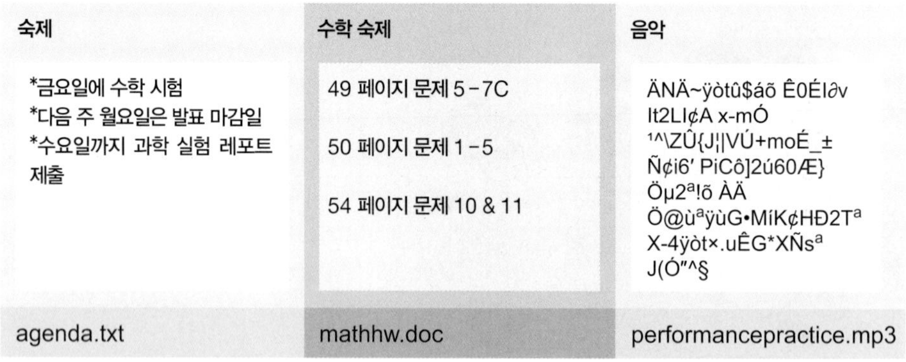
숙제
*금요일에 수학 시험
*다음 주 월요일은 발표 마감일
*수요일까지 과학 실험 레포트 제출
agenda.txt
수학 숙제
49 페이지 문제 5-7C
50 페이지 문제 1-5
54 페이지 문제 10 & 11
mathhw.doc
음악
ÄNÄ~ÿòtû$áõ Ê0ÉI∂v
It2LI¢A x-mÓ
¹^\ZÛ{J¦|VÚ+moÉ_±
Ñ¢i6′ PiCô]2ú60Æ}
Öµ2ª!õ ÀÄ
Ö@ùªÿùG•MíK¢HĐ2Tª
X-4ÿòt×.uÊG*XÑsª
J(Ó″^§
performancepractice.mp3

그림 10-1 파일 종류의 예

모든 파일은 각각 형식이 있습니다. 형식은 파일의 종류를 가리킵니다. 파일 형식에 따라 안의 내용을 확인하려면 특별한 소프트웨어가 필요할 수 있습니다.

예를 들어 .mp3 형식을 갖는 음악 파일이 있습니다. 컴퓨터에 저장된 책은 .pdf 형식일 것이고, Xcode 프로젝트는 .xcodeproj라는 파일 형식을 갖습니다. 또한 지금까지 만든 플레이그라운드는 .playground라는 특별한 파일 형식으로 저장됩니다.

이 책에서 설명한 형식은 많은 파일 형식 중 극히 일부입니다.

Quiz_ 여러분이 종종 사용하는 다른 파일 형식을 말해보세요(힌트: 온라인에 있는 이미지도 다양한 형식을 갖습니다. 마이크로소프트 워드를 사용하는 독자라면 관련된 파일 형식이 기억날거예요).

.txt는 흔한 파일 형식입니다. 이 파일은 단순 텍스트를 포함하는 파일 형식입니다. 파일 콘텐츠 관리 앱에서는 .txt 파일 형식을 사용합니다.

10.1.1 파일 콘텐츠 관리가 무엇인가요?

파일 콘텐츠 관리file content management(FCM)는 파일에 데이터를 저장하고, 저장된 데이터를 보고 편집할 수 있도록 파일의 콘텐츠를 제어합니다.

NOTE_ FCM과 비슷하지만 **파일 관리**file management라는 말을 들어본 독자도 있을 것입니다. 예를 들어 운영 체제는 파일 복사, 이동, 이름 바꾸기, 삭제 등의 파일 관리 작업을 수행합니다. 파일 관리는 파일 자체를 관리하는 반면 FCM은 파일 안의 콘텐츠를 관리합니다. 맥에서는 파인더Finder라는 파일 관리 도구가 있습니다. 윈도우Windows에서는 익스플로러Explorer, 우분투Ubuntu에서는 파일Files을 사용합니다.

사실 여러분이 `ViewController.swift` 파일을 열어 코드를 입력했을 때 그 파일을 관리한 것입니다. 이 파일은 여러분이 앱을 만드는 데 필요한 콘텐츠를 포함합니다. .swift 파일은 보통 Xcode로 열고, 편집하고, 저장합니다.

[그림 10-1]로 돌아가 My Homework 콘텐츠를 저장한 agenda.txt 파일을 확인하세요. 금요일에 조금 어려운 수학 시험이 예정되어 있었는데 다음주 화요일로 시험이 연기되었다고 가정하세요. 파일에도 이 내용을 반영해야 합니다. 파일을 열어서 `this Friday` 대신 `next Tuesday`를 입력하고 파일을 저장합니다. 이것이 간단한 FCM의 예입니다.

10.2 FCM 앱

간단한 앱을 만들면서 FCM이 어떻게 동작하는지 잘 이해할 수 있습니다.

NOTE_ 깃허브에서 내려받은 Hello-Swift-Code-master 폴더 안의 Chapter10_FCMApp 파일을 열면 필요한 코드를 찾을 수 있습니다. 아직 코드를 내려받지 않았다면 https://github.com/tanmayb123/Hello-Swift-Code/archive/master.zip에서 코드를 내려받으세요. 한 번에 모든 장의 코드를 내려받을 수 있습니다.

10.2.1 앱의 기능

이 앱은 사용자의 입력을 파일에 저장합니다. 그리고 버튼을 누르면 저장된 내용을 확인할 수 있습니다. 이 앱은 대량의 텍스트를 처리할 수 있습니다. 아이디바이스의 메모리의 크기에 따라 텍스트나 정보의 최대 저장 크기가 결정됩니다.

10.2.2 프로젝트 설정, UI 만들기

[그림 10-2]는 앱의 사용자 인터페이스(UI)를 보여줍니다.

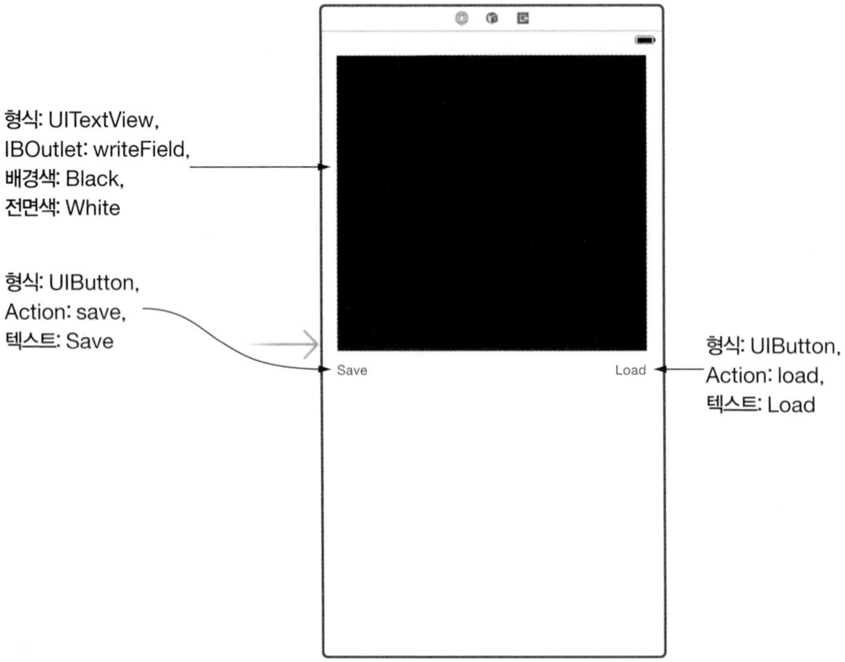

그림 10-1 단순한 FCM 앱의 UI

10.2.3 앱 코딩하기

파일에 정보를 쓰거나 읽을 수 있는 몇 가지 파일 처리 함수를 구현합니다.

예제 10-1 단순한 FCM 앱 코드

```
import UIKit

class ViewController: UIViewController {
    @IBOutlet var writeField: UITextView!

    override func viewDidLoad() {
        super.viewDidLoad()
        // 뷰를 로딩(보통 nib에서 로딩)한 다음 필요한 추가 작업 수행
    }

    func read(file: String) -> String {
        let paths = NSSearchPathForDirectoriesInDomains(
            .documentDirectory,
            .userDomainMask, true)[0]
        let pathToFile = (paths as NSString)
        .appendingPathComponent(file)
        if FileManager.default.fileExists(
            atPath: pathToFile) {
            return String(data: NSData(
                contentsOfFile: pathToFile)! as Data,
                          encoding: String.Encoding.utf8)!
        }
        else {
            return ""
        }
    }

    func write(file: String,
               value: String,
               newline: Bool,
               overwrite: Bool) {
        var paths = NSSearchPathForDirectoriesInDomains(
            .documentDirectory, .userDomainMask, true)
```

```
        let documentsDirectory: String = paths[0]
        let filePath = "\(documentsDirectory)/\(file)"
        if !overwrite {
            if newline {
                try! (read(file: file) + "\n" + value)
                .write(toFile: filePath,
                       atomically: true,
                       encoding: .utf8)
            }
            else {
                try! (read(file: file) + value)
                .write(toFile: filePath,
                       atomically: true,
                       encoding: .utf8)
            }
        }
        else {
            try! value.write(to: URL(
                fileURLWithPath: filePath),
                             atomically: true, encoding: .utf8)
        }
    }

    @IBAction func save() {
        write(file: "infoSave.txt",
              value: writeField.text!,
              newline: false, overwrite: true)
    }

    @IBAction func load() {
        writeField.text = read(file: "infoSave.txt")
    }
}
```

10.2.4 코드 동작 원리

코드를 살펴봅니다.

Save IBAction

텍스트 뷰에 사용자 입력을 받아 insoSave.txt라는 파일에 저장합니다. 사용자가 가장 최근 입력한 데이터로 파일의 내용을 덮어씁니다.

Load IBAction

infoSave.txt 파일에 저장된 정보를 읽어 텍스트 뷰에 표시합니다. 사용자는 기존 내용을 읽고, 편집, 저장할 수 있습니다.

Write 함수

`Write(file: "infoSave.txt", value: writeField.text!, newline: false, overwrite: true)` 함수는 사용자가 입력한 내용을 파일에 저장합니다. 파일이 존재하지 않으면 새로 만들고, 기존 파일이 있으면 내용을 덮어쓰거나 아니면 기존 파일에 내용을 추가할 수 있습니다.

[표 10-1]은 이 함수의 파라미터를 설명합니다.

표 10-1 write 함수의 파라미터

파라미터	설명
`file`	저장하려는 파일 이름
`value`	file: 에 저장되어 있는 콘텐츠
`newline`	파일을 덮어쓰지 않을 때 추가된 내용을 같은 행에 기록하기 시작할 것인지 새로운 행에 기록할 것인지 지정
`overwrite`	파일이 이미 존재하면 내용을 덮어쓸 것인지 지정. 파일이 존재하지 않으면 파일 생성

이제 코드를 살펴봅니다. 첫 행에서 `NSSearchPathForDirectoriesInDomains`라는 내장 함수를 사용해 Documents 디렉터리 경로를 찾았습니다.

```
let paths = NSSearchPathForDirectoriesInDomains(
.documentDirectory, .userDomainMask, true)[0]
```

?_ 잠시만요. Documents 디렉터리요?

iOS 앱은 Documents 디렉터리에 파일과 데이터를 저장할 수 있습니다. 파일 입출력을 수행하려면 Document 디렉터리의 위치나 경로를 알아야 합니다.

NOTE_ 모든 iOS 앱은 자신만의 Documents 디렉터리를 갖습니다. 이를 샌드박싱sandboxing이라 하죠. 각 앱은 파일 변경, 변수 만들기 등의 작업을 수행할 수 있는 샌드박스를 갖습니다.

Documents 디렉터리를 찾았으면 코드는 다음 작업을 수행합니다.

1 `documentsDirectory` 변수에 경로를 저장합니다.

2 슬래시(/)와 앱에서 사용하는 파일명을 `documentsDirectory`에 추가해 경로를 완성할 수 있습니다.

3 완성한 경로와 파일명을 `filePath` 변수에 저장합니다.

`scores.txt`라는 파일을 예로 생각해보세요. `filePath` 변수에는 `documentsDirectory/scores.txt`라는 최종 경로를 저장합니다.

파일이 존재하면 덮어쓸 것인지 지정해야 합니다. 덮어쓰지 않고 콘텐츠를 추가하려면 기존 텍스트에 새 행을 추가한 다음 새 콘텐츠를 덧붙일 것인지도 결정해야 합니다. 덮어쓰지 않고 새 행을 추가하는 옵션을 선택했다면 파일의 기존 콘텐츠 뒤에 새 행을 추가한 다음 새로운 코드의 값을 파일에 추가됩니다.

TIP_ 덧붙이기 모드에서도 코드는 파일을 덮어씁니다. 파일에는 기존 콘텐츠와 새 콘텐츠가 공존하는데 이 때 기존 콘텐츠와 새 콘텐츠를 구별할 수 없게 되기 때문입니다. 결과적으로는 기존 파일에 새 정보만 추가된 것처럼 보일 뿐입니다. 신기하죠?

새 행을 추가하지 않는 옵션을 선택하면 기존 콘텐츠에 새로운 콘텐츠를 추가한 다음 파일에 이를 저장합니다. 파일을 덮어쓰는 작업을 수행하지만 이렇게 기존 콘텐츠도 남습니다.

파일의 콘텐츠를 덮어쓰는 옵션을 선택하면 새 콘텐츠만 파일에 저장합니다. 즉, 기존 콘텐츠는 없어지고 새 콘텐츠만 파일에 남습니다.

[그림 10-3]은 이 과정을 명확하게 보여줍니다.

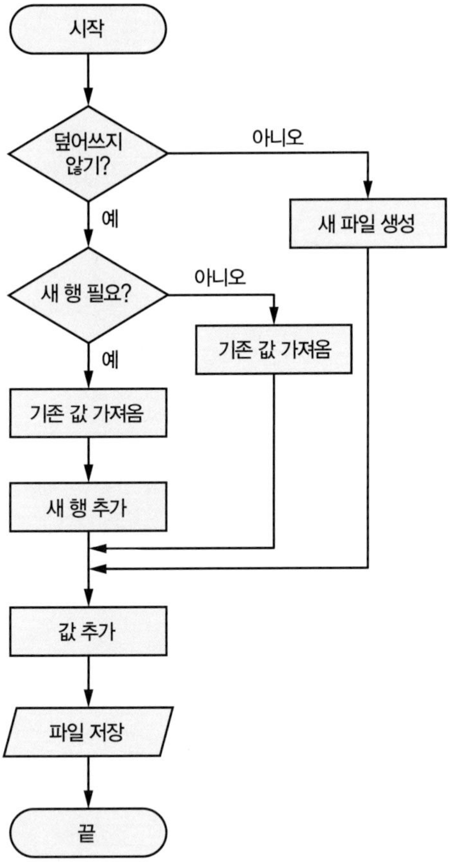

그림 10-3 write 함수 흐름 차트

READ 함수

`read(file: file)` 함수는 `write` 함수보다 훨씬 단순합니다. 이 함수는 읽을 파일명을 가리키는 `file` 한 개의 파라미터를 갖습니다. 이 함수는 파일의 콘텐츠를 문자열로 반환합니다.

첫 두 행의 코드에서 읽으려는 파일의 경로를 찾습니다.

그리고 조건 #1에서 파일이 존재하는지 확인합니다. [예제 10-2]의 read 함수를 참고하세요. 함수 호출의 결과로 파일의 문자열 값이 NSData 형식으로 반환됩니다(아직 NSData를 배우지 않았지만 걱정하지 마세요. 일단은 데이터를 저장하는 방법에만 집중하세요). 파일이 존재하지 않으면 빈 문자열을 반환합니다.

10.2.5 앱 실행하기

다음처럼 앱으로 텍스트를 저장합니다.

1 앱 실행
2 텍스트 필드에 문자열 입력
3 Save 클릭
4 앱 종료
5 디바이스로 아무 작업도 하지 않기(메모리에서 앱을 제거하거나 디바이스 재시작)
6 앱을 다시 실행
7 Load 클릭

그러면 입력한 텍스트가 두 번 나타납니다.

텍스트를 편집하고 다시 저장할 수 있습니다.

앱이 어떻게 동작하는지 살펴봤으니 이제 다른 더 흥미로운 고급 주제를 살펴봅니다.

10.3 Hangman 앱

드디어 게임을 만듭니다. 복잡한 애니메이션을 사용하거나 수술 시뮬레이터Surgeon Simulator 같은 멋진 게임은 아니지만 Hangman이라는 게임을 만듭니다.

TIP_ 하지만 FCM은 너무 어려워요!

저도 처음 iOS를 개발할 때 그랬는데 여러분도 FCM이 너무 어렵다고 느껴질 수 있습니다. 하지만 11장에서 FCM용 프레임워크는 라이브러리(스포일러 주의: Swifto'File)를 만듭니다. 그러면 FCM을 더 쉽게 이해할 수 있습니다.

10.3.1 앱의 기능

이 게임은 그래픽을 사용하지 않습니다. 하지만 사용자가 몇 번 시도할 수 있는지 알려줍니다. 그래픽을 배우지 않고도 게임을 만드는 방법을 배울 수 있습니다.

> **NOTE_** 깃허브에서 내려받은 Hello-Swift-Code-master 폴더 안의 Chapter10_Hangman 파일을 열면 필요한 코드를 찾을 수 있습니다. 아직 코드를 내려받지 않았다면 https://github.com/tanmayb123/Hello-Swift-Code/archive/master.zip에서 코드를 내려받으세요. 한 번에 모든 장의 코드를 내려받을 수 있습니다.

Hangman은 모르는 사람이 거의 없는 유명한 게임입니다. 다음 설명을 참고하세요.

1 컴퓨터가 임의의 단어를 선택하면 이를 밑줄로 표시하며, 사용자는 이 단어를 추측해야 합니다(예: 앱은 정답을 _____로 표시합니다).

2 단어의 철자를 모두 맞힐 수 있도록 열 번의 기회가 주어집니다.

objective라는 단어를 컴퓨터가 선택했을 때 사용자는 e를 추측해볼 수 있습니다. 그러면 단어에서 모든 e를 찾아 ___e___e 다음처럼 사용자에게 보여줍니다.

하지만 사용자가 g를 추측했다면 별다른 변화 없이 한 번의 기회만 사라지고 아홉 번의 기회가 남습니다.

3 사용자가 모든 철자를 추측(사용자의 승리)하거나 주어진 기회를 모두 소진(앱의 승리)할 때까지 이 과정을 반복합니다.

10.3.2 프로젝트 설정, UI 만들기

[그림 10-4]를 참고해 UI를 만듭니다.

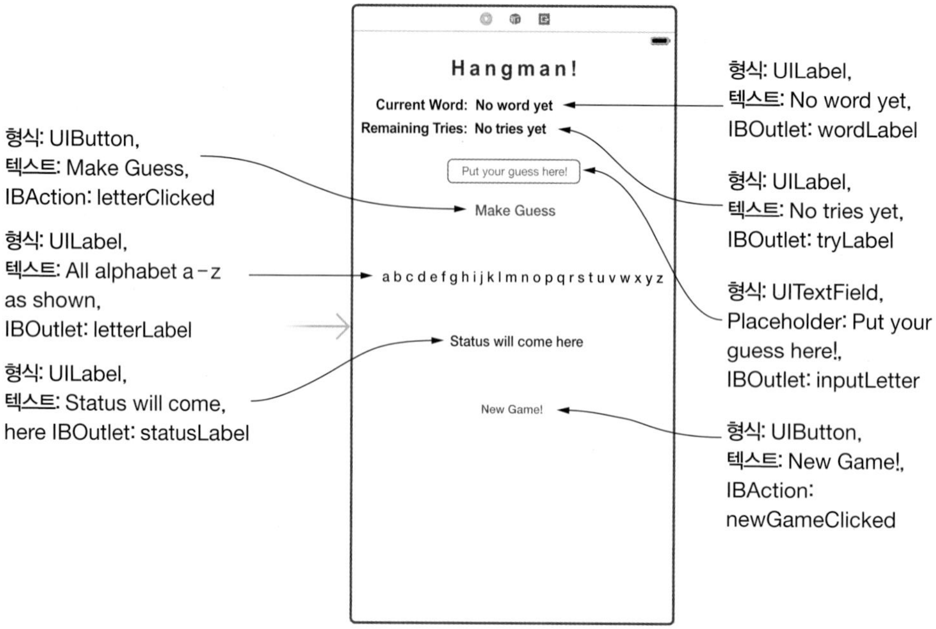

그림 10-4 Hangman 앱 UI

10.3.3 앱 코딩하기

UI를 만들었으면 앱을 코딩합니다. [예제 10-2]는 필요한 코드를 보여줍니다. Hangman 게임이 동작하는 데 필요한 몇 가지 단순한 함수를 만듭니다. 잠시 뒤에 코드를 설명합니다.

예제 10-2 Hangman 앱 코드

```
import UIKit

extension Array {
    func randomElement() -> String {
        return self[Int(arc4random_uniform(UInt32(
            self.count-1)))] as! String
    }

}
```

```
class ViewController: UIViewController {
    @IBOutlet var wordLabel: UILabel!
    @IBOutlet var triesLeft: UILabel!
    @IBOutlet var inputLetter: UITextField!
    @IBOutlet var lettersLabel: UILabel!
    @IBOutlet var statusLabel: UILabel!

    let maximumTries = 10
    var currentTries = 0
    var currentWord = ""
    var wordArray: [String] = []
    var tryArray: [String] = []
    var usedLetters: [String] = []

    override func viewDidLoad() {
        super.viewDidLoad()
        newGame()
        // 뷰를 로딩(보통 nib에서 로딩)한 다음 필요한 추가 작업 수행
    }

    func possibleWords() -> [String] {
        let stringVal = String(data: try! Data(
            contentsOf: URL(string: "https://github.com/tanmayb123/english-
words/raw/master/words.txt")!),
                              encoding: .utf8)
        return stringVal!.replacingOccurrences(
            of: "\r", with: "").components(separatedBy: "\n")
    }

    @objc func read(file: String) -> String {
        let paths = NSSearchPathForDirectoriesInDomains(
            .documentDirectory, .userDomainMask, true)
        [0] as String
        let pathToFile = (paths as NSString)
        .appendingPathComponent(file)
        if FileManager.default.fileExists(atPath: pathToFile) {
            return String(data: NSData(
                contentsOfFile: pathToFile)
                         ! as Data, encoding: .utf8)!
```

```
    }
    else {
        return ""
    }
}

@objc func write(file: String, value: String,
                 newline: Bool, overwrite: Bool) {
    var paths: [AnyObject] =
    NSSearchPathForDirectoriesInDomains(
        .documentDirectory, .userDomainMask, true)
    as [AnyObject]
    let documentsDirectory = paths[0] as! String
    let filePath: String = "\(documentsDirectory)/\(file)"
    if !overwrite {
        if newline {
            try! (read(file: file) + "\n" + value)
            .write(toFile: filePath, atomically:
                   true, encoding: String.Encoding.utf8)
        }
        else {
            try! (read(file: file) + value).write(
                toFile: filePath, atomically: true,
                encoding: String.Encoding.utf8)
        }
    }
    else {
        try! value.write(toFile: filePath,
                         atomically: true,
                         encoding: .utf8)
    }
}

func getHighscoreStatus() -> String {
    var finalValue = ""
    if read(file: "highscore.txt") == "" && read(
        file: "lastscore.txt") == "" {
        finalValue = "No saved scores."
    }
```

```
    else {
        let lastScore = read(file: "lastscore.txt")
        let highScore = read(file: "highscore.txt")
        finalValue = "Last score: \(lastScore)"
        finalValue += "\n | Highest score: \(highScore)"
    }
    return finalValue
}

func writeScore() {
    var highscore = 0
    if read(file: "highscore.txt") != "" {
        highscore = Int(read(file: "highscore.txt"))!
    }
    if currentTries > highscore {
        highscore = currentTries
    }
    write(file: "highscore.txt",
          value: "\(highscore)", newline: false,
          overwrite: true)
    write(file: "lastscore.txt",
          value: "\(currentTries)", newline: false,
          overwrite: true)
}

func newWord() {
    wordLabel.text = possibleWords().randomElement()
    currentWord = wordLabel.text!
    wordArray = []
    tryArray = []
    for i in currentWord.characters {
        wordArray.append("\(i)")
        tryArray.append("_")
    }
}

func newGame() {
    currentTries = maximumTries
    newWord()
```

```
        updateWordLabel()
        updateTryLabel()
        usedLetters = []
        updateLetterLabel()
        inputLetter.text = ""
        statusLabel.text = getHighscoreStatus()
    }

    @IBAction func newGameClicked() {
        newGame()
    }

    func gameover() {
        writeScore()
        statusLabel.text = getHighscoreStatus()
        tryArray = wordArray
        updateWordLabel()
    }

    @IBAction func letterClicked() {
        if currentTries != 0 && !usedLetters.contains(
            inputLetter.text!) && inputLetter.text! != "" {
            // 조건 #1
            var wasUseful = false
            for (ind, val) in wordArray.enumerated() {
                if val == inputLetter.text! {
                    tryArray[ind] = val
                    wasUseful = true
                }
            }
            if !wasUseful {
                currentTries -= 1
            }
            usedLetters.append(inputLetter.text!)
            updateTryLabel()
            updateWordLabel()
            updateLetterLabel()
        }
        if tryArray == wordArray {
```

```
            // 조건 #2
            triesLeft.text! = "YOU WON!"
            gameover()
        }
        if currentTries == 0 {
            // 조건 #3
            triesLeft.text = "You lost."
            gameover()
        }
        inputLetter.text = ""
    }

    func updateTryLabel() {
        triesLeft.text = "\(currentTries)"
    }

    func updateWordLabel() {
        wordLabel.text = ""
        for i in tryArray {
            wordLabel.text! += "\(i) "
        }
    }

    func updateLetterLabel() {
        lettersLabel.text =
        "a b c d e f g h i j k l m n o p q r s t u v w x y z"
        for i in usedLetters {
            lettersLabel.text = lettersLabel.text!.
            replacingOccurrences(of: i, with: " ")
        }
    }

    override func didReceiveMemoryWarning() {
        super.didReceiveMemoryWarning()
        // 재생성할 수 있는 모든 자원을 폐기
    }
}
```

평소에는 예제에 여러 주석을 포함했지만 이번에는 주석이 없는 편이 좋을 것 같아 주석을 사용하지 않았습니다.

10.3.4 변수, IBOutlet, IBAction 연결

[표 10-2]는 프로그램에서 변수의 역할을 설명합니다.

표 10-2 Hangman 앱의 변수

변수	설명
`maximumTries`	사용자가 시도할 수 있는 횟수 설정
`currentTries`	사용자가 사용한 횟수 기록
`currentWord`	사용자가 추측해야 하는 단어
`wordArray`	사용자가 추측하는 단어의 철자를 포함하는 배열

`tryArray`	사용자가 추측한 철자를 포함하는 배열. 이 배열은 `wordArray`와 같은 수의 요소를 갖음.
	사용자가 철자를 알아맞히면 이를 배열에 채워 넣습니다.
	예:
	사용자가 추측하는 단어: `Swift`
	
	`wordArray = [s, w, i, f, t]`
	`tryArray = [_, _, _, _, _]`
	
	사용자가 `f`를 추측했을 때:
	
	`wordArray = [s, w, i, f, t]`
	`tryArray = [_, _, _, f, _]`

`usedLetters`	사용자가 이미 추측했던 철자(올바른 철자와 틀린 철자 모두 포함)

[표 10-3]은 `IBOutlet`을 설명합니다.

표 10-3 Hangman 앱의 `IBOutlet`

IBOutlet	설명
`wordLabel`	사용자가 맞혀야 하는 단어
`triesLeft`	사용자에게 남은 시도 횟수
`inputLetter`	사용자가 현재 추측 중인 철자

lettersLabel	어떤 철자를 사용할 수 있는지 보여주는 레이블
statusLabel	기존 게임 점수와 최고 점수

[표 10-4]는 함수를 설명합니다.

표 10-4 Hangman 앱의 함수

함수	설명
possibleWords	이 함수는 저자의 웹사이트(https://raw.githubusercontent.com/tanmayb123/Hangman/master/wordlist.txt)에서 사용할 수 있는 모든 단어를 내려받아 반환합니다.
newWord	possibleWords 함수가 반환한 배열에 randomElement를 호출한 결과를 wordLabel로 설정하는 함수입니다. 그리고 wordLabel에 설정한 텍스트를 currentWord에 설정합니다. 마지막으로 currentWord의 철자를 루프로 반복합니다. currentWord의 각 철자를 반복하면서 wordArray에는 철자를, tryArray에는 밑줄을 추가합니다.
newGame	currentTries를 maximumTries 즉 사용자에게 열 번의 기회를 제공하며 게임을 시작합니다. 이 함수는 newWord, updateWordLabel, updateTryLabel, updateLetterLabel 등 다른 함수도 호출합니다. 또한 usedLetters는 빈 배열로, inputLetter의 텍스트는 빈 문자열로 설정합니다. 마지막으로 getHighscoreStatus 함수의 결과를 statusLabel에 설정합니다.
updateTryLabel	tryLeft에 currentTries를 설정합니다.
updateWordLabel	wordLabel에 tryArray를 설정합니다.
updateLetterLabel	어떤 철자를 사용했고 어떤 철자를 사용하지 않았는지 사용자가 확인할 수 있도록 letterLabel을 갱신합니다.
getHighscoreStatus	사용자의 상태 즉, 기존 게임 점수와 최고 점수를 표시합니다. 우선 finalValue 변수를 만듭니다. 이 변수는 최종 결과를 저장합니다. 다음으로 highscore.txt와 lastscore.txt 파일을 읽습니다. 파일에서 두 값이 빈 상태면 이전에 게임을 플레이한 적이 없다는 의미이므로 최고 점수는 없는 상태입니다. 따라서 finalValue를 No saved scores로 설정합니다.
writeScore	이 함수는 값을 파일에 저장하는 기능을 수행합니다. 우선, highscore라는 정수를 선언하고 기본값 0을 설정합니다. 그리고 highscore.txt에 데이터가 저장되어 있는지 확인합니다. 데이터가 있으면 highscore를 파일에서 읽은 값으로 설정합니다. 다음으로 currentTries가 기존의 highscore보다 높은지 확인합니다. 그렇다면 highscore 변수를 currentTries로 설정합니다. 마지막으로 highscore 변수의 값을 highscore.txt에 저장하고 currentTries는 lastscore.txt에 저장합니다.

gameover	이 함수는 writeScore 함수를 호출하며, getHighscoreStatus()가 반환한 문자열을 statusLabel에 설정하고, tryArray를 wordArray에 설정하고, wordLabel을 갱신합니다.

[표 10-5]는 마지막으로 IBAction을 설명합니다.

표 10-5 Hangman 앱 IBAction

IBAction	설명
letterClicked	1. 이 IBAction은 currentTries가 0이 아닌지, 사용자가 추측한 철자가 사용된 철자인지, 사용자가 철자를 입력했는지 확인합니다. 2. 모든 조건이 참이면, 다음을 수행합니다. 3. wasUseful이라는 불리언 변수를 만들고 기본값으로 거짓을 설정합니다. 4. wordArray에 루프를 반복합니다. 5. 각 철자를 반복하면서 입력한 철자와 같은지 확인합니다. 같으면 tryArray의 ind 요소를 val에 설정하고 wasUseful은 참으로 설정합니다. 6. 루프가 끝나면 wasUseful이 거짓인지 확인합니다. 거짓이면 currentTries를 1 차감합니다. 7. 사용자가 입력한 철자를 usedLetter 배열에 추가합니다. 8. 모든 갱신 함수를 호출합니다. 9. inputLetter 텍스트 필드를 지웁니다. 10. 조건 #2에서 tryArray가 wordArray와 같은지 확인합니다. 같다면 사용자의 승리입니다. 이 때 triesLeft 레이블의 텍스트를 YOU WON!으로 설정하고 gameover를 호출합니다. 11. 조건 #3에서 currentTries가 0인지 확인합니다. 0이면 사용자가 졌으므로 triesLeft의 텍스트를 You lost로 설정한 다음 gameover를 호출합니다. 12. 마지막으로 이 함수를 호출한 함수나 버튼으로 반환합니다.
newGameClicked	newGame 함수를 호출합니다.

10.3.5 앱 실행하기

앱을 실행하면 [그림 10-4]와 비슷한 화면이 나타납니다. [그림 10-5]는 사용자가 승리한 예입니다.

그림 10-5 Hangman 앱 실행

10.4 정리하기

1 String 클래스의 어떤 함수를 이용하면 콘텐츠를 기록할 수 있을까요? 예를 보여주세요.

2 다음 코드에서 newline: true의 역할은 무엇인가요?

```
write(file: "test.txt", value: writeField.text!, newline: true,
overwrite: false)
```

3 기존 파일에 새 데이터를 덧붙이면 어떻게 되나요?

4 read() 함수는 어떤 파라미터를 받나요?

5 이름을 파일에 저장하고 나중에 읽어서 레이블에 표시하는 앱을 만드세요. Load, Save 버튼을 제공해야 합니다.

10.5 앱 활동: 이름과 생일을 저장하세요

사용자의 이름과 생일을 두 개의 텍스트 필드로 입력 받아 각각의 파일로 저장하는 앱을 만드세요. 나중에 사용자가 필요할 때 저장된 값을 파일에서 읽을 수 있어야 합니다. Load 버튼을 클릭하면 두 파일에 저장된 내용을 두 개의 레이블로 표시해야 합니다.

11 프레임워크: 클래스로 가득한 책장

Chapter

지금까지 열 개 장을 학습하면서 iOS 개발자에 필요한 내용을 거의 배웠습니다. 이번에는 프레임워크라는 조금 특별한 내용을 살펴봅니다.

이 장의 학습 목표

- 프레임워크란 무엇이며 어떻게 사용하는가?
- 시뮬레이터용, 아이디바이스용 프레임워크를 만드는 방법
- Xcode 프로젝트에서 프레임워크를 사용하는 방법
- UI킷이란 무엇인가?

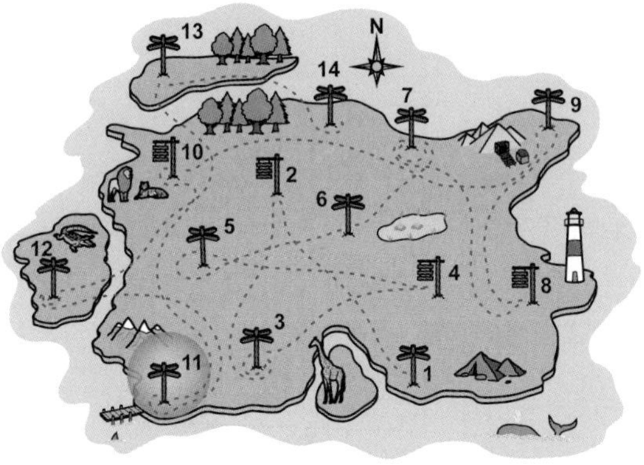

열한 번째 여정에서는 프레임워크Framework를 배웁니다. 이 장에서는 깃허브GitHub, 비트버킷BitBucket, 깃랩GitLab 등의 사이트에 코드 집합을 올려서 다른 개발자들이 사용할 수 있도록 돕는 방법을 배웁니다. 본인의 진행 상황을 추적하고 기존 코드를 재사용해 새롭고, 완전한 앱을 만들 수 있도록 지역 저장소를 만들 수 있습니다.

?_ 아직 모든 장이 끝나지 않았는데 어떻게 제가 iOS 개발을 거의 다 배웠다고 할 수 있죠?

지금까지 배운 내용과 달리 지금부터는 일반 용도가 아닌 조금 특별한 주제를 배웁니다. 각 장의 첫 부분에는 무엇을 배울 수 있는지 간략히 소개합니다.

11.1 프레임워크란 무엇인가?

기본적인 질문 즉, 프레임워크란 무엇인지부터 살펴봅니다. 프레임워크란 클래스, 함수, 코드, 심지어 다른 프레임워크의 집합입니다.

프레임워크가 무엇을 포함하는지 들여다보면 프레임워크를 쉽게 이해할 수 있습니다.

언젠가 코드가 커지면 정리를 시작해야 합니다. 관련 함수를 클래스로 모으고, 다시 관련된 클래스는 프레임워크로 만들 수 있습니다. 이렇게 클래스를 모아 만든 프레임워크를 다른 개발자에게 전달할 수 있습니다.

함수는 다른 함수와 코드의 집합입니다(함수는 다른 함수를 포함할 수 있어요). 클래스는 함수와 다른 클래스의 집합입니다(클래스도 다른 클래스를 포함할 수 있어요). 마지막으로 프레임워크는 클래스와 다른 프레임워크의 집합입니다(프레임워크도 다른 프레임워크를 포함할 수 있어요).

[그림 11-1]은 이 계층을 묘사합니다.

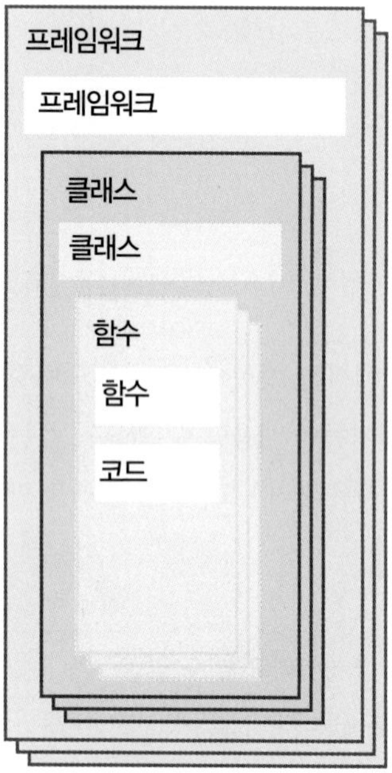

그림 11-1 "Whatcontainswhat?" 다이어그램

여러분에게 이미 익숙한 다른 예가 있습니다. 10장에서 배운 파일 콘텐츠 관리(FCM)를 기억하나요? 새 앱을 만들면서 FCM 함수를 사용해 파일을 관리하려면 항상 read, write 함수를 구현해야 합니다. 어느새 FCM을 사용하는 20 개의 앱을 만들었다고 가정해보세요. 같은 함수를 모든 앱에 복사, 붙여넣기 해야 하며 어느새 코드가 불어나면서 지저분해지고 정리하기 어려운 상태가 됩니다.

코드에 버그가 발생했거나 코드를 바꿔야 한다면 어떨까요? 함수를 바꾼 다음에 바뀐 함수를 모든 앱에 복사해야 합니다. 프레임워크를 이용하면 코드를 깔끔하게 유지하면서 두 가지 문제를 모두 해결할 수 있습니다.

프레임워크를 이용하면 각 앱에 함수와 클래스를 반복 사용할 필요가 없습니다. FCM 클래스를 포함하는 프레임워크를 만들거나 내려받은 다음 프로젝트로 드래그하면 바로 파일을 읽고, 쓸 수 있게 됩니다. FCM이 필요한 모든 앱에 이를 적용할 수 있습니다. 단 한 행의 코드(프레임워크 임포트)만 추가하면 됩니다.

직접 두 눈으로 확인하죠!

11.2 프레임워크 만들기

Swifto'File이라는 프레임워크를 만듭니다. 10장에서 만든 FCM 앱을 다시 만들면서 프레임워크의 장점을 확인할 수 있습니다. 이번에는 모든 클래스를 프레임워크로 만들고 앱은 프레임워크를 이용하는 한 행의 코드로 끝납니다. 다음 절에서 앱을 구현하는 방법을 설명합니다.

11.2.1 앱의 기능

이번 프로젝트는 단일 뷰 앱이 아닙니다. 사실 이 앱은 뷰를 전혀 포함하지 않아요!

> **NOTE** 깃허브에서 내려받은 Hello-Swift-Code-master 폴더 안의 Chapter11_SwiftoFile 파일을 열면 필요한 코드를 찾을 수 있습니다. 아직 코드를 내려받지 않았다면 https://github.com/tanmayb123/Hello-Swift-Code/archive/master.zip에서 코드를 내려받으세요. 한 번에 모든 장의 코드를 내려받을 수 있습니다.

11.2.2 프로젝트 만들기

[그림 11-2]처럼 iOS 〉 Framework & Library (Application을 선택하지 않아요)를 선택합니다.

[그림 11-3]처럼 Cocoa Touch Framework 버튼을 클릭한 다음 Next를 클릭합니다.

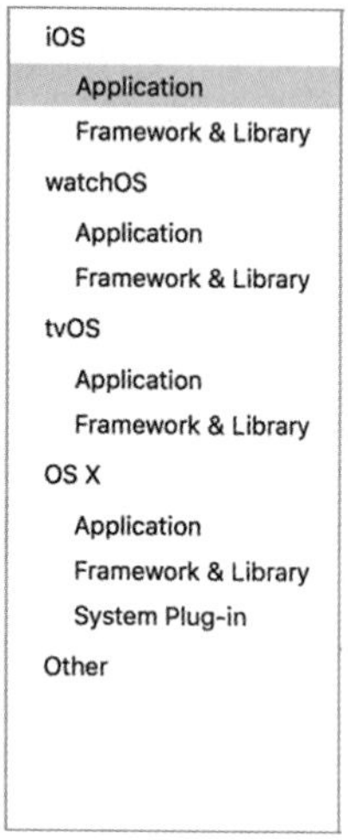

그림 11-2 Project Template 창

그림 11-3 Cocoa Touch Framework를 선택하세요

그리고 평소처럼 프로젝트 정보를 입력하세요.

NOTE_ 프로젝트 이름에 아포스트로피(')를 포함하지 않도록 주의하세요. Xcode 프로젝트 이름에는 아포스트로피를 사용할 수 없으며 이를 포함하면 빌드 과정에 문제가 발생할 수 있습니다. Swifto'File 대신 SwiftoFile로 프로젝트 이름을 입력하세요.

프로젝트를 만들었다면 [그림 11-4]와 비슷한 화면이 나타납니다.

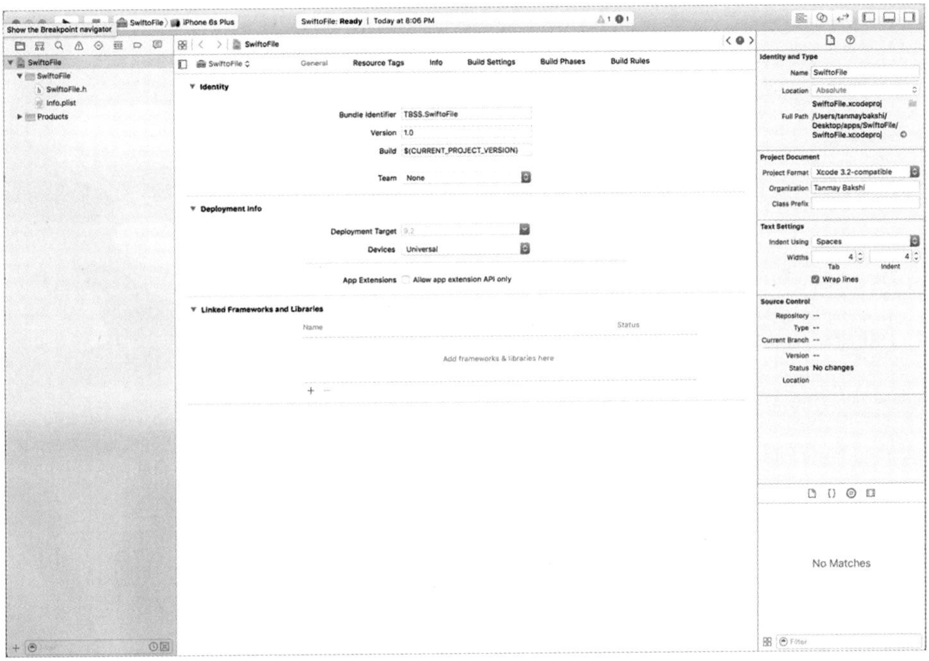

그림 11-4 Xcode 프로젝트 화면

다른 프로젝트와는 조금 화면이 다른 모습이네요. 왜 파일 내비게이터에 ViewController.swift와 Main.storyboard가 없을까요?

이 파일들은 필요가 없기 때문입니다. 이 프로젝트는 사용자 인터페이스(UI)를 포함하지 않으므로 이들 파일을 사용하지 않습니다. Xcode는 미리 이를 알고 두 파일을 자동으로 생성하지 않았습니다.

?_ 그런데 스위프트 파일 없이 어떻게 앱을 코딩하죠?

좋은 질문입니다! Xcode가 자동으로 파일을 만들지 않았지만 수동으로는 만들 수 있습니다. Xcode는 어떤 이름으로 파일을 만들어야 할지 모르기 때문에 여러분이 결정해야 합니다.

커맨드+N 버튼을 누르세요. 그러면 Xcode가 새 파일을 만듭니다. [그림 11-5]처럼 창이 나타납니다.

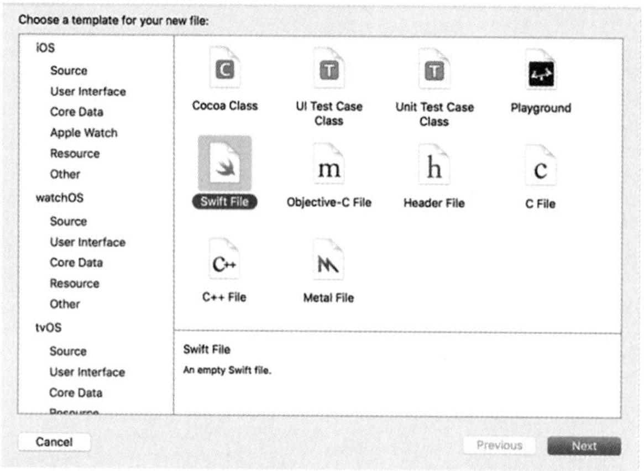

그림 11-5 New File Template 화면

Swift File을 더블 클릭하면 [그림 11-6]처럼 대화 상자가 나타납니다.

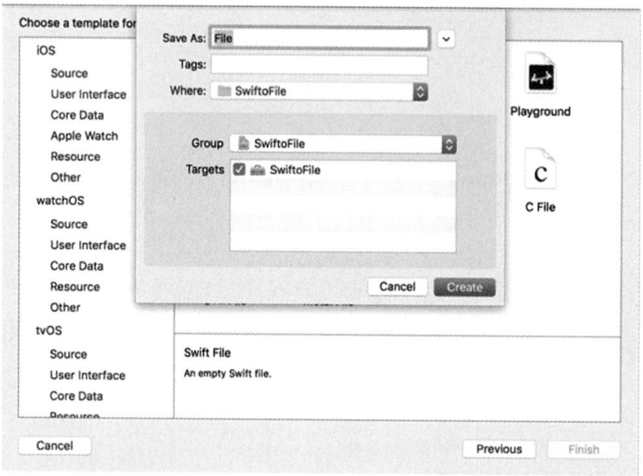

그림 11-6 파일명 결정

파일 이름(FileContentManager)을 입력하고 Save As 필드를 클릭합니다. 그리고 리턴 키나 Create 버튼을 클릭하세요. 파일 내비게이터 창에 새 파일이 나타나며 메인 영역에 이 파일이 열립니다.

같은 방법으로 FileReader, FileWriter, SwiftoFile 세 개의 파일을 만드세요.

11.2.3 앱 코딩하기

이 절에서는 새 파일에 코드를 추가합니다. 책의 과정을 마친 후에 모든 코드를 설명하겠습니다. 프레임워크를 설정한 다음 10장에서 만들었던 예제를 새로운 SwiftoFile 프레임워크를 사용하도록 바꿉니다. 네 개 파일을 만들었으면 파일 내비게이터 창에서 FileContentManager.swift 파일을 클릭하고 다음 코드를 입력하세요.

예제 11-1 FileContentManager 클래스

```
class FileContentManager {

    // 이 변수는 읽거나 쓸 파일의 이름을 포함합니다.
    var filename = ""

    // 클래스 초기화 메서드.
    init(inputfilename: String) {
        filename = inputfilename
    }
}
```

FileReader.swift에 다음 코드를 입력하세요.

예제 11-2 FileReader 클래스

```
// FileContentManager 클래스를 상속받는 FileReder를 정의.
class FileReader: FileContentManager {
    func returnContents() -> String {
        let paths = NSSearchPathForDirectoriesInDomains(
            .documentDirectory, .userDomainMask, true)[0]
        let filePath = paths.last! == "/" ?
            paths + filename : paths + "/" + filename
        if FileManager.default.fileExists(atPath: filePath) {
            return try! String(contentsOfFile: filePath)
        }
        return ""
    }
}
```

FileWriter.swift 파일에 [예제 11-3]의 코드를 입력하세요.

예제 11-3 FileWriter 클래스

```
import Foundation
class FileWriter: FileContentManager {

    var towrite = ""
    var overwrite = false
    var newline = false

    func writeToFile() {
        let paths = NSSearchPathForDirectoriesInDomains(
            .documentDirectory, .userDomainMask, true)[0] as String
        let filePath = paths.characters.
        last! == "/" ? paths + filename :
        paths + "/" + filename
        if newline {
            towrite = "\n" + towrite
        }
        if !overwrite {
            if FileManager.default.fileExists(
                atPath: filePath) {
                towrite = FileReader(inputfilename: filename)
                    .returnContents() + towrite
            }
        }
        try! towrite.write(toFile: filePath,
                           atomically: true,
                           encoding: .utf8)
    }
}
```

SwiftoFile.swift 파일에 [예제 11-4]를 입력하세요.

예제 11-4 SwiftoFile 클래스

```
import Foundation

public class SwiftoFile {
    var reader: FileReader!
    var writer: FileWriter!
    var canOperate = false

    public init() {
        canOperate = false
    }

    public init(userfilename: String) {
        canOperate = true
        reader = FileReader(inputfilename: userfilename)
        writer = FileWriter(inputfilename: userfilename)
    }

    public func write(content: String,
    overwriteFile: Bool,
    appendNewline: Bool) {
        if canOperate {
            writer.towrite = content
            writer.overwrite = overwriteFile
            writer.newline = appendNewline
            writer.writeToFile()
        }
        else {
            print("Not able to operate. " +
            "You probably missed out the file name.")
        }
    }

    public func read() -> String {
        if canOperate {
            return reader.returnContents()
        }
        else {
```

```
            print("Not able to operate. " +
            "You probably missed out the file name.")
        }
        return ""
    }
}
```

? _SwiftoFile.swift 파일에는 왜 public이라는 키워드를 많이 사용하는거죠?

public으로 선언해야 프레임워크 외부에서 개발자(프레임워크 사용자)가 접근할 수 있기 때문입니다. 이 부분은 FileContentManager, FileReader, FileWriter를 살펴본 다음 더 자세히 설명하겠습니다.

11.2.4 코드 동작 원리

각 코드가 어떤 작업을 수행하는지 확인합니다.

FileContentManager

FileContentManager는 아무것도 하지 않습니다. FileReader, FileWriter는 이 기본 클래스를 상속받습니다(상속은 9장을 참고하세요). [그림 11-7]은 상속 관계(계층)를 잘 보여줍니다.

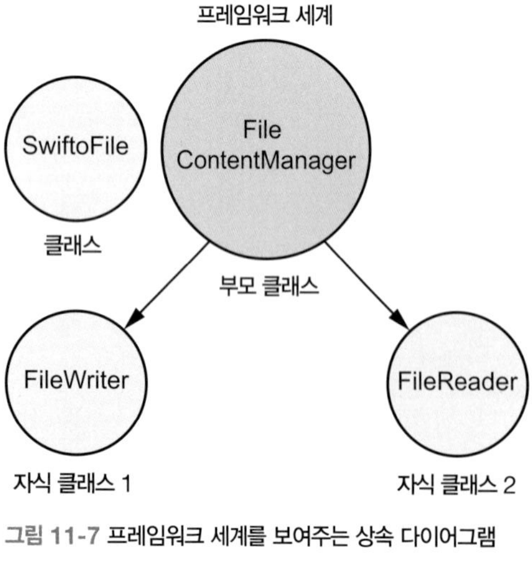

그림 11-7 프레임워크 세계를 보여주는 상속 다이어그램

FileContentManager에서 filename을 String으로 정의했고 inputfilename을 파라미터로 받는 초기화 함수에서는 받은 값을 filename에 설정합니다. 따로 지정하지 않았지만 클래스에 초기화 함수가 한 개뿐이므로 이 초기화 함수는 required입니다.

FileReader

이전에 설명했듯이 이 클래스는 FileContentManager를 상속받으므로 FileContentManager의 초기화 함수와 filename 변수를 갖습니다.

하지만 FileReader 클래스는 파일의 콘텐츠를 반환하는 returnContents 함수를 정의합니다. 파일 이름은 filename 변수에서 얻습니다. filename 변수는 FileContentManager의 초기화 함수의 파라미터 inputfilename의 값으로 설정됩니다.

FileWriter

FileWriter도 FileContentManager 클래스를 상속받습니다. 하지만 FileContentManager 클래스는 파일에 기록할 콘텐츠를 포함하는 toWrite 변수를 따로 정의합니다. overwrite는 파일의 내용을 덮어쓸지 결정합니다(기본값은 거짓). newline은 toWrite를 새 행 뒤에 덧붙일지 결정합니다(기본값은 거짓).

writeToFile() 함수는 FileContentManager의 초기화 함수로 설정된 대상 파일로 콘텐츠를 기록합니다.

SwiftoFile

SwiftoFile은 사용자의 프레임워크가 사용하는 주요 클래스입니다! 사람들이 이 클래스에 접근할 수 있도록 클래스 앞에 public을 추가했습니다. 하지만 사용자가 reader, writer 변수에는 접근할 수 없도록 이들 앞에는 public이 없습니다.

다음으로 파라미터 userfilename을 받는 public 초기화 함수가 있습니다. 이 파라미터는 사용자가 읽거나 기록하려는 파일의 이름을 받습니다. 초기화 함수는 다음을 설정합니다.

- reader를 새 FileReader 클래스 인스턴스로 설정하며 userfilename을 inputfilename 파라미터 값으로 설정합니다..

- writer를 새 FileWriter 클래스 인스턴스로 설정하며 userfilename을 inputfilename 파라미터 값으로 설정합니다.

11.2.5 프레임워크 빌드하기

10장의 코드를 활용해 11장에서 프레임워크를 만들었습니다. 하지만 실제 프레임워크를 사용하려면 먼저 프레임워크를 빌드build해야 합니다.

?_ 잠시만요. 이미 프레임워크 코드를 구현했잖아요. 프레임워크를 다시 빌드해야 하나요?

프레임워크를 빌드한다는 얘기는 파일을 만들거나 코드를 구현한다는 의미가 아닙니다. 지금까지 구현한 파일을 기계가 이해하고 실행할 수 있는 언어로 변환함을 의미합니다.

중요한 작업입니다. 디바이스 메뉴(2장에서 설명했어요)에서 Generic iOS Device를 선택합니다(그림 11-8).

그리고 커맨드+B를 클릭합니다. Xcode에서 이 키는 **빌드**, 즉 프레임워크를 만드는 명령입니다.

다음으로 파일 내비게이터 창에서 Products의 옆 작은 화살표를 클릭하세요(그림 11-9).

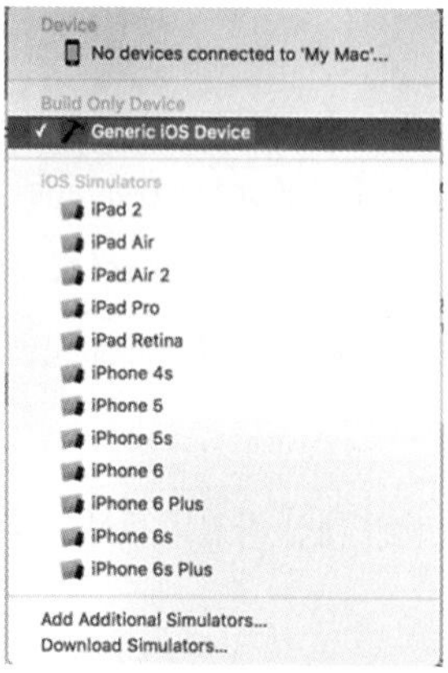

그림 11-8 디바이스 메뉴에서 Generic iOS Device를 선택하세요

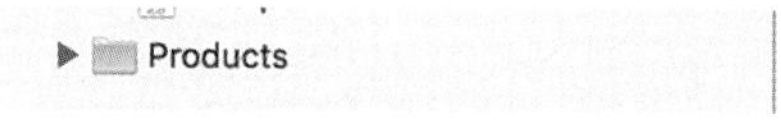

그림 11-9 파일 내비게이터의 Products 폴더

마지막으로 프레임워크 파일에 오른쪽 마우스 버튼을 클릭한 다음 Show in Finder를 선택하세요. 그러면 .framework 파일이 선택된 상태로 Finder 창이 열립니다. 프로젝트의 이름을 SwiftoFile이라고 정했다면 SwiftoFile.framework라는 파일이 나타납니다.

주의해야 할 점이 있습니다. 이 프레임워크는 실제 iOS 디바이스에서만 동작합니다. 시뮬레이터에서 동작하도록 만들려면 다음처럼 다른 방법으로 프레임워크를 빌드해야 합니다.

1 선택된 Finder 윈도우를 클릭하세요.

2 커맨드+위 화살표 키를 눌러 상위 디렉터리로 이동합니다.

3 debug-iphonesimulator 폴더를 더블 클릭하세요. 아무 파일이 없더라도 걱정하지 말고 다음 단계로 진행하세요.

4 Finder 윈도우는 열어 둔 채로 Xcode로 돌아갑니다.

5 디바이스 메뉴에서 아무 시뮬레이터(iPhone 7 Plus 등)를 선택하세요.

6 커맨드+B를 다시 누르면 이번에는 시뮬레이터에서만 동작하는 프레임워크가 생성됩니다.

이제 Finder에 파일이 나타납니다.

7 Find 윈도우로 돌아가면 .framework 확장자를 가진 파일이 나타납니다.

이 책에서 가리키는 **프레임워크 파일**은 바로 이 파일입니다.

이제 시뮬레이터나 아이디바이스로 앱을 만들 준비를 마쳤습니다.

11.2.6 프레임워크 사용하기

10장의 예제에 방금 만든 프레임워크를 사용할 수 있습니다.

다음 절에서는 10장의 파일 콘텐츠 관리(FCM) 앱의 읽고, 쓰기 예제를 응용해 새로운 SwiftoFile 프레임워크를 사용하도록 바꿉니다.

11.3 앱: Load Save 2부, 프레임워크 사용

이제 10장에서 만들었던 File Content Manager 앱의 2부에서는 방금 만든 새로운 SwiftoFile 프레임워크를 사용합니다.

11.3.1 앱의 무엇이 바뀔까요?

NOTE_ 깃허브에서 내려받은 `Hello-Swift-Code-master` 폴더 안의 `Chapter11_LoadSaveChp10` 폴더를 열면 필요한 코드를 찾을 수 있습니다. 아직 코드를 내려받지 않았다면 `https://github.com/tanmayb123/Hello-Swift-Code/archive/master.zip`에서 코드를 내려받으세요. 한 번에 모든 장의 코드를 내려받을 수 있습니다.

다음을 수행합니다.

1 프레임워크를 사용할 것이므로 `read`, `write` 함수를 제거합니다.

2 SwiftoFile 프레임워크를 Xcode 프로젝트에 추가합니다.

3 프레임워크를 임포트하고 코드를 바꿉니다.

11.3.2 read, write 함수 제거

이 작업은 아주 간단합니다. 말 그대로 `read`, `write` 함수를 제거합니다.

하지만 두 함수를 제거하면 [그림 11-10]처럼 두 개의 에러가 발생합니다. 왜 `IBAction`에 이 에러가 발생할까요?

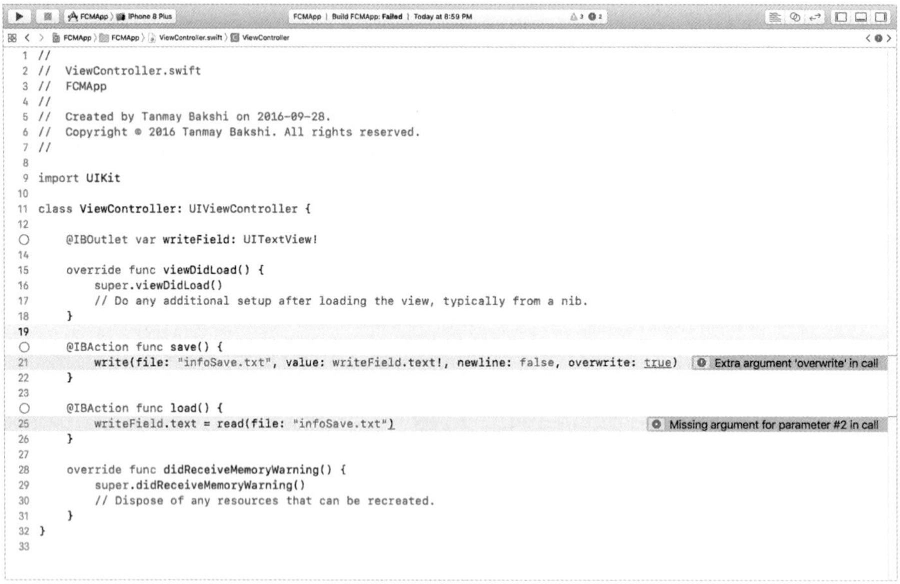
FCMApp | Build FCMApp: Failed | Today at 8:59 PM
FCMApp 〉 FCMApp 〉 ViewController.swift 〉 ViewController
//
// ViewController.swift
// FCMApp
//
// Created by Tanmay Bakshi on 2016-09-28.
// Copyright © 2016 Tanmay Bakshi. All rights reserved.
//
import UIKit
class ViewController: UIViewController {
    @IBOutlet var writeField: UITextView!
    override func viewDidLoad() {
        super.viewDidLoad()
        // Do any additional setup after loading the view, typically from a nib.
    }
    @IBAction func save() {
        write(file: "infoSave.txt", value: writeField.text!, newline: false, overwrite: true)
Extra argument 'overwrite' in call
    }
    @IBAction func load() {
        writeField.text = read(file: "infoSave.txt")
Missing argument for parameter #2 in call
    }
    override func didReceiveMemoryWarning() {
        super.didReceiveMemoryWarning()
        // Dispose of any resources that can be recreated.
    }
}

그림 11-10 read, write 함수를 제거하자 에러가 발생합니다

`IBAction`이 더 이상 존재하지 않는 `read`, `write` 함수를 참조하므로 컴파일러가 에러가 발생합니다. 이 문제는 잠시 뒤 고칠 것이므로 걱정하지 마세요.

11.3.3 Xcode에서 프레임워크 레퍼런스 만들기

이번에는 프레임워크를 추가합니다. 프레임워크 파일을 Xcode 파일 창으로 드래그해서 프레임워크를 추가할 수 있습니다(그림 11-11).

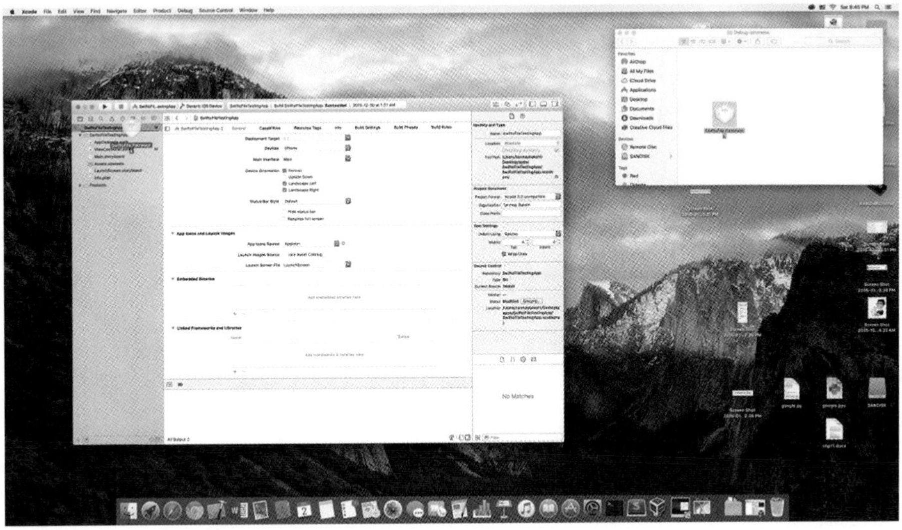

그림 11-11 프레임워크 파일을 Xcode 프로젝트로 드래그

마우스 버튼을 떼면 [그림 11-12]같은 화면이 나타납니다.

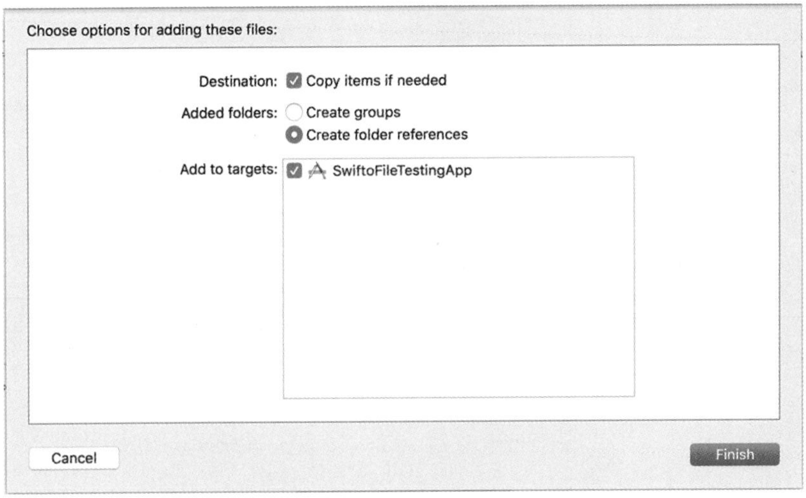

그림 11-12 프레임워크 파일을 Xcode 프로젝트에 추가

이 화면에서 the Copy items if needed 체크 박스를 선택한 다음 Finish를 클릭하세요.

이제 파일 내비게이터 창에서 Xcode 프로젝트를 클릭합니다(그림 11-13). [그림 11-14]처럼 파일을 클릭하세요.

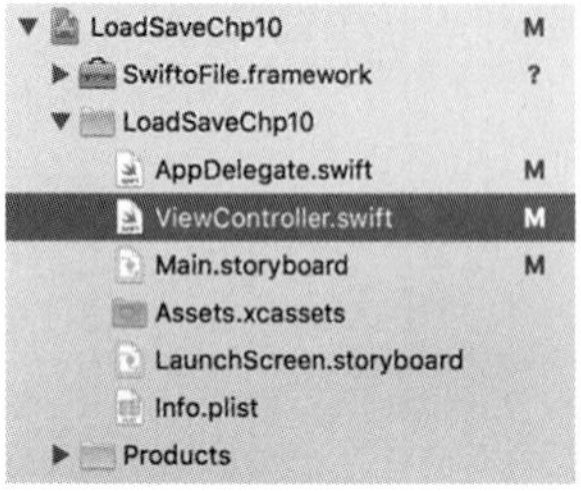

그림 11-13 Xcode의 파일 내비게이터 창

그림 11-14 LoadSaveChp10 Xcode 프로젝트

Embedded Binaries가 나타날 때까지 스크롤을 아래로 이동한 다음 더하기 기호(+)를 클릭하세요(그림 11-15).

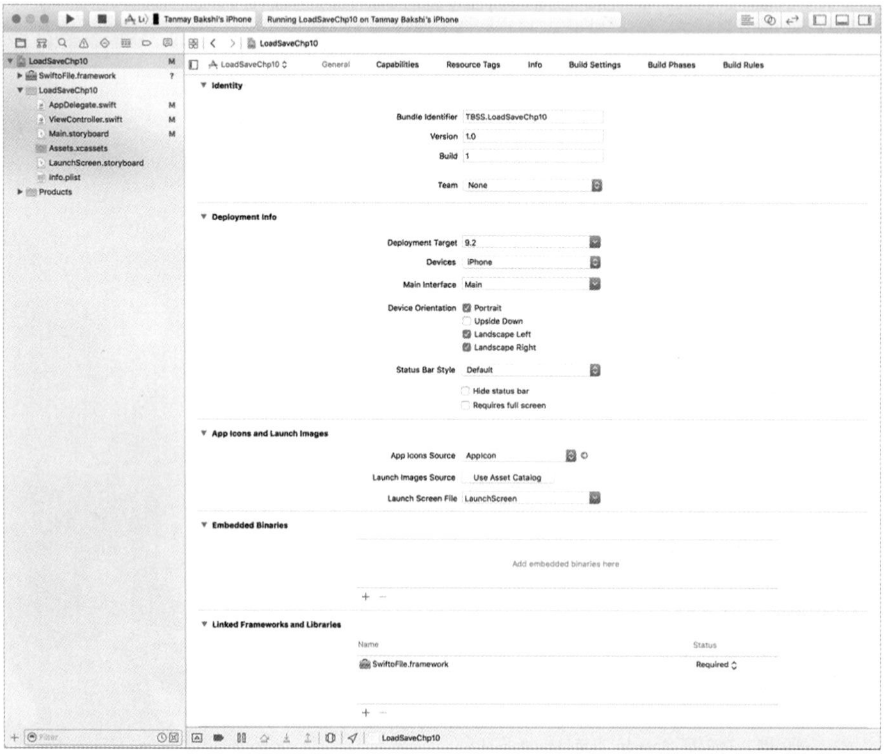

그림 11-15 Xcode 프로젝트 화면

[그림 11-16]은 Embedded Binaries 섹션을 모습입니다.

그림 11-16 Xcode 프로젝트의 Embedded Binaries 섹션

마지막으로 이전에 만든 새 프레임워크 파일(SwiftoFile.framework)을 더블 클릭하면 [그림 11-17]처럼 팝업이 나타납니다.

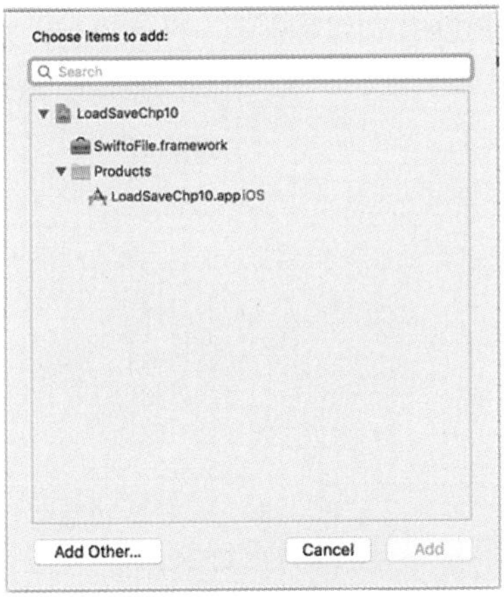

그림 11-17 Embedded Binaries 추가 페이지

레퍼런스를 만들었습니다. 이제 코드를 추가합니다.

11.3.4 LoadSave 앱에 프레임워크 코딩하기

이제 코드를 추가합니다. 먼저 프레임워크를 임포트합니다.

1장에서 플레이그라운드와 앱의 `import UIKit`을 무시하라고 했던 말 기억하나요? 이제 이 코드의 의미를 이해할 수 있습니다. `UIKit`은 개발자들이 사용할 수 있도록 애플에서 만든 수많은 클래스를 포함하는 프레임워크입니다.

> **TIP_** UIKit은 파운데이션 프레임워크foundation framework로 코코아터치 UI 개발에 필요한 여러 클래스를 포함합니다. 파운데이션 프레임워크는 다윈Darwin 프레임워크(맥OS를 구성하는 오픈 소스 커널)로 주로 개발자들이 사용할 수 있는 클래스를 포함합니다.

ViewController.swift 파일에서 `import UIKit` 행이 있는 곳으로 스크롤한 다음 그 아래에 다음 행을 추가합니다.

```
import <FRAMEWORK_NAME_HERE>
```

프레임워크의 이름이 `SwiftoFile`이라면 `import SwiftoFile`을 입력하세요.

`load IBAction`으로 이동하세요.

```
@IBAction func load() {
    writeField.text = read("infoSave.txt")
}
```

그리고 다음처럼 바꿉니다.

```
@IBAction func load() {
    let fileContentManaging = SwiftoFile(userfilename: "infoSave.txt")
    writeField.text = fileContentManaging.read()
}
```

`save IBAction`으로 이동하세요.

```
@IBAction func save() {
    write("infoSave.txt", value: writeField.text!, newline: false,
          ➥ overwrite: true)
}
```

그리고 다음처럼 바꿉니다.

```
@IBAction func save() {
    let fileContentManaging = SwiftoFile(userfilename: "infoSave.txt")
    fileContentManaging.write(content: writeField.text!,
                              ➥ overwriteFile: true, appendNewline: false)
}
```

[예제 11-5]는 필요한 코드를 바꾼 다음 전체 코드를 보여줍니다.

예제 11-5 Load Save 앱 2부 최종 코드

```
import UIKit
import SwiftoFile

class ViewController: UIViewController {
    @IBOutlet var writeField: UITextView!
        override func viewDidLoad() {
            super.viewDidLoad()
            // 뷰를 로딩(보통 nib에서 로딩)한 다음 필요한 추가 작업 수행
        }

    @IBAction func save() {
        let fileContentManaging = SwiftoFile("infoSave.txt")
        fileContentManaging.write(content: writeField.text!,
                                  overwriteFile: true, appendNewline: false)
    }

    @IBAction func load() {
        let fileContentManaging = SwiftoFile("infoSave.txt")
        writeField.text = fileContentManaging.read()
    }

    override func didReceiveMemoryWarning() {
        super.didReceiveMemoryWarning()
        // 재생성할 수 있는 모든 자원을 폐기
    }
}
```

완성했습니다!

11.3.5 앱 실행하기

프레임워크를 만들 때 여러분이 선택한 프레임워크 형식에 주의하세요. 시뮬레이터를 선택했으면 이는 시뮬레이터에서만 실행됩니다. 실제 아이디바이스를 선택했다면 아이디바이스에서만 실행할 수 있습니다. 두 플랫폼을 혼합하면 에러가 발생합니다. 내부적으로 실제 아이디바이스는 암[ARM] 칩으로 구동되는 반면 iOS 시뮬레이터는 맥 즉, 인텔 칩으로 동작하기 때문입니다. 이렇게 서로 아키텍처가 다르므로 Xcode는 대상 플랫폼의 종류를 알아야 합니다. 간단히 요약하면 시뮬레이터와 아이디바이스는 서로 다른 언어를 사용하므로 프레임워크도 그에 맞는 코드로 변환해야 합니다.

따라서 시뮬레이터로 실행하려면 시뮬레이터로 프레임워크를 빌드하고, 아이디바이스로 실행하려면 아이디바이스로 프레임워크를 빌드하세요.

스위프트로 프레임워크를 사용하는 방법을 배웠습니다. 12장에서는 애니메이션, 게임을 만드는 데 필요한 스프라이트킷을 배웁니다.

11.4 정리하기

1 프레임워크를 만들 때 시뮬레이터용과 아이디바이스용을 구분하는 이유가 뭔가요?

2 함수, 클래스를 바로 이용하지 않고 프레임워크를 사용하면 어떤 장점이 있을까요?

3 프레임워크를 만들 때 일부 클래스에 `public` 키워드를 사용하는 이유가 뭔가요?

4 Xcode로 프레임워크 프로젝트를 만들었을 때 `Main.storyboard` 파일이 없는 이유가 뭔가요?

5 새로운 프레임워크를 만드는 것이 유용한 두 가지 상황을 예로 설명하세요.

12 Chapter 스프라이트킷: 재미있는 애니메이션

처음으로 간단한 그래픽을 이용한 앱을 만드는 방법을 배우면서 자신감을 얻을 수 있습니다.

이 장의 학습 목표

- 스프라이트킷이란?
- 픽셀이란?
- 스프라이트킷의 좌표 시스템 동작 원리
- 스프라이트킷과 UI킷의 차이점?
- 스프라이트킷으로 간단한 앱을 만드는 방법

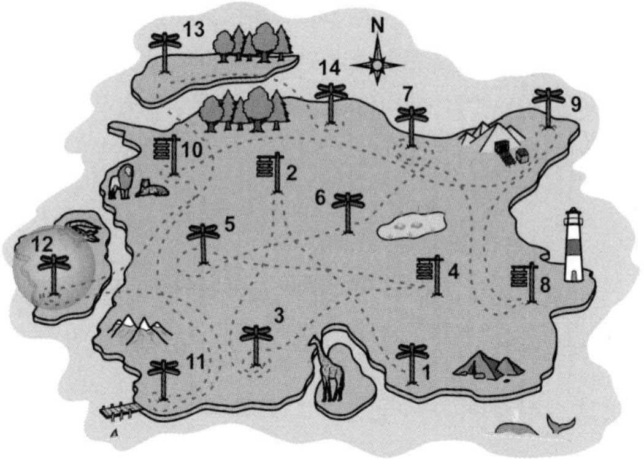

12장에서는 스프라이트킷SpriteKit이 무엇인지 살펴봅니다. 첫 그래픽 기반 앱을 만들고 실행하면서 자신감을 얻을 수 있습니다.

12장의 코드는 조금 긴 편입니다. 다른 장의 예제보다 코드가 조금 긴 편이지만 각 코드가 어떤 일을 수행하는지 독자 여러분이 이해할 수 있다고 확신합니다.

어쩔 수 없이 수학적인 내용이 종종 등장합니다. 미적분처럼 어려운 수학은 아니지만 다른 장과 비교해 난이도가 높은 편입니다.

하지만 이 책에서는 스프라이트킷을 자세히 설명하진 못하지만, 스프라이트킷을 직접 사용해 볼 수 있는 좋은 기회를 제공합니다. 나중에 이 책의 온라인 판에서는 조금 더 복잡한 앱을 소개할 계획을 세우고 있습니다.

12장은 간단한 iOS 앱의 2D 애니메이션을 배우고자 하는 독자에게 큰 도움을 줍니다.

12.1 스프라이트킷 소개

스프라이트킷은 2D 그래픽에 필요한 기능을 제공하는 애플의 프레임워크입니다. 즉 화면에 사각형 버튼뿐 아니라 벽을 튕기는 공을 흉내 내거나 화면을 가로질러 나는 만화 주인공 등을 표현하는 데 필요한 그래픽을 제공합니다.

?_ UI킷으로도 화면에 2D 그래픽을 추가할 수 있어요. 스프라이트킷이 꼭 필요한 이유가 뭐죠?

스프라이트킷은 게임 개발에 필요한 고급 그래픽을 만드는 데 도움을 줍니다. 스프라이트킷의 단점이라면 사용자 인터페이스(UI)를 눈으로 보면서 개발할 수 없다는 것입니다. 예를 들어 스토리보드 파일에서 버튼이나 위젯을 화면으로 드래그할 수 없습니다. 버튼을 추가하려면 좌표, 크기, 색 등 버튼의 모든 정보를 코딩해야 합니다. 드래그 앤 드롭으로 그래픽 인터페이스를 개발할 수 없습니다.

하지만 그래픽 디자인 도구를 이용해 게임() 그래픽을 직접 만들 수 있습니다. 스케치Sketch나 어도비 포토샵Adobe Photoshop 등을 이용할 수 있습니다.

이제 스프라이트킷 코딩 방법을 살펴봅니다.

12.2 스프라이트킷 동작 원리

스프라이트킷으로 코드를 구현하려면 픽셀, 좌표 시스템을 이해해야 합니다.

12.2.1 픽셀

스프라이트킷을 살펴보기 전에 하드웨어 수준의 기본 내용을 알아야 합니다.

사용자가 보는 모든 화면은 **픽셀**pixel이라 부르는 아주 작은 사각형으로 구성됩니다. 표준 빛의 색상은 빨간색red, 녹색green, 파란색blue로 구성됩니다. 이 RGB를 조합해 모든 색상을 재현할 수 있습니다.

[그림 12-1]을 살펴보세요.

이 그림에서 각 픽셀의 색은 RGB의 값을 조합해 만들 수 있습니다.

[그림 12-2]는 한 개의 픽셀을 크게 확대한 모습입니다. 보통 한 픽셀은 너무 작아 육안으로 확인하기 어렵습니다.

그림 12-1 색연필

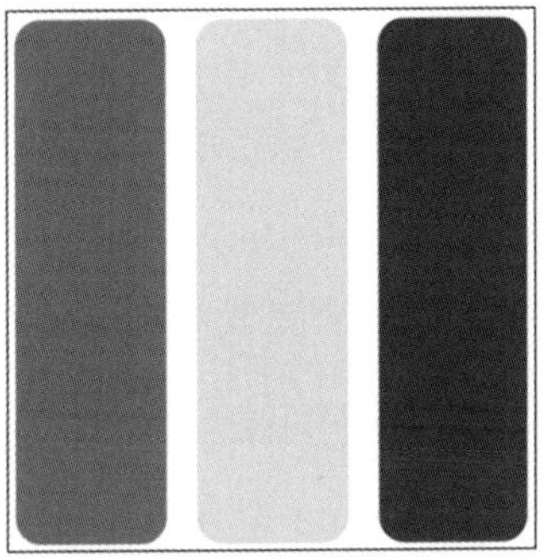

그림 12-2 픽셀을 확대한 모습

TIP_ 픽셀은 픽처 셀picture cell의 줄임말입니다. 픽셀이 모여 화면을 구성합니다.

?_그런데 왜 꼭 픽셀을 알아야 하죠?

다음 두 가지 이유 때문입니다.

- 화면의 해상도를 파악할 수 있습니다.
- 화면에 어떤 모양을 그리고 위치를 지정할 수 있습니다.

[표 12-1]에서 보여주는 것처럼 빨간색, 녹색, 파란색을 혼합해 상상할 수 있는 거의 모든 색을 픽셀로 표현할 수 있습니다. RGB는 0에서 255까지의 값을 갖습니다.

표 12-1 RGB의 비율로 달라지는 색

R값	G값	B값	결과
255	0	0	빨간색
0	255	0	녹색
0	0	255	파란색
255	0	255	보라색
255	255	0	노란색

2차원 배열(그리드나 행렬로 펼칠 수 있는)에 수십 만개의 픽셀을 갖고 있다면 이미지를 보여줄 수 있습니다.

100 × 100 픽셀 그리드 안에 있는 점 A에서 점 B로 선을 긋는다고 가정하세요. [그림 12-3]처럼 점 A와 점 B 사이의 픽셀을 이용해 선을 그릴 수 있습니다.

비슷한 방법으로 다른 모양이나 이미지를 만들 수 있습니다.

이미지는 수많은 RGB 값을 조합한 점의 집합으로 운영체제는 이를 화면으로 재구성해 보여줍니다. 좁은 공간에 더 많은 픽셀을 넣을수록 화면의 밀도가 높아지며(more HD high-definition) 같은 영역이라도 더 많은 픽셀을 보여줄 수 있습니다.

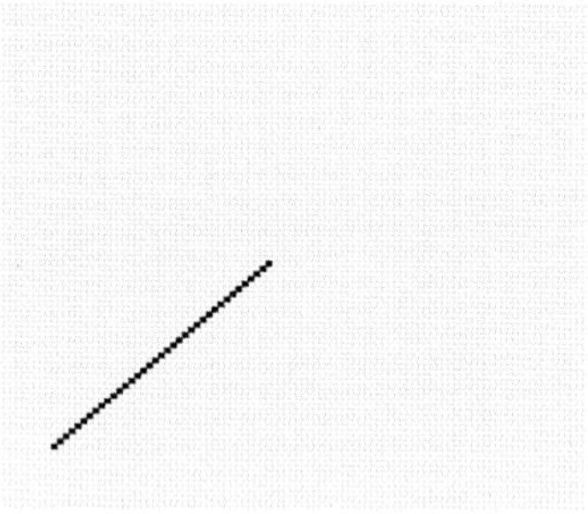

그림 12-3 100 × 100 그리드에서 두 점 사이의 픽셀을 밝혀 선을 그린 모습

예를 들어 애플과 델Dell은 5K 모니터 즉 5120 × 2880 = 14,745,600 개별 픽셀을 표현할 수 있는 놀라운 모니터를 출시했습니다.

사람의 뇌는 수많은 픽셀을 이를 인지할 수 있으므로 픽셀이 많을수록 눈은 더 선명하게 이미지, 텍스트를 보게 됩니다.

12.2.2 좌표 시스템

이 절에서는 픽셀을 기본 그래픽 개념에 적용합니다. 좌표 시스템을 이해하면 점이나 객체를 아이폰의 화면에 위치시키는 데 도움이 됩니다.

[그림 12-4]처럼 100 × 100 픽셀 크기의 사각형을 그립니다.

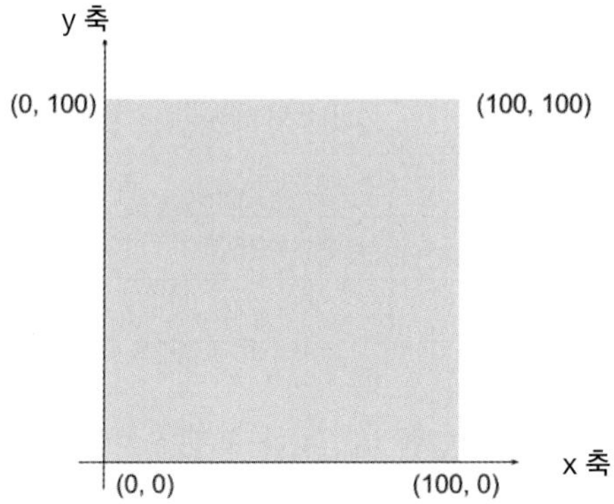

그림 12-4 좌표 시스템을 설명하는 사격형. 왼쪽 아래에서 시작해 오른쪽 위로 증가해요

왼쪽 아래 모서리의 좌표는 (0, 0) 즉 컴퓨터는 이를 x: 0, y: 0으로 인식합니다.

NOTE_ 사각형의 실제 크기는 100 × 100 픽셀이 아닙니다. 개념상 그렇게 표시했을 뿐이에요.

(0, 0)에서 위로 가면 y의 값이 증가합니다. 왼쪽 위 모서리로 가면 (0, 100) 즉, x: 0, y: 100에 도달합니다.

왼쪽 아래 모서리에서 오른쪽으로 가면 x의 값이 증가합니다. 오른쪽 아래 모서리로 가면 (100, 0) 즉, x: 100, y: 0에 도달합니다.

결과적으로 오른쪽 위 모서리는 (100, 100)이에요.

이 사각형은 100 × 100 픽셀의 크기를 갖습니다. 하지만 100 × 100 픽셀은 아이폰에서 아주 작은 크기로 보여집니다. [표 12-2]는 아이폰 5S에서 시작해 다양한 아이폰의 해상도를 보여줍니다.

표 12-2 아이폰 5S 이후의 화면 해상도

아이폰 모델	화면의 픽셀
아이폰 12 프로 맥스	2778 × 1284
아이폰 12, 아이폰 12 프로	2532 × 1170
아이폰 12 미니	2340 × 1080
아이폰 XR, 아이폰 11	1792 × 828
아이폰 XS 맥스, 아이폰 11 프로 맥스	2688 × 1242
아이폰 X, 아이폰 XS, 아이폰 11 프로	2436 × 1125
아이폰 6 플러스, 아이폰 6S 플러스, 아이폰 7 플러스, 아이폰 8 플러스	1920 × 1080
아이폰 6, 아이폰 6S, 아이폰 7, 아이폰 8	1334 × 750
아이폰 5S, 아이폰 SE	1136 × 640

이처럼 아이폰은 많은 픽셀을 표현할 수 있으므로 화면에 다양한 이미지나 물체를 보여줄 수 있습니다. 다음 절에서는 앱을 만듭니다.

12.3 Drag the Square 앱

NOTE_ 깃허브에서 내려받은 Hello-Swift-Code-master 폴더 안의 Chapter12_DragTheSquare 폴더를 열면 필요한 코드를 찾을 수 있습니다. 아직 코드를 내려받지 않았다면 https://github.com/tanmayb123/Hello-Swift-Code/archive/master.zip에서 코드를 내려받으세요. 한 번에 모든 장의 코드를 내려받을 수 있습니다.

12.3.1 앱의 기능

이 앱은 단순합니다. 화면의 가운데에 사각형이 있고 클릭한 다음 드래그할 수 있습니다. 화면의 빈 곳을 클릭하면 사각형이 손가락의 위치로 이동합니다. 손가락을 화면에서 드래그하면 사각형이 손가락을 따라갑니다. 손가락을 떼면 사각형은 마지막 위치에 남습니다.

[그림 12-5]는 앱 시작 모습입니다. 스프라이트킷을 이용하려면 눈으로 보면서 UI를 만들 수

없으므로 스토리파일이 없습니다.

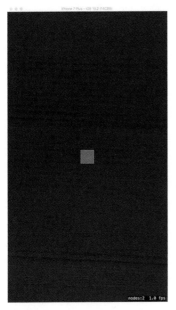

그림 12-5 Drag the Square 앱 시작 모습

12.3.2 프로젝트 만들기

UI킷 프로젝트와 스프라이트킷 프로젝트를 만드는 방법은 조금 다릅니다.

Xcode로 스프라이트킷 프로젝트를 만들 때 Xcode는 자동으로 작은 앱을 만듭니다. 그리고 이 앱은 화면에 `Hello World!`라는 문자열을 표시하며 몇 가지 기능을 제공하는데, 아직 자세한 내용은 신경쓰지 않아도 괜찮습니다.

편리하게 프로젝트를 시작할 수 있도록 GameScene.swift, GameScene.sks 파일의 예제 코드와 인터페이스를 삭제했고 좌표 시스템도 재설정했습니다. 이 코드를 내려받고 다음 과정을 진행하세요.

NOTE_ 깃허브에서 내려받은 `Hello-Swift-Code-master` 폴더 안의 `Chapter10_FCMApp` 파일을 열면 필요한 코드를 찾을 수 있습니다. 아직 코드를 내려받지 않았다면 `https://github.com/tanmayb123/Hello-Swift-Code/archive/master.zip`에서 코드를 내려받으세요. 한 번에 모든 장의 코드를 내려받을 수 있습니다.

또는 기본 스프라이트킷 앱을 만들고 템플릿을 고쳐 빈 앱을 만드는 방법도 있습니다.

일단은 독자 여러분이 프로젝트를 내려받았다고 가정하고 다음 과정으로 진행합니다.

12.3.3 앱 코딩하기

다음을 구현합니다.

1 사각형 만들기
2 화면의 중앙에 사각형 놓기
3 사각형을 빨간색으로 칠하기
4 사각형을 화면에 보이기

Finder에서 DragTheSquare.xcodeproj 파일을 더블 클릭해서 Xcode 프로젝트를 여세요.

화면에 사각형 놓기

UI킷으로 앱을 코딩할 때는 앱 시작시 실행되는 `viewDidLoad` 함수가 있었습니다. 하지만 스프라이트킷 앱에는 이 함수가 없습니다. 대신 `didMove(to: UIView)`에 앱 시작시 실행해야 할 코드를 추구할 수 있습니다.

또한 UI킷에서는 ViewController.swift 파일에 코드를 추가했지만 스프라이트킷 앱에는 이 파일이 없습니다. 대신 GameScene.swift 파일을 이용합니다(그림 12-6).

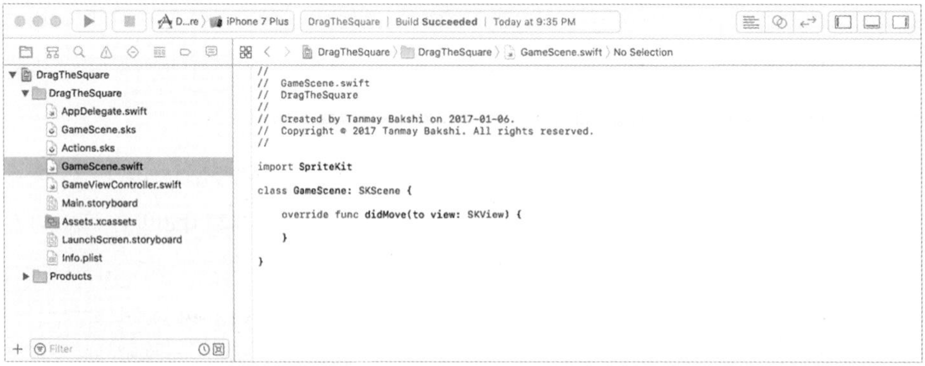

그림 12-6 GameScene.swift 파일

왼쪽 파일 내비게이터 창에서 GameScene.swift 파일을 여세요. 그러면 `didMove()` 함수가 나타납니다. 이 함수에 다음 코드를 추가하세요.

```
square = SKShapeNode(rectOf: CGSize(width: 60, height: 60))
square.position = CGPoint(x: self.frame.midX, y: self.frame.midY)
square.fillColor = UIColor.red
self.addChild(square)
```

이 코드는 '앱 코딩' 절의 처음에 설명한 네 가지 단계를 수행하는 코드입니다.

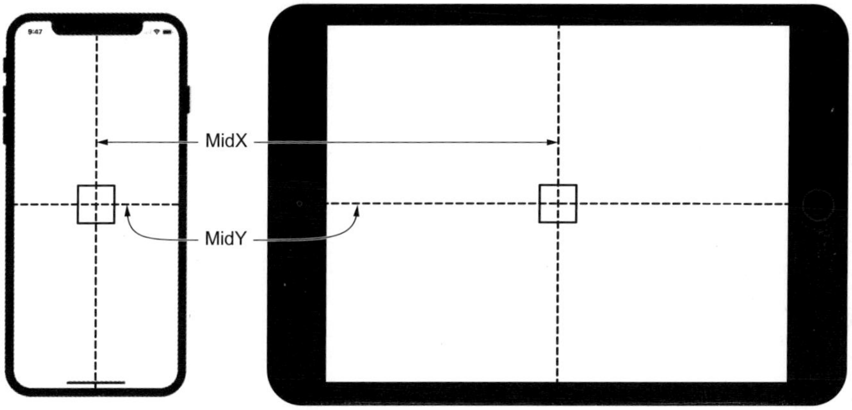

첫 번째 행은 `SKShapeNode` 클래스를 초기화합니다. `rectOf:` 초기화 함수에 `CGSize`(스위프트 용어)를 전달했습니다. `CGSize`로 사각형의 너비와 높이를 60 픽셀로 설정했습니다. 여러분이 원하는 값으로 사각형의 크기를 조절할 수 있습니다(정사각형이 아니어도 괜찮아요).

그리고 화면에서 사각형의 위치를 `CGPoint`(스위프트 용어)로 설정해야 합니다. 이전에 설명했듯이 디바이스마다 화면 크기가 다르므로 화면 중앙의 위치도 디바이스마다 다릅니다. 다행히 화면의 중앙에 위치하는 설정을 이용하면 모든 디바이스에서 사각형이 화면의 가운데에 위치시킬 수 있습니다.

`self`의 `frame`을 가져와서 `midX` 값을 얻을 수 있습니다. 이 변수로 중간 x 좌푯값을 얻을 수 있고 마찬가지 방법으로 중간 y 좌표도 얻을 수 있습니다.

다음으로 사각형을 빨간색으로 설정합니다.

필요한 설정을 마쳤으면 사각형이 화면에 나타나도록 `self`의 자식으로 추가합니다. 여기서 `self`는 GameScene 클래스(SKScene 객체)를 가리킵니다. 객체를 초기화하고 속성을 지정했으면(1에서 3단계까지) 화면에 객체를 그릴 수 있습니다(4단계).

다음 절에서는 화면에서 사각형을 움직이는 데 필요한 기능을 추가합니다.

사각형 움직이기

코드 파일에는 touchesBegan, touchesMoved 두 함수가 있습니다. 이 두 함수는 사용자가 화면을 터치하거나 손가락을 움직일 때 수행할 동작을 정의합니다.

사용자의 손가락을 따라 사각형을 움직이게 만들려면 이들 함수를 사용해야 합니다. [표 12-3]은 touches로 시작하는 함수를 설명합니다.

표 12-3 Drag the Square 앱의 함수

함수	설명
touchesBegan	사용자가 화면을 터치하면 호출되는 함수
touchesMoved	사용자가 화면에서 손가락을 움직일 때마다 호출되는 함수(한 픽셀이라도 움직이면 호출됩니다)
touchesEnabled	사용자가 화면에서 손가락을 때면 호출되는 함수(이 앱에서는 아직 이 함수를 사용하지 않아요)

이들 함수의 기능을 이해했으니 코딩을 시작합니다.

touchesBegan, touchesMoved 함수 모두에 다음 코드를 추가합니다.

```
let touchLocation = touches.first!.location(in: self)
square.position = touchLocation
```

먼저 사용자가 터치한 화면의 위치 즉, 픽셀 **좌표**coordiate를 알아야 합니다. touchLocation라는 새 상수를 정의하고 이를 화면을 처음first으로 터치 한 손가락의 좌표로 설정합니다.

얻은 위치 정보를 사각형의 위치로 설정합니다.

간단한 작업을 완성했습니다. 다음은 앱 전체 코드입니다.

예제 12-1 Drag The Square 앱 최종 코드

```
import SpriteKit
import GameplayKit

class GameScene: SKScene {

  var square: SKShapeNode!

  override func didMove(to view: SKView) {
    square = SKShapeNode(rectOf: CGSize(width: 60, height: 60)) ◀ ❶ 사각형을 초기화합니다.
    square.position = CGPoint(x: self.frame.midX, y:
    ➥ self.frame.midY)  ◀ ❷ 사각형을 화면의 가운데에 위치시켜요.
    square.fillColor = UIColor.red  ◀ ❸ 사각형을 빨간색으로 설정합니다.
    self.addChild(square)  ◀ ❹ 화면에 사각형을 추가하는 코드에요.
  }

  override func touchesBegan(_ touches: Set<UITouch>, with event:
    ➥ UIEvent?) {
    let touchLocation = touches.first!.location(in: self) ◀ ❺ 사용자가 화면을 터치한 첫 번째 손가락의 위치를 얻어옵니다.
    square.position = touchLocation ◀ ❻ 사용자의 손가락의 위치로 사각형의 위치를 설정합니다.
  }

  override func touchesMoved(_ touches: Set<UITouch>, with event:
    ➥ UIEvent?) {
    let touchLocation = touches.first!.location(in: self)
    square.position = touchLocation
  }
}
```

앱을 실행하면 폰의 화면 가운데에 빨간 사각형이 나타나며 손가락으로 이를 움직일 수 있습니다. [그림 12-7]은 앱 실행 모습입니다.

12.3.4 앱 실행하기

앱을 실행하면 빨간 사각형의 화면 중앙에 나타납니다. 손가락을 화면에 터치하면 그 위치로 사각형이 이동합니다. 이제 화면에서 손가락을 드래그하면 사각형이 손가락을 따라 움직입니다. 손가락을 떼면 마지막 위치에 사각형이 멈춥니다. 처음으로 스프라이트킷을 이용한 앱을 만들었습니다!

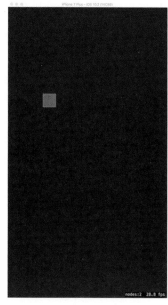

그림 12-7 화면에서 사각형 움직이기

12.4 My Christmas Tree 앱을 시도해 보세요

독자 여러분 중에는 조금 더 재미있는 앱을 만들어보고 싶은 분도 있을 겁니다. 그런 분들은 My Christmas Tree라는 스프라이트킷을 이용하는 앱 코드를 내려받으세요.

NOTE_ 깃허브에서 내려받은 Hello-Swift-Code-master 폴더 안의 Chapter12_ChristmasTree 폴더를 열면 필요한 코드를 찾을 수 있습니다. 아직 코드를 내려받지 않았다면 https://github.com/tanmayb123/Hello-Swift-Code/archive/master.zip에서 코드를 내려받으세요. 한 번에 모든 장의 코드를 내려받을 수 있습니다.

[그림 12-8]은 앱의 실행 모습입니다.

이 앱은 크리스마스 트리에 장식을 추가하는 기능을 제공합니다. 이 앱을 살펴보면서 어떻게 수학을 활용해 화면에 객체를 추가하는지 이해할 수 있습니다.

이렇게 스프라이트킷 여행을 마칩니다.

그림 12-8 장식을 추가할 수 있는 My Christmas Tree 앱

12.5 정리하기

1 픽셀이란 무엇이며 어떻게 픽셀로 화면에 특정 색을 만들 수 있나요?

2 `SKSpriteNode`의 (0, 0), `SKScene`의 (0, 0)은 각각 어디를 가리키나요?

3 어떻게 20 × 20 픽셀 정사각형을 만들까요?

4 세 개의 정사각형이 있다고 가정하세요. 한 개 사각형을 가운데 두고 다른 한 개는 왼쪽으로 20 픽셀 옆에, 다른 한 개는 오른쪽으로 20 픽셀 옆에 놓으세요(이 앱을 만들 때 'Drag the Square 앱' 절의 '프로젝트 만들기 사용한 빈 템플릿을 내려받아 활용하세요).

5 Drag the Square 앱에서 `touchesBegan`와 `touchesMoved` 함수 모두에 아래 코드를 추가했습니다. 그 이유가 무엇일까요?

```
let touchLocation = touches.first!.location(in: self)
square.position = touchLocation
```

6 손가락을 따라다니는 동안에만 노란색으로 바뀌고 손가락을 떼면 사각형이 화면의 중앙으로 돌아가면서 빨간색으로 복구되도록 Drag the Square 앱을 바꿔보세요.

7 `midX`, `midY`를 사용할 수 없는 상황이라면 어떻게 60 × 60 픽셀의 정사각형을 디바이스 화면 중앙에 배치할 수 있을까요?

13 워치킷 코드 확인

Chapter

애플 워치 앱 코딩 방법을 소개합니다.

이 장의 학습 목표

- 애플 워치 앱 인터페이스 만들기
- 워치 앱 코딩 방법
- 워치 앱 실행 방법
- iOS 개발과 워치킷 개발 방법의 차이

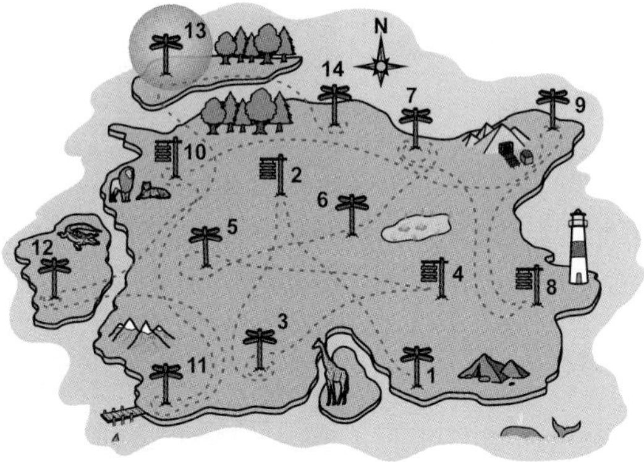

13장에서는 워치킷WatchKit 코드를 배웁니다. 애플 워치는 여러분의 호주머니에 들어있는 아이폰과 블루투스로 통시하는 소형 아이폰 같은 기기입니다(소형이므로 제약이 있습니다). 메시지를 수신하면 워치로 확인할 수 있습니다. 전화가 걸려오면 워치가 알려줍니다. 또한 여러분이 설정한 일정이나 알람도 알려줍니다. 마지막으로 운동량, 수면 패턴 등을 기록하는 활동 추적기 같은 특별한 앱도 제공합니다.

13장에서는 애플 워치 개발이라는 주제를 다룹니다. Number Guessing Game이라는 앱을 만듭니다. 이 과정에서 표준 iOS 앱을 개발할 때와 워치 개발은 무엇이 다른지 배웁니다.

NOTE_ 13장의 앱에서는 애플 워치 개발을 소개합니다. 워치 개발을 깊게 살펴보는 것은 아니지만 어떻게 워치 앱을 개발하는지는 감을 잡으실 수 있습니다.

13.1 Number Guessing Game 앱

13장의 첫 번째 앱 Number Guessing Game 앱을 살펴봅시다!

13.1.1 앱의 기능

NOTE_ 깃허브에서 내려받은 Hello-Swift-Code-master 폴더 안의 Chapter13_NumberGuessingGame 폴더를 열면 필요한 코드를 찾을 수 있습니다. 아직 코드를 내려받지 않았다면 https://github.com/tanmayb123/Hello-Swift-Code/archive/master.zip에서 코드를 내려받으세요. 한 번에 모든 장의 코드를 내려받을 수 있습니다.

컴퓨터가 1에서 120까지의 숫자를 임의로 선택하면 이를 추측하는 게임입니다. + 버튼과 - 버튼을 이용해 숫자를 조절하고 Make Guess 버튼을 눌러 결과를 확인합니다. 버튼을 누르면 앱은 제출한 숫자보다 정답이 큰지 아니면 작은지를 알려줍니다. 이 메시지를 확인한 다음 다시 추측하는 방식입니다. 이렇게 정답을 맞힐 때까지 이 과정을 반복합니다.

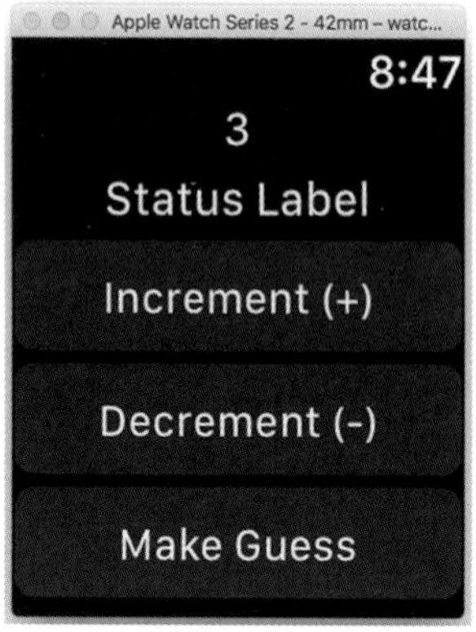

그림 13-1 Number Guessing Game 앱 실행 모습

[그림 13-1]은 워치로 앱을 실행한 모습입니다.

워치킷 앱을 개발하기 전에 워치킷 앱은 iOS 앱에 의존한다는 사실을 기억하세요. 워치는 방대한 계산을 수행하기엔 너무 작은 기기이므로 워치 앱을 개발하려면 iOS 앱을 먼저 만들어야 합니다. 인터넷 접속처럼 어려운 작업은 아이폰이 수행해줘야 합니다. [그림 13-2]가 보여주는 것처럼 워치 앱은 아이폰의 두 번째 그리고 임시 디스플레이의 역할을 담당합니다.

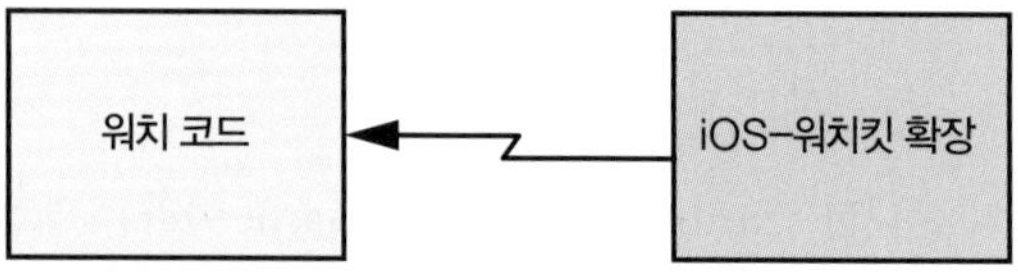

그림 13-2 iOS 앱과 워치OS 앱의 관계

워치 앱을 개발하려면 Xcode에서 새 프로젝트를 만들어야 합니다. 하지만 이번에는 iOS 〉

Single View Application 대신 watchOS 〉 iOS App with WatchKit App을 선택합니다. 이후로는 같은 방법으로 진행합니다.

이 예제에서는 iOS 앱에 사용자 인터페이스나 코드를 구현하지 않고 워치 앱에 집중합니다.

> **NOTE_** 애플은 워치 앱에 필요한 iOS 앱을 요구합니다. 즉, 애플 워치 앱은 iOS 앱의 확장입니다. 예를 들어 스카이프 iOS 앱은 애플 워치에서 실행할 수 있는 스카이프를 제공합니다.

기존 앱 방법과 달리 워치 앱은 ViewController.swift를 이용하지 않습니다.

Xcode 뷰에서 NumberGuessingGame WatchKit Extension 폴더를 확장한 다음 InterfaceController.swift 파일을 클릭하고 워치 앱을 코딩할 수 있습니다.

13.1.2 UI 만들기

앱을 코딩하려면 iOS 앱에서 했듯이 레이블과 버튼 등을 포함하는 워치 UI를 만들어야 합니다. NumberGuessingGame WatchKit App 폴더를 열고 Interface.storyboard를 클릭하세요(그림 13-3).

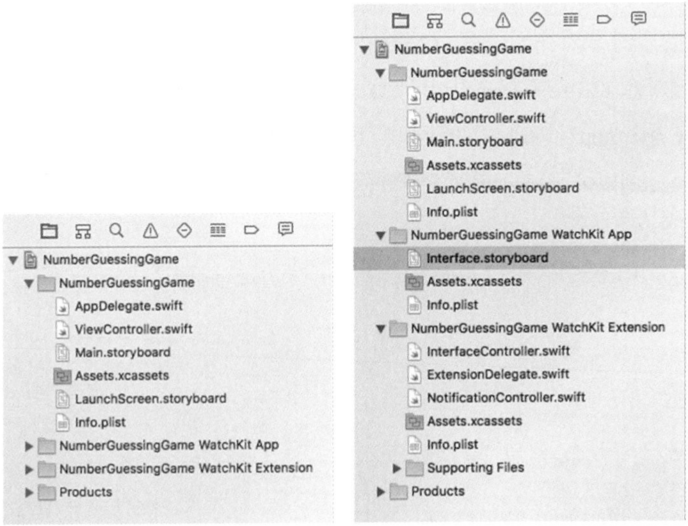

그림 13-3 WatchKit 개발 파일

[그림 13-4]처럼 세 개의 뷰(애플 워치 크기)가 나타납니다.

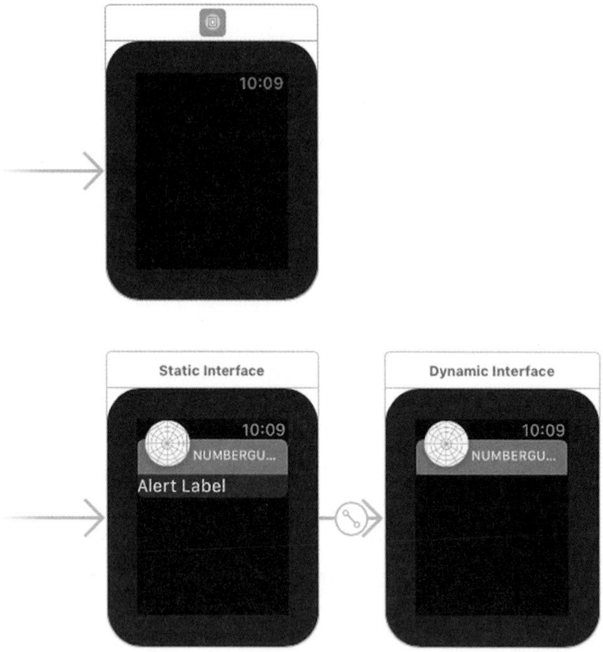

그림 13-4 Interface.storyboard 파일의 세 뷰

워치는 38mm, 42mm 두 가지 크기가 있다는 사실을 기억하세요. 42mm 워치가 조금 더 작업하기 편리하므로 예제에서는 42mm를 이용합니다. Xcode 창의 왼쪽 아래에서 크기를 선택하세요. 기본값으로 `View As: Apple Watch 38mm`라는 메시지가 나타납니다. 이 메시지를 클릭하면 두 개의 애플 워치 그래픽이 나타납니다. [그림 13-5]에서 큰 워치가 42mm, 작은 워치가 38mm를 가리킵니다.

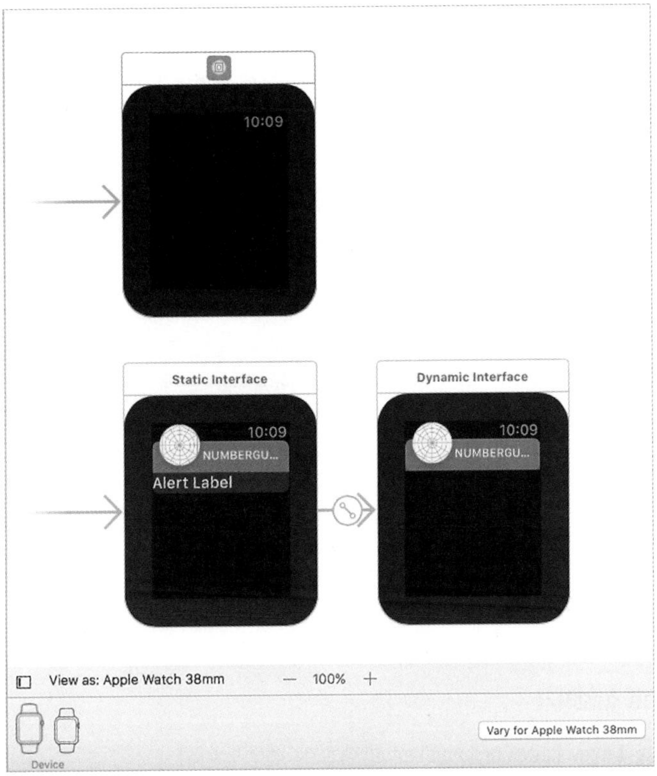

그림 13-5 애플 워치의 두 가지 화면 크기. 38mm가 기본값이에요

인터페이스로 돌아옵니다. 두 레이블과 세 개의 버튼을 워치 뷰로 드래그합니다(그림 13-6).

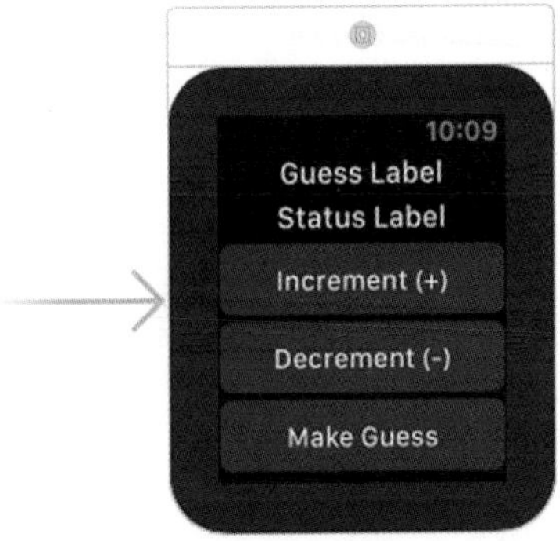

그림 13-6 Number Guessing Game 앱의 최종 UI

[표 13-1]은 세 요소를 설명합니다.

표 13-1 Number Guessing Game 앱의 인터페이스 요소

인터페이스 요소	용도
`Guess Label` 레이블	사용자가 현재 선택한 추측 번호를 보여줌
`Status Label` 레이블	사용자의 현재 추측의 결과(`Much!`, `Too Little!`, `Correct!` 중 하나)를 보여줌.
+ 버튼	추측 숫자를 1 증가
- 버튼	추측 숫자를 1 감소
`Make Guess` 버튼	Guess Label의 숫자를 비교한 결과를 Status Label로 표시

13.1.3 앱 코딩하기

처음으로 Number Guessing Game 워치 앱을 코딩하는 재미있는 작업을 시작합니다.

변수, IBOutlets, IBActions 선언하기

먼저 [표 13-2]에 있는 변수를 `InterfaceController` 클래스에 선언합니다.

표 13-2 Number Guessing Game 앱의 변수

변수명	형식	용도
`tryingToGuess`	`Int`	사용자가 맞히려는 숫자
`currentGuess`	`Int`	사용자가 추측한 숫자

다음처럼 변수를 선언하세요.

```
var tryingToGuess: Int = 0
var currentGuess: Int = 0
```

다음으로 [표 13-3]처럼 `IBOutlet`을 선언합니다.

표 13-3 Number Guessing Game 앱의 IBOutlet

IBOutlet	형식	용도
guessLabel	WKInterfaceLabel	Guess Label의 IBOutlet
statusLabel	WKInterfaceLabel	Status Label의 IBOutlet

다음은 IBOutlet 선언 코드입니다.

```
@IBOutlet var guessLabel: WKInterfaceLabel!
@IBOutlet var statusLabel: WKInterfaceLabel!
```

NOTE_ 워치킷 개발에서는 UILabel 대신 WKInterfaceLabel을 사용합니다.

IBOutlet과 변수를 선언했습니다. 이제 실제 코드를 살펴봅니다.

이번에도 iOS 앱 개발과는 다른 부분이 있습니다. 한 가지 차이는 워치 앱에는 viewDidLoad 함수가 없다는 점입니다. 워치OS에는 viewDidLoad에 대응하는 awake 함수가 있습니다. 다음 코드를 awake 함수에 추가하세요.

```
tryingToGuess = Int(arc4random_uniform(UInt32(120)) + 1)
guessLabel.setText("\(currentGuess)")
```

첫 번째 행에서는 arc4random_uniform 함수를 이용해 1에서 120까지의 범위에서 임의의 숫자를 tryingToGuess 변수에 할당합니다. 이 함수는 실제 0에서 119까지의 범위의 숫자를 반환하지만 이 결과에 1을 더해 1에서 120까지의 범위에서 숫자를 만듭니다. 두 번째 행에서는 사용자가 선택한 숫자의 값을 포함하는 currentGuess(기본값은 0)를 Guess Label의 텍스트로 설정합니다.

이렇게 앱을 초기화했습니다. 다음으로 세 개의 버튼 중 한 버튼을 클릭하면 어떤 일이 일어나는지 확인합니다.

[표 13-4]에 있는 세 개의 IBAction을 구현합니다.

표 13-4 Number Guessing Game 앱의 IBAction

IBAction	용도
increment	+ 버튼을 누르면 호출됨
decrement	– 버튼을 누르면 호출됨
makeGuess	Make Guess 버튼을 누르면 호출됨

다음은 IBAction 코드입니다.

```
@IBAction func increment() {
    currentGuess = currentGuess + 1
    guessLabel.setText("\(currentGuess)")
}

@IBAction func decrement() {
    currentGuess = currentGuess - 1
    guessLabel.setText("\(currentGuess)")
}

@IBAction func makeGuess() {
    if currentGuess == tryingToGuess {
        statusLabel.setText("Correct!")
    } else if currentGuess < tryingToGuess {
            statusLabel.setText("Too Little!")
    } else if currentGuess > tryingToGuess {
        statusLabel.setText("Too Much!")
    }
}
```

다음 절에서 코드를 설명합니다.

increment IBAction과 decrement IBAction

increment IBAction에서는 currentGuess를 1 증가시키고 decrement IBAction에서는 currentGuess를 1 감소시킵니다. 그리고 다음 행에서는 바뀐 값의 currentGuess를 guessLabel에 설정합니다.

makeGuess IBAction

이 함수는 단순히 tryingToGuess 값과 currentGuess 중 누가 값이 크거나, 작거나, 같은지 비교한 다음 statusLabel을 [표 13-5]에서 설명하는 것처럼 적절한 값으로 설정합니다.

표 13-5 statusLabel **설정 로직**

조건	텍스트
currentGuess == tryingToGuess	Correct!
currentGuess < tryingToGuess	Too Little!
currentGuess > tryingToGuess	Too Much!

코드 완성하기

드디어 코드를 완성했습니다.

예제 13-1 Number Guessing Game **앱의 완성 코드**

```
import WatchKit
import Foundation

class InterfaceController: WKInterfaceController {

  var tryingToGuess: Int = 0
  var currentGuess: Int = 0

  @IBOutlet var guessLabel: WKInterfaceLabel!
  @IBOutlet var statusLabel: WKInterfaceLabel!

  override func awake(withContext context: Any?) {
    super.awake(withContext: context)
    // Configure interface objects here.
    tryingToGuess = Int(arc4random_uniform(UInt32(120)) + 1)
    guessLabel.setText("\(currentGuess)")
  }

  @IBAction func increment() {
```

```
        currentGuess = currentGuess + 1
        guessLabel.setText("\(currentGuess)")
    }

    @IBAction func decrement() {
        currentGuess = currentGuess - 1
        guessLabel.setText("\(currentGuess)")
    }

    @IBAction func makeGuess() {
        if currentGuess == tryingToGuess {
            statusLabel.setText("Correct!")
        } else if currentGuess < tryingToGuess {
            statusLabel.setText("Too Little!")
        } else if currentGuess > tryingToGuess {
            statusLabel.setText("Too Much!")
        }
    }

    override func willActivate() {
        // 워치 뷰컨트롤러가 사용자에게 보여지기 직전에 호출됨
        super.willActivate()
    }

    override func didDeactivate() {
        // 워치 뷰컨트롤러가 보이지 않게 된 후 호출됨
        super.didDeactivate()
    }
}
```

IBAction과 IBOutlet 연결하기

IBAction, IBOutlet을 연결하는 작업은 아이폰과 애플 워치 개발 모두 같습니다. 이제 IBAction과 IBOutlet을 연결합니다.

13.1.4 앱 실행하기

안타깝게도 애플 워치 앱을 개발한 다음 실행 방법이 iOS 앱 개발과 다릅니다. 애플 워치 앱을 여러분의 워치에서 실행하려면 조금 복잡한 절차를 거쳐야 하므로 제가 올려놓은 동영상(`http://www.tanmaybakshi.com/runWatchApp`)을 참고하세요. 주소 마지막의 'runWatchApp'의 대소문자를 구별해야 합니다.

다행히 애플 워치 시뮬레이터로 워치 앱을 실행하는 방법은 훨씬 간편합니다. 먼저 Xcode에서 실행 대상(Run이나 재생 버튼을 클릭했을 때 Xcode가 실행해야 할 대상)을 바꿉니다. [그림 13-7]에서 보여주는 것처럼 디바이스 이름 왼쪽에 있는 NumberGuessingGame을 클릭하세요.

그림 13-7 실행 대상 바꾸기 1

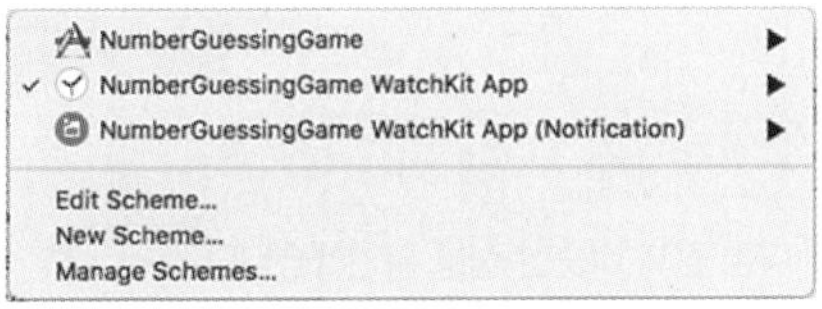

그림 13-8 실행 대상 바꾸기 2

드롭 다운 메뉴에 열어 옵션이 나타납니다. [그림 13-8]처럼 NumberGuessingGame WatchKit App 옵션을 선택하세요.

다음으로 시뮬레이터나 디바이스를 선택한 다음 사용하려는 애플 워치 화면 크기를 설정합니다(그림 13-9).

그림 13-9 애플 워치 시뮬레이터 선택

이제 평소처럼 앱을 실행합니다. 그럼 [그림 13-10]처럼 워치 시뮬레이터로 앱이 실행됩니다.

게임을 즐기세요!

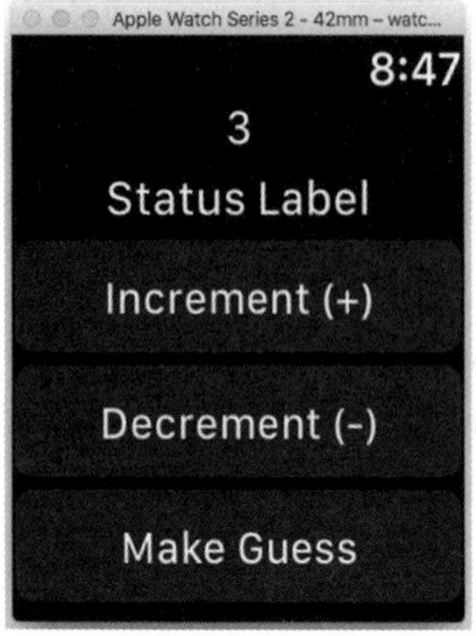

그림 13-10 대망의 앱 실행

13.2 정리하기

1 iOS 앱과 워치킷 앱을 만들면서 두 방식의 앱을 개발하는 데 다른 점과 비슷한 점을 확인했습니다.

2 이 앱에서 정답을 맞혔을 때 지금까지 몇 번을 시도했는지 보여주려면 어떻게 할까요?

3 누군가에게 이 게임의 규칙을 설명하고 있다고 가정하세요. 항상 최소한의 시도로 정답을 맞히려면 어떤 전략을 구사해야 할까요?

4 워치OS의 awake 함수에 대응하는 iOS의 함수는 무엇이며 어떤 일을 수행하나요?

5 사용자가 0 미만이나 120을 초과하는 숫자를 입력할 수 없도록 하려면 어떻게 해야 할까요? (참고: 현재는 앱이 이 상황을 처리하지 않습니다)

14 스위프트 여행

Chapter

스위프트로 만드는 iOS 개발의 기초를 배우는 여정을 끝냈습니다. 잘했어요! 다음에는 무엇이 여러분을 기다릴까요?

이 장의 학습 목표

- 어떤 여행을 계속 할까요?
- 앱 개발을 계속 배우려면 어떤 자료를 참조해야 할까요?
- 다음으로 무엇을 배워야 할까요?

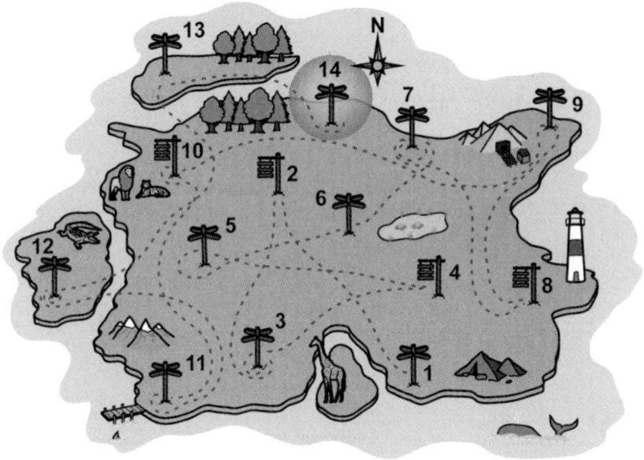

마지막 여정에서는 스위프트 여행을 계속하는 데 필요한 정보를 확인합니다. 이제 여러분의 여행을 어떻게 계속할지 확인할 시간입니다. 매끄러운 여행을 즐길 수 있도록 이용할 수 있는 자료, 그리고 이 자료에서 무엇을 배워야 하는지 두 가지 부분으로 나누어 설명합니다.

14.1 자료

프로그래머에게는 많은 온라인, 물리적 자료가 필요합니다. 다음 절에서는 여러분에게 도움이 될 만한 자료를 소개합니다.

14.1.1 스택 오버플로

많은 개발자는 종종 풀기 어려운 문제에 직면합니다. 대부분의 문제는 누군가 이미 겪었던 문제일 수 있지만 해결 방법을 문서화하는 상황은 드뭅니다.

이런 상황에서는 포럼 사이트를 활용하는 것이 좋습니다. 대표적으로 천 만 이상의 개발자가 스택 오버플로Stack Overflow(SO)와 Q&A 스택 익스체인지Stack Exchange 사이트를 이용하고 있습니다. 다음은 프로그래밍 분야에서 스택 오버플로가 유용한 이유입니다.

- 다양한 분야의 훌륭한 프로그래머 참여
- 포인트(명성) 보상 시스템 덕분에 질문자와 답변자는 훌륭한 질문과 답변을 등록하도록 격려함
- iOS 개발에 발생하는 거의 모든 문제의 해결 방법이 등록되어 있음
- 커뮤니티와 산업의 호응도. 필요할 때 스택 오버플로에서 취업 관련 도움을 받을 수 있음

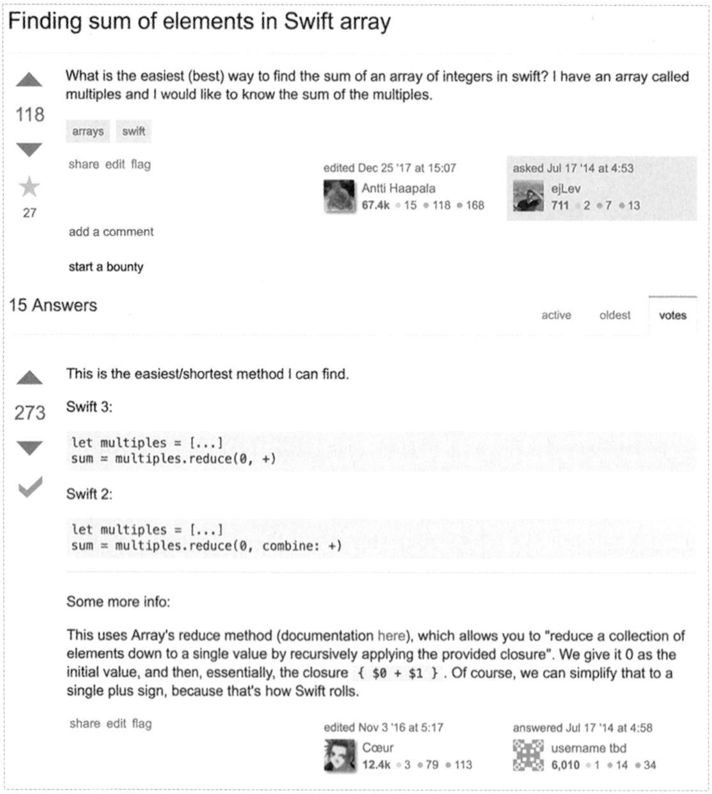

그림 14-1 스택 오버플로에 등록된 질문과 답변 예

https://stackoverflow.com 사이트에서 점점 커지는 스택 오버플로 커뮤니티의 멤버로 가입할 수 있습니다. 멤버십을 가입할 때 SO의 윤리, 매너를 설명하는 허용되는 행동과 하지 말아야 할 행동을 잘 확인하세요. [그림 14-1]은 사용자가 질문을 올렸고 누군가 다른 사용자가 답변을 단 예입니다.

14.1.2 깃허브

예제보다 더 좋은 스승은 없다는 격언은 프로그래밍에도 적용됩니다.

다른 사람이 구현한 프로그램 코드를 이용하면 일반 문서에서 얻기 어려운 프로그래밍 스타일, 로직, 구조 등을 배울 수 있으므로 좋습니다. 또한 다른 사람들이 문제를 해결한 방식을 보면서 배울 수 있을 뿐 아니라 자신만의 스타일, 로직logic, 구조structure를 만들 수 있죠. 더 나아가 여러분의 지식을 다른 사람들과 공유하면서 점점 지식이 늘어가게 됩니다. 이런 순환 과정을 통해 프로그래밍 커뮤니티는 꾸준히 커지며 발전하고 있습니다.

깃허브GitHub는 전세계의 코더가 코드를 공유하고 오픈 소스 플랫폼이 자리잡을 수 있도록 서비스를 제공합니다. 깃허브는 버전 제어와 코드 공유에 필요한 훌륭한 깃Git 백엔드를 제공합니다.

여러분은 전세계 수백만 명의 프로그래머가 개발한 수십 만개의 iOS 앱을 깃허브에서 찾을 수 있습니다. 깃허브는 단순히 코드를 공유할 뿐 아니라 커뮤니티에서 코드를 개발하고, 개선하고, 기여하도록 장려합니다.

깃허브를 이용하면 다음 두 가지 장점을 얻습니다.

- 다른 사람들의 예제를 이용해 배울 수 있습니다. 많은 사람들에 의해 검증된 훌륭한 코드를 확인할 수 있습니다.
- 많은 프로젝트를 기꺼이 돕고, 자신의 재능을 기부하려는 프로그래머 커뮤니티를 보유하고 있습니다.

저 역시 깃허브에 IBM 왓슨으로 구동되는 세계 최초의 웹 기반 NLQANatural Language Question Answering 시스템인 AskTanmay 오픈 소스 프로젝트가 있습니다. 저는 이 프로젝트를 2015년 11월에 만들었고 IBM DeveloperConnect 2016 (https://www.youtube.com/watch?v=xryTC-M7SWY)에서 키노트를 발표하면서 이를 오픈 소스로 만들었습니다.

14.1.3 유튜브와 책

유튜브와 책을 이용하는 방법도 있습니다. 기본적으로 유튜브와 책은 다음처럼 비슷한 장점을 제공하므로 같은 항목으로 묶었습니다.

- 콘텐츠를 만든 다른 사람의 예를 통해 배웁니다.
- 실시간으로 코딩하는 다른 사람들로부터 배웁니다.

비디오가 책보다 좋은 점은 바로 비디오라는 사실입니다. 커서 움직임, 화면 전환, 키보드 입력 등 무슨 일이 일어나는지 직접 확인할 수 있으니까요.

유튜브에서 여러분에게 필요한 지식을 제공하는 비디오를 쉽게 검색할 수 있습니다. 저도 스위프트 및 기타 주제를 가르치는 'Tanmay Teachs'라는 유튜브 채널(`https://www.youtube.com/c/tanmaybakshiteaches`)이 있습니다.

14.2 다음으로 배울 내용

마지막으로 이 책과 함께하는 여정을 끝내면서 앞으로 여러분이 배워야 할 주제를 나열했습니다.

- **디버깅:** 앱이 예외가 있거나 의도대도 동작하지 않을 때 앱을 디버깅하고, 브레이크 포인트와 인스펙션을 사용하고, 시운전하는 등의 기법을 배워야 합니다. 디버깅 기법을 익혀야 문제를 쉽게 해결하고 빨리 좋은 코드를 구현할 수 있습니다.
- **프로토콜:** 앱에서 프로토콜을 구현하는 방법을 배워야 합니다. 이 기술을 이용하면 테이블 뷰, 피커 뷰 등 더 복잡한 객체를 포함하는 앱을 만들 수 있습니다.
- **구조:** 구조를 구현하는 방법을 알아야 특정 형식의 복잡한 데이터를 활용하는 앱을 만들 수 있습니다.
- **`UITableView`:** 크기를 알 수 없는 데이터를 동적 목록으로 보여주려면 `UITableView`를 배워야 합니다.
- **`UIPickerView`:** 여러 옵션에서 사용자가 데이터를 선택할 수 있도록 스크롤 피커를 구현라면 `UIPickerView`를 배워야 합니다.
- **오토 레이아웃**Auto Layout**:** 오토 레이아웃을 이용하면 각 디바이스 별로 화면을 만들 필요가 없이 모든 디바이스에서 자동으로 동작하는 앱을 구현할 수 있습니다.

이렇게 제가 추천한 여섯 가지 기술을 순서대로 배운다면 고급 iOS 개발자로 발전할 수 있습니다.

A 소수 판별하기

Appendix

주어진 숫자가 소수인지 판별하는 앱을 만듭니다.

앱의 기능

이미 책의 본문은 다 배웠으므로 모든 개념과 코드를 자세히 설명하지 않고 앱을 만드는 데 필요한 과정을 전체적으로 설명합니다.

NOTE_ 깃허브에서 내려받은 Hello-Swift-Code-master 폴더 안의 2_AppendixA 폴더를 열면 필요한 코드를 찾을 수 있습니다. 아직 코드를 내려받지 않았다면 https://github.com/tanmayb123/Hello-Swift-Code/archive/master.zip에서 코드를 내려받으세요. 한 번에 모든 장의 코드를 내려받을 수 있습니다.

[그림 A-1]은 앱 실행 모습입니다.

그림 A-1 앱 완성 모습

앱과 비슷하게 사용자 인터페이스(UI)를 만들었으면 코딩을 시작합니다. 그런데 숫자가 소수인지 어떻게 판단할까요?

1 그리고 자신만으로 나누어 떨어지는 모든 자연수는 소수입니다. 예를 들어 2, 3, 5, 7, 11, 13 등은 소수입니다. 가장 작은 소수는 2입니다. 참고로 0, 1, 2, 3, 4 등이 자연수입니다. 자연수는 음수나 소수점, 분수를 포함하지 않습니다.

2에서 대상 숫자의 제곱근까지 루프로 반복하면서 소수인지 판단할 수 있습니다. 주어진 수를 루프로 반복하면서 이들 숫자로 나누어 떨어지면 소수가 아니므로 루프를 중단합니다. 하지만 i값으로 주어진 수를 나누어 떨어지는 경우가 없다면 소수입니다. [그림 A-2]는 이를 흐름 차트로 설명합니다.

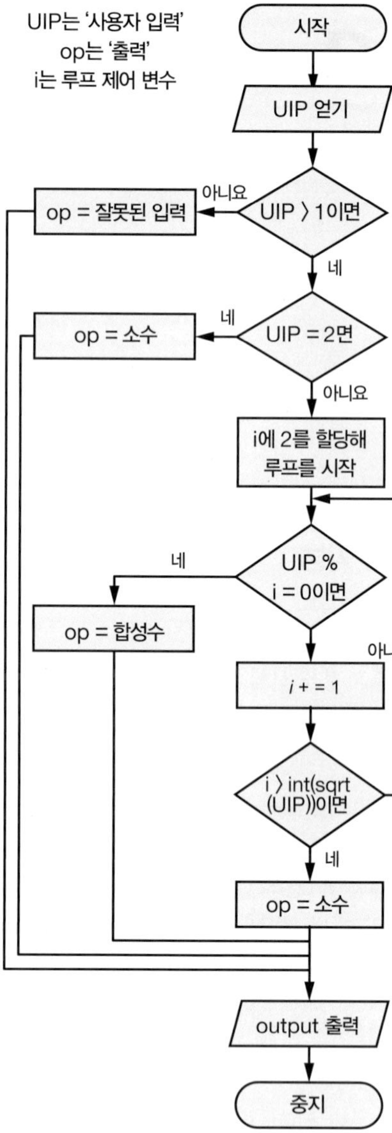

그림 A-2 주어진 숫자가 소수인지 판별하기

프로젝트 설정하고 UI 만들기

[그림 A-3]을 참고해 사용자 인터페이스를 만드세요.

UI는 세 개의 요소를 포함합니다.

- input 텍스트 필드: 사용자가 소수인지 확인하려고 숫자를 입력하는 `UITextField`입니다.
- Am I Prime?: 이 `UIButton`을 누르면 사용자가 입력한 숫자가 소수인지 알려줍니다.
- Output Comes Here!: 결과가 이 `UILabel`에 표시됩니다.

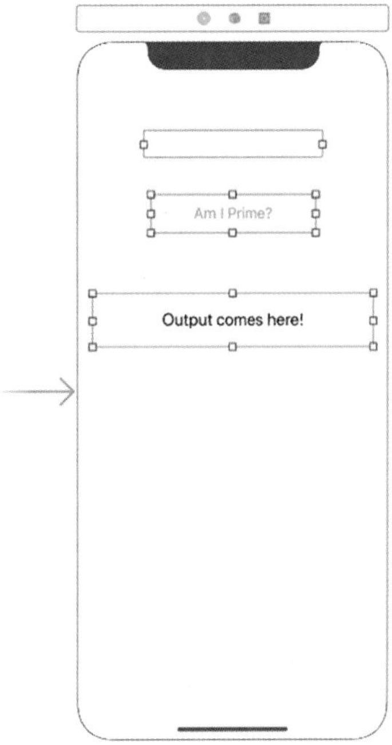

그림 A-3 UI 만들기

앱 코딩하기

알고리즘 동작 원리를 이해했고 필요한 UI 요소를 확인했으니 앱을 코딩합니다.

IBOutlet 만들기

우선 `IBOutlet`을 추가합니다.

```
@IBOutlet var inputField: UITextField!
@IBOutlet var outputField: UILabel!
```

IBAction 만들기

이번에는 `IBAction`을 추가합니다.

```
@IBAction func processInput() {
   let userInput = Int(inputField.text!)!
```

```
    var output = "Prime!"
    if userInput > 1 {
      if userInput == 2 {
        outputField.text = "Prime!"
      } else {
        for i in 2...Int(sqrt(Double(userInput))) {
          if userInput % i == 0 {
            output = "Composite, divisible by \(i)!"
          break
          }
        }
      }
    } else {
      output = "Neither prime, nor composite."
    }
    outputField.text = output
  }
```

코드를 완성했습니다. 스위프트로 소수인지 확인하는 코드를 구현했습니다. 이제 IBAction과 IBOutlet을 텍스트 필드, 버튼, 레이블과 연결하고 앱을 실행하세요.

앱 실행하기

[그림 A-4]는 시뮬레이터로 앱을 실행한 모습입니다.

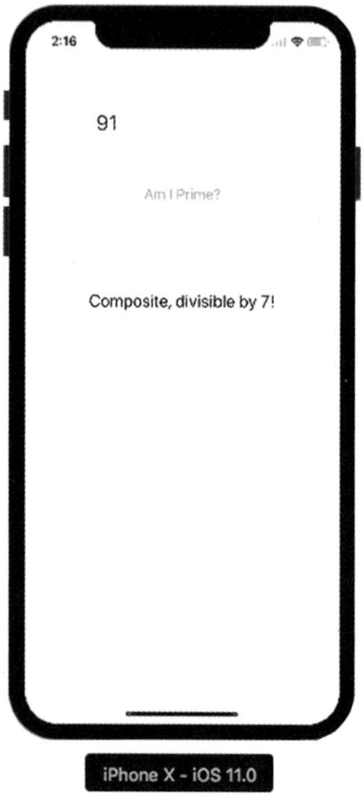

그림 A-4 시뮬레이터로 앱 실행

B Mean Median Detective 앱

Appendix

The Mean Median Detective는 숫자 집합에서 평균과 중간값을 찾는 앱입니다.

앱의 기능

NOTE_ 깃허브에서 내려받은 Hello-Swift-Code-master 폴더 안의 2_AppendixB 폴더를 열면 필요한 코드를 찾을 수 있습니다. 아직 코드를 내려받지 않았다면 https://github.com/tanmayb123/Hello-Swift-Code/archive/master.zip에서 코드를 내려받으세요. 한 번에 모든 장의 코드를 내려받을 수 있습니다.

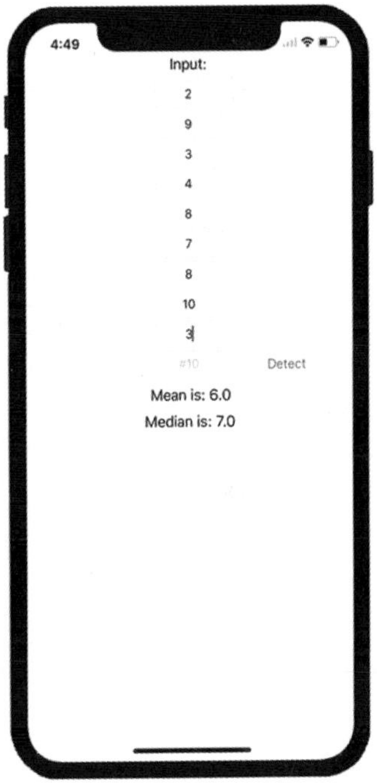

그림 B-1 Mean Median Detective 앱 실행 모습

[그림 B-1]은 앱 실행 화면입니다.

먼저 평균과 중간값이 무엇인지 이해해야 합니다. **평균**mean과 **중간값**median은 숫자 집합에서 가운데의 값을 다른 방식으로 계산합니다. 수학 시간에는 최빈값mode 같은 용어도 나오지만 부록 B에서는 평균과 중간값만 활용합니다.

다음 방법으로 숫자 집합에서 평균을 찾을 수 있습니다.

평균은 비교적 단순한 공식으로 계산할 수 있습니다.

다음처럼 여섯 개의 숫자 집합의 평균을 구한다고 가정하세요.

```
[1, 6, 7, 4, 2, 10]
```

우선 모든 숫자의 합계를 구합니다(30).

그리고 합계(30)를 숫자의 개수(6)로 나눈 결과는 5.0입니다.

[그림 B-2]은 이 과정을 설명합니다.

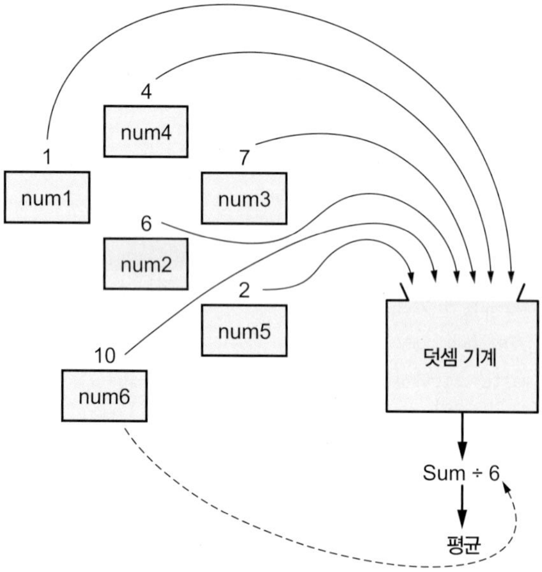

그림 B-2 숫자 집합의 평균 구하기

그럼 중간값은 뭐죠? **중간값**은 목록의 가운데 숫자를 가리킵니다.

일곱 개의 숫자 목록에서 중간값을 구한다고 가정하세요. 중간값은 간단하게 찾을 수 있습니다 다음과 같은 리스트나 배열이 있다고 가정하세요.

```
[1, 9, 4, 5, 3, 7, 6]
```

숫자를 오름차순으로 정렬합니다. 예제에서는 중복된 숫자가 없지만 있어도 상관 없습니다.

```
[1, 3, 4, 5, 6, 7, 9]
```

배열의 길이에서 1을 빼면 6입니다. 1을 빼는 이유는 배열의 인덱스가 0부터 시작하기 때문입니다. 길이에서 1을 뺀 다음 2로 나누면 결과는 3입니다.

이제 배열에서 인덱스 3의 요소를 찾습니다(배열의 인덱스는 0부터 시작한다는 사실 주의하세요). 이 배열의 중간값은 5입니다. 5의 앞과 뒤로는 같은 개수의 숫자가 있으므로 배열의 중앙에 위치한 숫자입니다.

그럼 배열의 길이가 짝수이면 중간값이 없지 않나요?

이런 상황에서는 평균을 구하는 방법을 배웠으므로 이를 활용해 두 중간값의 평균을 계산합니다.

다음처럼 여덟 개의 요소를 포함하는 배열이 있습니다.

```
[1, 9, 4, 5, 3, 2, 8, 7]
```

다음처럼 정렬합니다.

```
[1, 2, 3, 4, 5, 7, 8, 9]
```

두 중간값을 찾았습니다.

```
[4, 5]
```

두 요소의 평균을 계산합니다.

```
(4+5)/2 = 4.5
```

[그림 B-3]는 중간값을 찾는 과정을 보여줍니다.

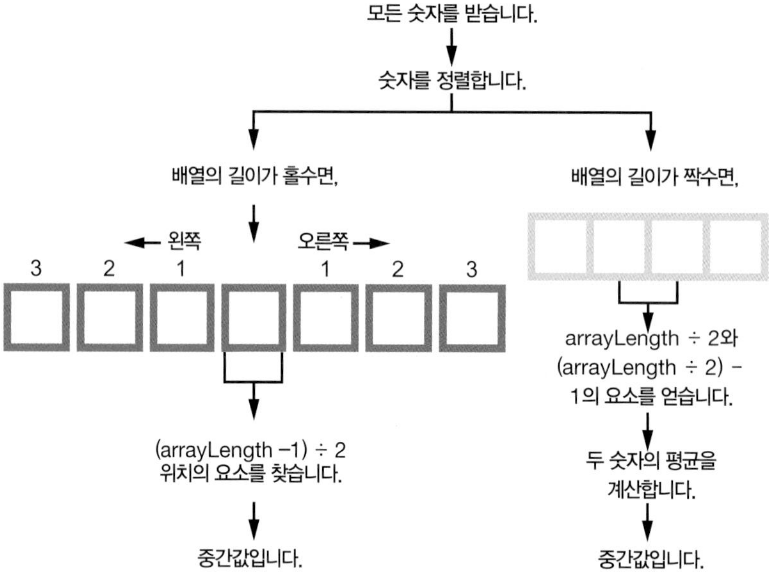
모든 숫자를 받습니다.
숫자를 정렬합니다.
배열의 길이가 홀수면,
왼쪽
오른쪽
3
2
1
1
2
3
(arrayLength −1) ÷ 2
위치의 요소를 찾습니다.
중간값입니다.
배열의 길이가 짝수면,
arrayLength ÷ 2와
(arrayLength ÷ 2) −
1의 요소를 얻습니다.
두 숫자의 평균을
계산합니다.
중간값입니다.

그림 B-3 숫자 집합에서 중간값 찾기

프로젝트 설정하고 UI 만들기

우선 [그림 B-4]처럼 사용자 UI를 만듭니다.

UI는 열세 개의 요소를 포함합니다.

- **#1 -#10**: 사용자가 열 개의 숫자를 입력할 수 있도록 `UITextField`를 준비합니다.
- **Detect**: 숫자 집합의 평균값과 중간값을 계산하는 함수를 실행하는 `UIButton`입니다.
- **Mean Will Come Here!**: 평균값을 표시하는 `UILabel`입니다.
- **Median Will Come Here!**: 중간값을 표시하는 `UILabel`입니다.

UI를 만들었으면 앱을 코딩합니다.

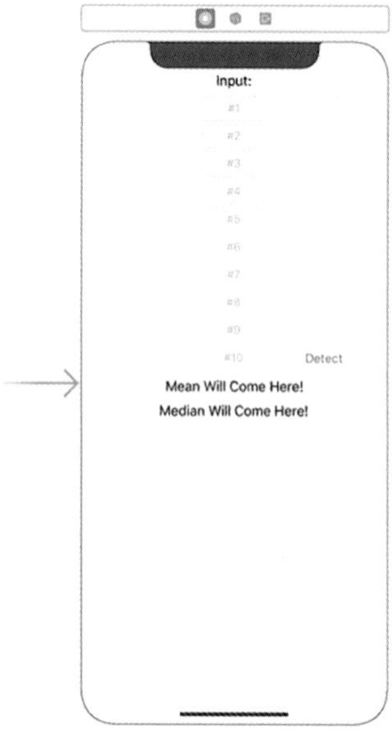
Input:
#1
#2
#3
#4
#5
#6
#7
#8
#9
#10
Detect
Mean Will Come Here!
Median Will Come Here!

그림 B-4 Mean Median Detective 앱의 UI

앱 코딩하기

ViewController 클래스에 다음 extension을 추가하세요.

```
extension UITextField {
var decimalValue: Double? {
return Double(self.text!)
}
}
```

UITextField 클래스의 계산된 프로퍼티를 이용해 텍스트 필드의 텍스트를 자동으로 Double로 변환할 수 있습니다.

IBOutlet, 함수, IBAction 만들기

먼저 IBOutlet을 추가합니다.

```
@IBOutlet var input1: UITextField!
@IBOutlet var input2: UITextField!
@IBOutlet var input3: UITextField!
@IBOutlet var input4: UITextField!
@IBOutlet var input5: UITextField!
@IBOutlet var input6: UITextField!
@IBOutlet var input7: UITextField!
@IBOutlet var input8: UITextField!
@IBOutlet var input9: UITextField!
@IBOutlet var input10: UITextField!
@IBOutlet var medianLabel: UILabel!
@IBOutlet var meanLabel: UILabel!
```

이번에는 함수를 추가합니다.

```
func median(arr: [Double]) -> Double {
    let sortedArr = arr.sorted()
    if sortedArr.count % 2 == 0 {
        return mean(arr: [sortedArr[sortedArr.count / 2],
        ➥ sortedArr[sortedArr.count / 2 - 1]])
    }
    return sortedArr[sortedArr.count / 2]
}

func mean(arr: [Double]) -> Double {
    var totalValue = 0.0
    for i in arr {
        totalValue += i
    }
    return totalValue / Double(arr.count)
}
```

마지막으로 IBAction을 추가합니다.

```
@IBAction func meanMedianCalculator() {
    let inputTextfields = [input1, input2, input3, input4, input5,
    ➥ input6, input7, input8, input9, input10]
    var input: [Double] = []
    for i in inputTextfields {
        if i!.decimalValue != nil {
            input.append(i!.decimalValue!)
        }
    }
    if input.count == 0 {
        medianLabel.text = "Enter Values for Median"
        meanLabel.text = "Enter Values for Mean"
        return
    }
    meanLabel.text = "Mean is: \(mean(arr: input))"
    medianLabel.text = "Median is: \(median(arr: input))"
}
```

코드를 완성했습니다. 스위프트로 Mean Median Detective 앱을 구현했습니다. `IBAction`과 `IBOutlet`을 텍스트 필드, 버튼, 레이블로 연결한 다음 앱을 실행하세요.

추가 도전 과제

숫자 집합에서 최빈값(가장 많이 나타난 값)을 찾도록 앱의 기능을 확장하세요. 숫자 목록에서 가장 많이 나타난 값을 찾을 때 같은 횟수로 나타나는 숫자가 있다면 모두 찾아 표시하세요. 기능을 구현해보세요.

C Factoring Factory 앱

Appendix

Factoring Factory는 주어진 숫자의 첫 열 번째 약수를 구하는 앱입니다. 약수를 이해해야 최소공배수least common multiple(LCM), 최대공약수greatest common factor(GCM), 분수, 소수, 복합수, 다항식 인수분해 등을 이해할 수 있습니다.

앱의 기능

NOTE_ 깃허브에서 내려받은 Hello-Swift-Code-master 폴더 안의 2_AppendixC 폴더를 열면 필요한 코드를 찾을 수 있습니다. 아직 코드를 내려받지 않았다면 https://github.com/tanmayb123/Hello-Swift-Code/archive/master.zip에서 코드를 내려받으세요. 한 번에 모든 장의 코드를 내려받을 수 있습니다.

[그림 C-1]은 앱 실행 모습을 보여줍니다.

이 앱을 만들려면 인수factor를 이해해야 합니다. 10의 인수를 구한다고 가정하세요. 10을 나누었을 때 떨어지는 모든 자연수가 10의 인수입니다. 10은 1, 2, 5, 10으로 나누어 떨어지므로 이들이 10의 인수입니다.

그림 C-1 Factoring Factory 앱 실행 모습

마찬가지로 20의 인수는 1, 2, 4, 5, 10, 20입니다. 대상 숫자를 인수로 나누면 나머지가 0이어야 합니다. 예를 들어 10이나 20을 3으로 나누면 나누어 떨어지지 않으므로 3은 인수가 아닙니다.

프로젝트 설정하고 UI 만들기

[그림 C-2]를 참고해 사용자 인터페이스(UI)를 만드세요.

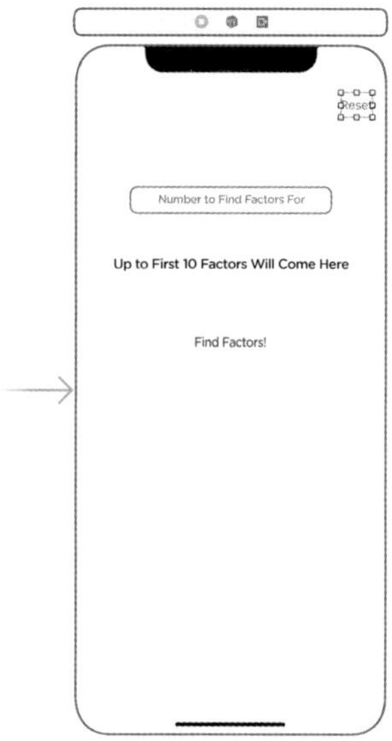

그림 C-2 Factoring Factory 앱의 UI

[표 C-1]은 UI를 설명합니다.

표 C-1 UI 요소

요소	설명
`Number To Find Factors For`	사용자의 입력을 받는 UITextField입니다.
`Find Factors!`	이 UIButton을 누르면 사용자가 입력한 숫자의 첫 열 개의 약수를 찾습니다.
`Up to First 10 Factors Will Come Here`	결과를 출력하는 UILabel입니다.
`Reset`	입력, 출력 필드를 재설정하는 UIButton입니다.

UI를 완성했으면 앱을 코딩합니다.

앱 코딩하기

인수가 무엇인지 이해했으므로 숫자의 약수를 찾는 코드를 구현하는 방법을 살펴봅니다.

사용자가 9를 입력했다고 가정하세요. 1에서 9까지 루프를 반복하면서 루프의 숫자로 입력값을 나누었을 때 나머지가 0인지 확인합니다. 나누어 떨어지는 수를 찾았으면 이를 배열에 추가합니다. 배열의 크기가 10 이하일 때까지만 이 동작을 반복합니다. 즉 열 개를 초과하는 인수가 있으면 처음 발견한 열 개의 인수만 표시하고 인수가 열 개 이하면 모두 표시합니다. [그림 C-3]은 이 과정을 순서도로 보여줍니다.

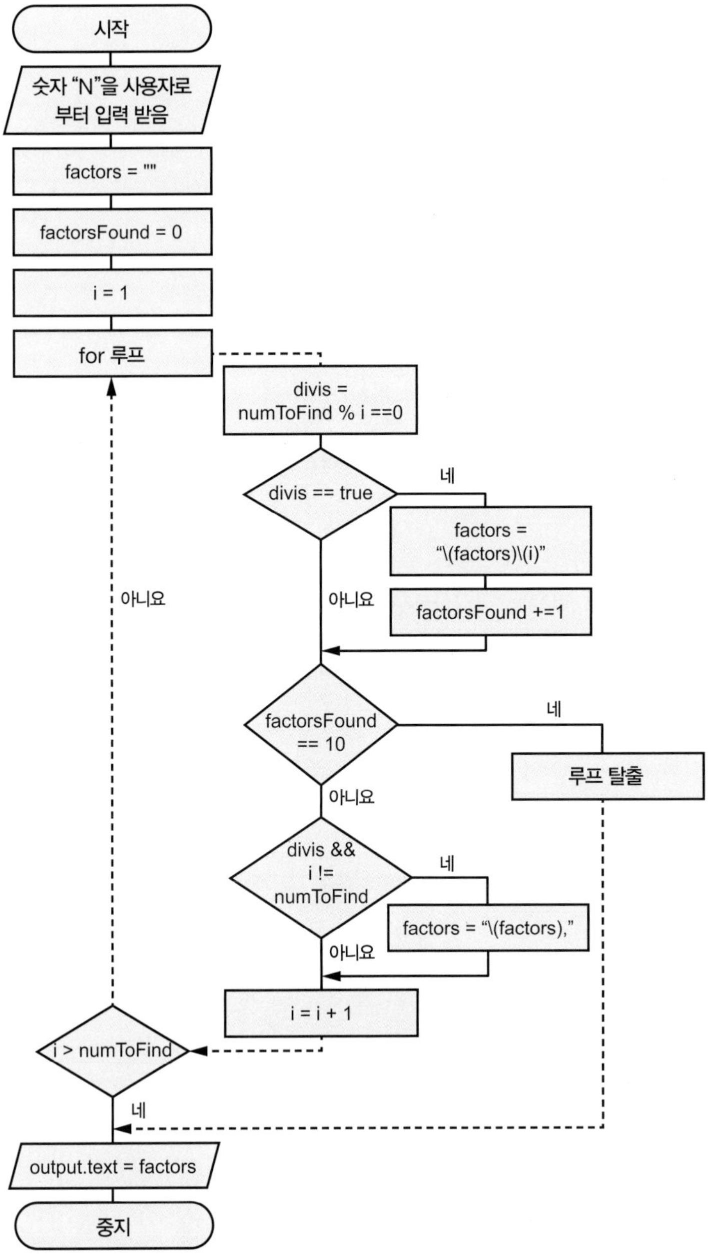

그림 C-2 숫자의 첫 열 개의 인수를 계산하는 방법

알고리즘 동작 원리를 이해했으니 이제 앱 코드를 확인하세요.

IBOutlet, IBAction 만들기

먼저 IBOutlet을 추가합니다.

```
@IBOutlet var input: UITextField!
@IBOutlet var output: UILabel!
```

마지막으로 IBAction을 추가합니다.

```
@IBAction func reset() {
   input.text = ""
   output.text = "Up to First 10 Factors Will Come Here"
}

@IBAction func findFactors() {
   let numToFind = Int(input.text!)!
   var factors = ""
   var factorsFound = 0
   for i in 1...numToFind {
      let divis = numToFind % i == 0
      if divis {
         factors = "\(factors)\(i)"
         factorsFound += 1
      }
      if factorsFound == 10 {
         break
      } else if divis && i != numToFind {
         factors = "\(factors), "
      }
   }
   output.text = factors
}
```

완성했습니다. 스위프트로 인수분해 공장을 구현했습니다. 이제 IBAction과 IBOutlet을 텍스트 필드, 버튼, 레이블에 연결한 다음 앱을 실행하세요.

D How Big Is a Triangle? 앱

Appendix

이번에는 밑변base의 길이와 높이 또는 세 변의 길이를 알고 있을 때 삼각형의 너비를 계산하는 앱을 만듭니다.

앱의 기능

> **NOTE_** 깃허브에서 내려받은 Hello-Swift-Code-master 폴더 안의 2_AppendixD 폴더를 열면 필요한 코드를 찾을 수 있습니다. 아직 코드를 내려받지 않았다면 https://github.com/tanmayb123/Hello-Swift-Code/archive/master.zip에서 코드를 내려받으세요. 한 번에 모든 장의 코드를 내려받을 수 있습니다.

그림 D-1 How Big is a Triangle? 앱을 실행한 모습

[그림 D-1]은 앱 실행 모습을 보여줍니다.

삼각형의 면적을 구하는 방법 기억하나요? [그림 D-2]처럼 삼각형이 있다고 가정하세요. 밑변의 길이는 9, 높이는 4입니다.

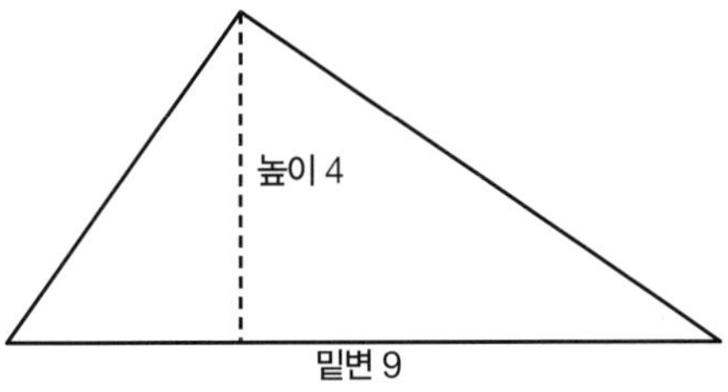

그림 D-2 밑변의 길이가 9, 높이가 4인 삼각형의 면적은 18입니다

삼각형의 면적을 구하려면 밑변의 길이와 높이를 알아야 합니다. 밑변(b)과 높이(h)를 곱한 다음 2로 나누면 삼각형의 면적을 계산할 수 있습니다.

```
(b * h)/2
```

이 공식을 적용하면 18이라는 결과를 얻습니다.

```
(9 * 4)/2 = 18
```

하지만 높이 대신 세 변의 길이를 알고 있다면 어떨까요? 그러면 계산이 조금 더 복잡해집니다. [그림 D-3]의 삼각형은 5, 7, 9라는 세 변의 길이를 갖습니다. 각 모서리의 각도는 모르는 상황입니다.

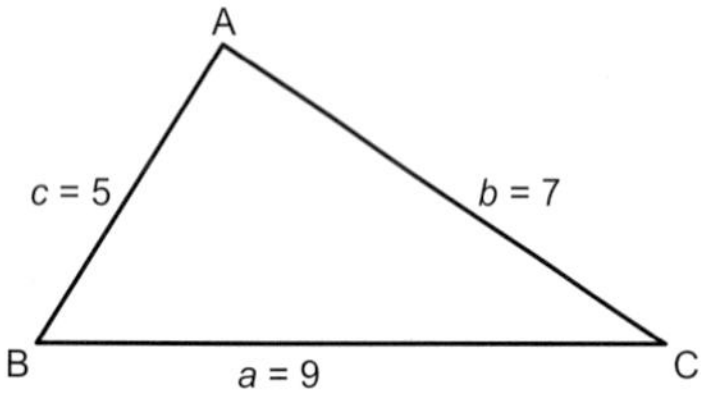

그림 D-3 모서리의 길이가 5, 7, 9 인 삼각형

다음처럼 헤론의 공식Heron's formula을 이용해 삼각형의 면적을 계산할 수 있습니다.

$$\sqrt{sp * (sp - a) * (sp - b) * (sp - c)}$$

여기서 a, b, c는 삼각형의 세 변의 길이를 가리키며 sp는 **반둘레**semi-perimeter를 의미하며 삼각형의 둘레를 2로 나눈 값입니다.

다음처럼 sp를 구할 수 있습니다.

```
sp = (a + b + c) / 2
```

예제의 삼각형을 공식에 대입합니다.

```
sp = (9 + 7 + 5) / 2
sp = 21 / 2
```

sp는 10.5입니다.

조금 복잡해 보이는 과정이지만 알고 나면 단순합니다. 이제 이를 코드로 구현하는 방법을 확인하세요.

TIP_ 생각보다 많은 수학 용어가 등장했을 수도 있습니다. 이 부분이 너무 어렵게 느껴지시면 일단은 앱을 만드는 부분에 집중하세요. 언젠가는 이런 공식을 사용해야 할 때가 생길 것입니다.

예제 삼각형을 공식에 대입합니다. a, b, c, sp 변수가 필요합니다.

```
a = 5
b = 7
c = 9
sp = (5 + 7 + 9) / 2 = 10.5
```

이들 변수를 헤론의 공식에 대입하세요.

```
Area = SQRT(10.5 * (10.5 - 5) * (10.5 - 7) * (10.5 - 9))
Area = SQRT(10.5 * (5.5) * (3.5) * (1.5))
Area = SQRT(10.5 * (28.875))
Area = SQRT(303.188)
Area = 17.41 square units
```

이 공식이 언젠가는 도움이 될 것입니다.

프로젝트 설정하고 UI 만들기

우선 [그림 D-4]처럼 사용자 인터페이스(UI)를 만드세요. [표 D-1]은 이들 요소를 설명합니다.

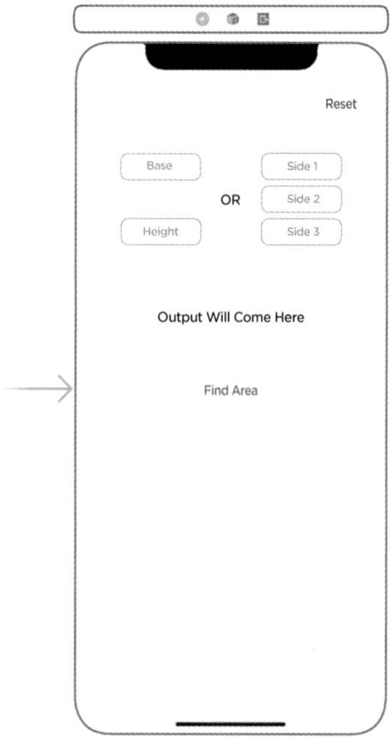

그림 D-4 How Big Is a Triangle? 앱의 UI

표 D-1 UI 요소

요소	설명
Base	삼각형의 밑변의 길이를 입력 받는 UITextField입니다.
Height	삼각형의 높이를 입력 받는 UITextField입니다.
Output Will Come Here	계산한 면적 결과를 표시하는 UILabel입니다.
Side 1, Side 2, Side 3	높이를 모르는 경우 삼각형의 세 변의 길이를 입력받는 세 개의 UITextField입니다.
Find Area	이 UIButton을 누르면 삼각형의 면적을 계산합니다.
Reset	이 UIButton을 누르면 UITextField와 UILabel을 재설정합니다.

UI를 만들었으면 앱을 코딩하세요.

앱 코딩하기

여러분의 친구들이 삼각형의 면적을 쉽게 계산할 수 있도록(그리고 숙제도 쉽게 해결할 수 있어요) 앱의 코드를 구현할 차례입니다.

IBOutlet과 IBAction 추가하기

우선 IBOutlet을 추가합니다.

```
@IBOutlet var triangleHeight: UITextField!
@IBOutlet var triangleBase: UITextField!
@IBOutlet var triangleSide1: UITextField!
@IBOutlet var triangleSide2: UITextField!
@IBOutlet var triangleSide3: UITextField!
@IBOutlet var triangleArea: UILabel!
```

마지막으로 IBAction을 추가합니다.

```
@IBAction func reset() {
   triangleSide1.text = ""
   triangleSide2.text = ""
   triangleSide3.text = ""
   triangleHeight.text = ""
   triangleBase.text = ""
   triangleArea.text = "Output Will Come Here"
}

@IBAction func getArea() {
   if Double(triangleHeight.text!) != nil &&
   ➥ Double(triangleBase.text!) != nil {
      triangleArea.text = "\(Double(triangleHeight.text!)! *
      ➥ Double(triangleBase.text!)! / 2) sq units"
   } else if Double(triangleSide1.text!) != nil &&
      ➥ Double(triangleSide2.text!) != nil &&
      ➥ Double(triangleSide3.text!) != nil {
```

```
        let perim = Double(triangleSide1.text!)! +
        ➡ Double(triangleSide2.text!)! +
        ➡ Double(triangleSide3.text!)!
        let semiperim = Double(perim / 2)
        let heron = sqrt(Double(semiperim * (semiperim -
        ➡ Double(triangleSide1.text!)!) * (semiperim -
        ➡ Double(triangleSide2.text!)!) * (semiperim -
        ➡ Double(triangleSide3.text!)!)))
        triangleArea.text = "\(heron) sq units"
    }
}
```

완성했어요. 스위프트로 삼각형의 면적을 계산하는 앱을 구현했습니다. IBAction과 IBOutlet을 텍스트 필드, 레이블, 버튼과 연결한 다음 앱을 실행하세요.

코드 동작 원리

수학 공식은 이미 배웠으니 이번에는 코드 동작 원리를 확인합니다.

우선 사용자가 밑변과 높이를 입력했는지 확인합니다. 그러면 일반적인 방법(밑변 곱하기 높이 나누기 2)으로 삼각형의 면적을 계산해 UILabel에 결과를 표시합니다.

사용자가 밑변과 높이가 아니라 세 개의 텍스트 필드(a변, b변, c변)를 입력했는지 확인합니다. 세 개의 변의 길이를 입력했으면 헤론의 공식을 적용해 결과를 UILabel로 출력합니다. 다음 순서로 삼각형의 면적을 계산합니다.

1 다음 네 개의 숫자를 확인합니다.
- sp(반둘레)
- sp - a 계산
- sp - b 계산
- sp - c 계산

2 과정 1에서 얻은 네 숫자를 곱합니다.

3 마지막으로 과정 2의 결과의 제곱근을 계산하면 삼각형의 면적이 나옵니다.

NOTE_ 밑변과 높이 또는 세 변의 길이를 제공하지 않고 계산 버튼을 클릭하면 앱이 크래시됩니다.

E 대분수를 가분수로 바꾸는 앱

Appendix

부록 E에서는 대분수mixed numbers를 가분수improper fractions로 가분수를 대분수로 변환하는 앱을 만듭니다.

앱의 기능

[그림 E-1]은 분수 또는 가분수를 보여줍니다.

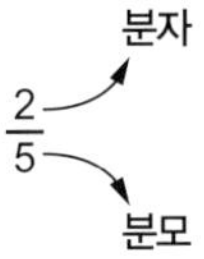

그림 E-1 진분수

정수 2와 5를 수평선으로 분리했습니다. 수평선 위의 숫자를 **분자**numerator, 아래 숫자를 **분모**denominator라고 합니다. 분자가 분모보다 작으면 **진분수**proper fraction라 합니다. 하지만 [그림 E-2]처럼 분모가 분자보다 크면 **가분수**improper fraction라 부릅니다.

가분수를 **대분수**mixed number 즉, [그림 E-3]처럼 자연수와 진분수 조합으로 표현할 수 있습니다.

$\frac{5}{3}$

그림 E-2 가분수

$1\frac{2}{3}$

그림 E-3 대분수

분수를 이해했으니 앱을 코딩합니다.

NOTE_ 깃허브에서 내려받은 Hello-Swift-Code-master 폴더 안의 2_AppendixE 폴더를 열면 필요한 코드를 찾을 수 있습니다. 아직 코드를 내려받지 않았다면 https://github.com/tanmayb123/Hello-Swift-Code/archive/master.zip에서 코드를 내려받으세요. 한 번에 모든 장의 코드를 내려받을 수 있습니다.

[그림 E-4]는 가분수를 대분수로 변환하는 앱 실행 모습입니다.

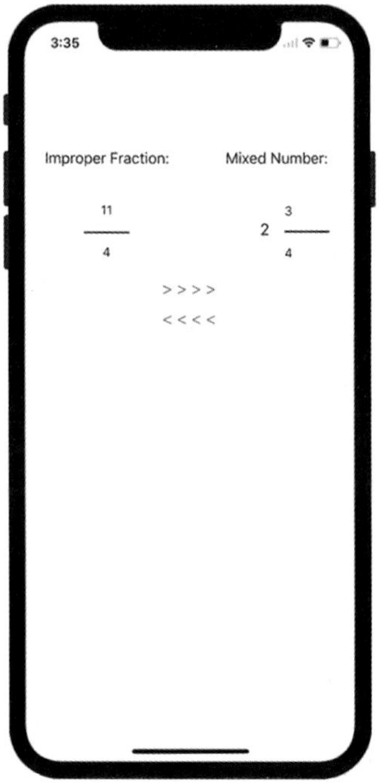

그림 E-4 앱 실행 모습

프로젝트 설정하고 UI 만들기

먼저 [그림 E-5]처럼 사용자 인터페이스(UI)를 만듭니다. 자세한 내용은 [표 E-1]을 참고하세요.

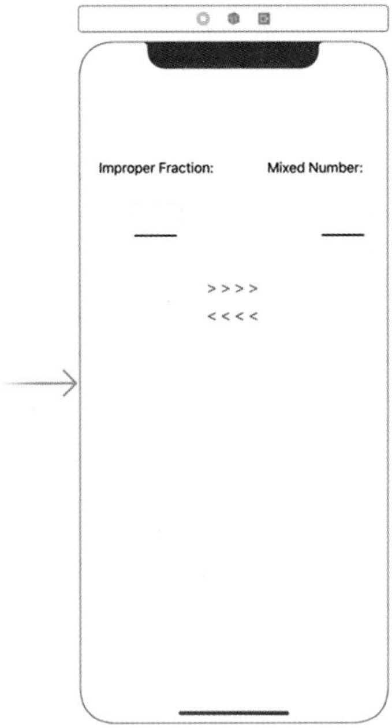

그림 E-5 앱의 UI

표 E-1 UI 요소

요소	설명
대분수 정수	대분수의 정숫값을 저장하는 `UITextField`입니다.
대분수 분자	대분수의 분자를 저장하는 `UITextField`입니다.
대분수 분모	대분수의 분모를 저장하는 `UITextField`입니다.
가분수 분자	가분수의 분자를 저장하는 `UITextField`입니다.
가분수 분모	가분수의 분모를 저장하는 `UITextField`입니다.
IF를 MN으로 변환! (> > > >)	이 `UIButton`을 클릭하면 가분수를 대분수로 변환합니다.
MN을 IF로 변환! (< < < <)	이 `UIButton`을 클릭하면 대분수를 가분수로 변환합니다.

앱의 UI를 완성했으면 코드를 구현합니다.

코드 동작 원리

이 앱을 구현하려면 먼저 앱에 사용할 수학 원리를 이해해야 합니다.

다음은 분자 11 분모 4인 가분수를 대분수로 변환하는 과정입니다.

1 가분수에 나눗셈을 수행해 대분수의 정수 부분의 값을 계산합니다. 11 나누기 4는 2이므로 대분수의 정수 부분은 2입니다.

2 가분수에 모듈로를 적용해 대분수의 분잣값을 계산합니다. 11 % 4의 결과는 3입니다. 대분수의 분자는 3입니다.

3 마지막으로 가분수의 분모 4를 그대로 대분수의 분모로 사용합니다.

다음은 이전 예제의 대분수 결과를 다시 가분수로 변환하는 과정입니다.

1 대분수의 정숫값을 대분수의 분모와 곱합니다. 예제에서 2 곱하기 4는 8입니다.

2 단계 1에서 계산한 결과를 분자에 더합니다. 3에 8을 더하면 11입니다.

3 단계 2에서 계산한 결과를 가분수의 분자로 설정합니다.

4 대분수의 분모를 가분수의 분모로 설정합니다.

앱 코딩하기

이제 알고리즘 동작 원리를 알았으니 코드를 구현합니다.

IBOutlet, 함수, IBAction 만들기

먼저 `IBOutlet`을 추가합니다.

```
@IBOutlet var mixedInt: UITextField!
@IBOutlet var mixedNum: UITextField!
@IBOutlet var mixedDen: UITextField!
@IBOutlet var improperNum: UITextField!
@IBOutlet var improperDen: UITextField!
```

다음으로 함수를 추가합니다.

```
func mixedNumberToImproperFraction(mixedNumberInteger: Int,
  ➥ mixedNumberNumerator: Int, mixedNumberDenominator: Int) -> [Int] {
  return [mixedNumberInteger * mixedNumberDenominator +
  ➥ mixedNumberNumerator, mixedNumberDenominator]
}

func improperFractionToMixedNumber(improperFractionNumerator: Int,
  ➥ improperFractionDenominator: Int) -> [Int] {
  return [Int(improperFractionNumerator /
  ➥ improperFractionDenominator), Int(improperFractionNumerator %
  ➥ improperFractionDenominator), improperFractionDenominator]
}

func factors(of: Int) -> [Int] {
  var factors: [Int] = []
  for i in 1...of {
    if of % i == 0 {
      factors.append(i)
    }
  }
  return factors
}

func GCF(arr1: [Int], arr2: [Int]) -> Int? {
  var finalArr1: [Int] = []
  var finalArr2: [Int] = []
  for i in arr1 {
    if arr2.contains(i) {
      finalArr1.append(i)
    }
  }
  for i in arr2 {
    if arr1.contains(i) {
      finalArr2.append(i)
    }
  }
  return finalArr1.last
}
```

마지막으로 IBAction을 추가합니다.

```
@IBAction func mixedToImproper() {
   improperNum.text = ""
   improperDen.text = ""
   if Int(mixedInt.text!) != nil && Int(mixedNum.text!) != nil &&
      ➥ Int(mixedDen.text!) != nil {
      var result =
      ➥ mixedNumberToImproperFraction(mixedNumberInteger:
      ➥ Int(mixedInt.text!)!, mixedNumberNumerator:
      ➥ Int(mixedNum.text!)!, mixedNumberDenominator:
      ➥ Int(mixedDen.text!)!)
      let gcf = GCF(arr1: factors(of: result[0]), arr2:
      ➥ factors(of: result[1]))
      if gcf != nil {
         result[0] = result[0] / gcf!
         result[1] = result[1] / gcf!
      }
   improperNum.text = "\(result[0])"
   improperDen.text = "\(result[1])"
   }
}

@IBAction func improperToMixed() {
   mixedInt.text = ""
   mixedNum.text = ""
   mixedDen.text = ""
   if Int(improperNum.text!) != nil && Int(improperDen.text!) !=
      ➥ nil {
      var result =
      ➥ improperFractionToMixedNumber(improperFractionNumerator:
      ➥ Int(improperNum.text!)!, improperFractionDenominator:
      ➥ Int(improperDen.text!)!)
      let gcf = GCF(arr1: factors(of: result[1]), arr2: factors(of:
      ➥ result[2]))
      if gcf != nil {
         result[1] = result[1] / gcf!
         result[2] = result[2] / gcf!
   }
```

```
        mixedInt.text = "\(result[0])"
        mixedNum.text = "\(result[1])"
        mixedDen.text = "\(result[2])"
    }
}
```

완성했습니다. 스위프트로 대분수와 가분수를 상호 변환하는 앱을 구현했습니다. 이 앱을 이용하면 편리하게 대분수를 얻을 수 있습니다. IBAction과 IBOutlet을 텍스트 필드, 버튼과 연결한 다음 앱을 실행하세요.

F 설치

Appendix

설치 과정에 오신 것을 환영합니다. 부록 F에서는 Xcode 설치와 설정, 개발자 계정 설정 등 여러분의 iOS 개발 환경에 필요한 정보를 제공합니다.

시스템 요구 사항을 먼저 확인하세요. 맥 컴퓨터는 최소한 맥OS 10.14(모하비)나 이후 버전을 지원해야 합니다. 아이디바이스는 iOS 12나 이후 버전을 지원해야 합니다. 애플 ID도 필요합니다.

먼저 `https://help.apple.com/xcode/mac/current/#/dev60b6fbbc7`에서 설명하는 과정을 완료하고 다음 단계로 진행하세요.

1 애플 ID를 Xcode의 Account Preferences에 추가해서 앱이 어떤 계정과 연결되는지 Xcode에 알려 주세요.

2 앱의 대상 팀(여러분의 애플 ID)을 설정합니다. Xcode는 단계 1에서 추가한 계정을 현재 앱과 연결합니다.

3 앱에 기능capability을 추가하세요. 노티피케이션 같은 특별한 기능을 앱에서 사용하려면 이 단계를 완료해야 합니다. 하지만 이 책의 예제에서는 특별한 기능을 사용하지 않으므로 이 과정을 필요 없습니다.

4 디바이스에서 앱 실행하기. 아이디바이스를 애플 계정에 등록하는 과정입니다. 아이디바이스를 갖고 있지 않으며 시뮬레이터를 사용한다면 이 과정을 생략하세요.

5 사이닝 인증서signing certificate과 프로비저닝 프로파일provisioning profile 내보내기. 현재 앱을 여러분이 소유했음을 확인할 수 있도록 애플이 만든 모든 인증서와 프로파일을 저장하는 과정입니다. 애플 개발자 사이트에서 언제라도 인증서와 프로파일을 다시 내려받을 수 있으므로 반드시 당장 진행해야 하는 과정은 아닙니다.

이제 여러분은 iOS 개발 여행을 시작할 수 있습니다.

INDEX

ㅈ ~ ㅊ

ㅋ ~ ㅌ

INDEX